ÉTAT SOCIAL

ET POLITIQUE

DES NATIONS

PAR

M. LE MARQUIS DE CHANALEILLES.

PARIS

DENTU, LIBRAIRE-ÉDITEUR

PALAIS-ROYAL, GALERIE D'ORLÉANS.

1852

ÉTAT SOCIAL

ET POLITIQUE

DES NATIONS

ÉTAT SOCIAL

ET POLITIQUE

DES NATIONS

PAR

M. LE MARQUIS DE CHANALEILLES

PARIS

DENTU, LIBRAIRE-ÉDITEUR

PALAIS-ROYAL, GALERIE D'ORLÉANS

1852

PRÉFACE[1]

Je dédie cet ouvrage aux penseurs et aux hommes de bonne foi de tous les pays, de toutes les opinions et de tous les partis. Je sais qu'il n'est pas donné à l'homme d'atteindre la perfection sur la terre, et je suis loin d'avoir la prétention d'écrire un livre qui puisse réunir des suffrages universels. Mais l'homme doit toujours tendre vers cette perfection, à laquelle il ne parviendra jamais, et dont il pourra seulement approcher peu à peu de plus en plus, la perfectibilité étant la plus grande marque de supériorité qui le distingue des animaux. C'est

[1] L'auteur avait commencé son travail avant la Révolution de 1848; il l'a repris, après cette révolution, à la fin du chapitre III de l'ouvrage.

donc dans ce but que j'apporte ici le résumé de mes pensées, et que je communique à mes semblables le résultat de mes réflexions et de mes travaux, heureux si je puis aussi contribuer pour ma part à l'amélioration de notre condition humaine : *in magnis voluisse sat est.*

INTRODUCTION

DES DIFFERENTS MODES DE GOUVERNEMENT. - RECHERCHE
DU MEILLEUR. - MALHEUR DES RÉVOLUTIONS.

Lorsqu'on a lu l'histoire des différents peuples de la terre, il est facile de reconnaître que tous les gouvernements n'ont existé qu'en vertu des pouvoirs suivants : le pouvoir démocratique, le pouvoir aristocratique et le pouvoir monarchique.

Le pouvoir théocratique, qui est une variété du pouvoir monarchique, et par lequel était gouverné le peuple Juif, n'a, pour ainsi dire, point existé en Europe ; et le pouvoir des druides n'empêchait pas celui des rois et des chefs des peuples, qui en était distinct et séparé.

Chaque mode de gouvernement doit avoir des partisans, car ils ont tous des avantages et des incon-

Différents modes de gouvernement

Recherche du meilleur.

1

vénients. Mais quels sont ces avantages et quels sont ces inconvénients, et comment choisir et pouvoir se fixer? Ces questions existent depuis l'origine des peuples. Cependant il semble qu'elles n'aient point encore été résolues d'une manière satisfaisante jusqu'à nos jours, puisqu'il y a à peine un demi-siècle qu'en France la République a voulu détruire tout ce qui avait existé avant elle, pour entreprendre sur d'autres bases une reconstruction nouvelle de l'état social et politique.

Il est donc nécessaire, encore aujourd'hui, de tenter la recherche du meilleur mode de gouvernement, d'examiner les vices et les inconvénients de chacun et d'apprécier en même temps leurs divers avantages particuliers. Cette recherche ressortira de l'examen des différentes questions qui seront contenues dans ce livre. Toutefois une considération générale et importante doit dominer toutes les autres, c'est que le meilleur gouvernement est celui qui peut durer le plus longtemps, en se prêtant à tous les progrès de la civilisation dans tous les genres, sans que son existence puisse être menacée, ébranlée, ni détruite par des révolutions violentes et des déchirements intérieurs.

En effet, tout homme sage doit déplorer profondément les bouleversements soudains et les destructions subites des gouvernements et des organisations sociales ; et quels que soient les avantages et les profits d'une révolution, il est toujours fâcheux de les devoir à la guerre civile et à la violence. Les révolutions sont donc la marque de la faiblesse et de la mauvaise organisation des gouvernements qui n'ont point su les prévenir ni les dominer.

Malheur
des
révolutions.

CHAPITRE I

DE DIEU, DE LA RELIGION ET DU CLERGÉ

Existence de Dieu. — But de la création. — Nécessité du culte envers Dieu et de la prière. — Supériorité de la religion catholique. — Des ministres de la religion. — Des divers ordres religieux.

Il n'est pas besoin d'un grand effort d'intelligence pour reconnaître qu'il y a un Dieu. L'homme le plus ignorant qui regarde attentivement le ciel et la terre, le soleil, les étoiles et leur marche régulière et harmonieuse, un enfant même comprend facilement que le monde n'a pu se créer lui-même, et qu'il existe un Être suprême qui a créé l'univers.

Existence de Dieu.

Si le hasard pouvait avoir créé quelque chose de semblable, avoir organisé le corps de l'homme et celui des animaux, avoir produit les arbres et leur végétation, et avoir enfin tiré chaque chose du chaos, il faudrait encore que le chaos lui-même eût été produit par un être supérieur au hasard. Ou bien donc ce serait le hasard qui serait Dieu lui-même ; et alors il n'y aurait plus que le mot de hasard à changer

contre celui de Dieu, nom sous lequel il est d'usage,
dans toutes les langues, de désigner l'Être suprême,
qui a créé toute chose, et qui les gouverne toutes.

On doit également admettre qu'il ne peut exister
qu'un seul Dieu, et non plusieurs, comme le croyaient
les païens; car s'il y avait plusieurs dieux, il faudrait
encore qu'il existât un dieu supérieur aux autres, à
qui tous les dieux inférieurs obéiraient nécessairement, et par qui ils auraient dû être créés. Or, ces
soi-disant dieux inférieurs peuvent bien s'appeler des
anges et des archanges, mais non des dieux; et il ne
peut exister de véritable dieu qu'un Dieu unique et
tout-puissant.

Nécessité
du culte
envers Dieu
et
de la prière.
Enfin on peut encore aisément comprendre que
puisqu'il y a un Dieu qui nous a créés, et qui par conséquent s'intéresse à nous, nous devons l'adorer, lui
rendre un culte, pratiquer une religion pour le servir
et l'honorer, et le prier de nous protéger sur la terre.

But
de la création.
Mais quel est le but de la création et quelle est la
destinée de l'homme? Pourquoi Dieu l'a-t-il mis au
monde? pourquoi naît-il et pourquoi meurt-il? Et
diffère-t-il surtout des autres animaux, qui naissent et
meurent exactement comme lui, et que Dieu a créés
également, comme il a créé l'homme?

C'est en vain que notre raison et notre intelligence
chercheraient à pénétrer et à comprendre, à elles
seules, les mystères de la création et les secrets desseins de Dieu; et si Dieu lui-même ne les avait ré-
vélés à l'homme, nous les ignorerions toujours. Sans

doute tous les peuples pourraient avoir des sages et
des législateurs qui fonderaient des religions plus ou
moins imparfaites pour améliorer la condition de
l'homme sur la terre, et pour lui donner même l'espoir d'une autre vie meilleure, selon qu'il aurait vécu
plus ou moins sagement. Les païens avaient imaginé
des Champs-Élysées et un enfer; et ils avaient aussi
reconnu de suite la supériorité de l'homme sur les
animaux, qui sont privés de l'intelligence, de la raison et de la puissance, qui n'appartiennent qu'à
l'homme. Mais la religion catholique seule lui apprend
son origine et son histoire, depuis le commencement
du monde, et lui explique sa véritable destinée,
selon la révélation de Dieu, et selon la propre tradition de ses pères.

En effet, lorsque l'on compare avec impartialité
toutes les religions de l'univers, on ne peut s'empêcher de reconnaître la supériorité et la perfection de
cette religion catholique, simple, logique et sans
détour, et qui ne permet aucune controverse ni aucune explication particulière de la part des fidèles,
parce que chacun pourrait avoir une opinion différente, suivant la portée ou la force de son esprit.
Expliquant tout ce qu'il importe à l'homme de connaître, elle satisfait son intelligence et sa raison,
même en lui ordonnant de se soumettre et de se prosterner devant les mystères impénétrables de Dieu,
aux pieds de qui il sera toujours obligé, malgré lui,
d'avouer sa faiblesse et d'abaisser son orgueil.

Supériorité
de la religion
catholique.

Hors de la religion, et sans la religion catholique, apostolique et romaine, cette reine des religions, d'où sont sorties quelques sectes égarées, qui n'auraient jamais dû secouer violemment ni renier les croyances admises par leurs pères et consacrées par le temps, pour embrasser d'autres croyances erronées ; sans la religion, enfin, l'homme ne peut être heureux ni sur la terre ni dans le ciel. Le pauvre sera jaloux du riche, le riche le sera du prince ou du roi, et le roi sera peut-être jaloux des autres rois, ou de Dieu lui-même.

Aucun ne sera content de son sort ; et les malheureux surtout ne pourront point se consoler, en pensant qu'il est une autre vie meilleure, dans laquelle ils seront récompensés de leurs souffrances, et qu'ils n'auraient pu mériter, s'ils avaient eu une condition plus heureuse en ce monde, puisque Dieu, dont la bonté et la sagesse sont infinies, fixe à chacun sa place sur la terre, en vue de celle qu'il peut obtenir dans le ciel.

C'est donc la religion seule qui assure la félicité de l'homme, qui lui apprend ce qui est bien et ce qui est mal, qui dompte ses passions, et qui lui donne la sagesse, la soumission et la résignation dans toutes les circonstances les plus malheureuses de sa vie ; et c'est elle aussi qui l'empêche de se laisser éblouir par son bonheur et par une position élevée. C'est elle enfin qui est la sauvegarde des États et des gouvernements ; et il importe par conséquent qu'elle soit respectée et pratiquée par tous les citoyens, grands et petits.

Mais pour respecter Dieu et la religion, il faut également respecter ses ministres et se soumettre à leur autorité. Il faut honorer la profession de ceux qui se dévouent au service de Dieu, le grand maître de l'univers. L'état ecclésiastique devrait ainsi être considéré comme le plus noble de tous les états, et se voir surtout recherché par les grands de la terre. Mais il faut, pour le bien remplir, une vocation spéciale et particulière, qui n'est point donnée à tous les hommes; et cet état exige, plus que tous les autres, la force et le courage de surmonter ses passions et les faiblesses inséparables de l'humanité. Quelquefois, en effet, un prêtre oublie son caractère sacré; et alors il ne parait plus qu'un homme. Mais les ministres mêmes de Dieu ne peuvent tous être parfaits, et leur doctrine seule est parfaite.

Il faut que le nombre de ceux qui se vouent à l'état ecclésiastique augmente toujours avec la population du pays. En France, ce nombre n'est point suffisant pour satisfaire à tous les besoins des populations; et il existe beaucoup de paroisses et d'églises qui manquent de ministres de Dieu. Chaque commune devrait avoir au moins un desservant et un vicaire; et ce n'est pas trop de deux prêtres pour une seule commune, dont les divers hameaux sont quelquefois très-éloignés du presbytère, et que l'on ne peut aller visiter dans la même journée, lorsque

Des ministres de la religion.

des malades réclament les sacrements. Si l'un des deux est lui-même souffrant, vieux, ou infirme, il faut bien d'ailleurs qu'il puisse être remplacé par l'autre.

En général, les ministres de la religion ne doivent point se mêler des affaires temporelles, en dehors de leur ministère ; et il est indispensable qu'ils gardent toute leur influence pour les choses spirituelles. Trop souvent le zèle a emporté ceux que la modération et une prudente réserve auraient dû contenir ; car les ministres de Dieu doivent toujours être des ministres de paix, excusant les faiblesses et les égarements des hommes, et cherchant à les ramener par la douceur dans les voies de la sagesse et de la vertu. Ils ne peuvent donc pas s'occuper des affaires politiques sans nuire à la majesté et à la considération du sacerdoce, et sans s'exposer aux attaques des partis, en descendant, en quelque sorte, dans l'arène. Et quand bien même la religion serait attaquée ou persécutée, ils ne doivent point chercher à résister à la force par la force, à la violence par la violence, en excitant les citoyens contre les citoyens, et les frères contre les frères. Ce n'est point par la force ni par la violence que la religion catholique s'est établie et maintenue. Jésus-Christ n'était point un conquérant exterminateur, et n'a point soumis violemment les peuples à sa religion. Il a choisi le rôle le plus humble et le plus misérable parmi les hommes, et il est mort sur la croix, entre deux larrons. C'est par la résignation à la volonté de

Dieu son père, c'est par la douceur et la patience, qu'il a établi son empire. C'est en se soumettant de même aux persécutions, que les apôtres ont propagé la religion catholique ; et ce sera toujours par la soumission aux ordres de la Providence, et par la modération, que cette religion maintiendra et étendra son pouvoir sur toute la terre.

Le clergé doit être rétribué d'une manière convenable et en rapport avec la considération à laquelle il a droit, pour soutenir son rang. Il ne l'est pas non plus suffisamment en France ; et ni les évêques ni les simples curés de campagne ne peuvent avoir la représentation à laquelle leur position les obligerait souvent, et satisfaire les élans de leur charité par des aumônes, que, mieux que d'autres, ils savent distribuer utilement et avec mesure. Leurs traitements devraient donc être tous un peu augmentés.

Les ordres religieux ont rendu les plus grands services à la civilisation, et tout homme impartial ne peut le méconnaître ni le contester. C'est aux moines que l'on doit les premiers progrès de l'agriculture ; c'est à eux surtout que les sciences sont redevables des plus grands travaux littéraires entrepris par l'esprit humain. Véritables monuments de gloire pour leur nation, ces travaux n'ont point encore été égalés, et ils sont restés inachevés, depuis que les moines n'existent plus.

Mais certains ordres religieux ont dépassé le but de leur institution, et mésusé de ce qui leur était per-

Des divers ordres religieux.

mis. Les Templiers avaient acquis trop de richesse et
de puissance et portaient ombrage même aux rois.
C'est ce qui fut cause de leur destruction. D'autres
ordres trop nombreux se sont rendus indignes de
la considération publique, par les fréquents écarts et
les fâcheux exemples d'immoralité et d'inconduite de
quelques-uns de leurs membres, dont l'oisiveté était
funeste pour la société et pour eux-mêmes. L'ordre
des Jésuites, plus que les autres, a été en butte à des
attaques violentes, en Europe, et particulièrement en
France. Cet ordre, institué pour la propagation de
la foi, n'a point obtenu le bien qu'en attendait son
fondateur. Vicié dans son principe et son institution,
dès son origine même, il a vu ses membres, emportés par un coupable excès de zèle, tromper les
peuples ou déguiser la vérité, et se contenter du
masque et du dehors de la vertu, sans en exiger la
pratique. La duplicité et l'hypocrisie ont été des
armes entre ses mains ; et le but seul, pour lui, a
paru justifier les moyens. Cependant les peuples ne
se contentent point des apparences de la vertu, et ils
en veulent aussi la vérité. De plus, cet ordre ne relève
que du Pape, et méconnaît ainsi l'autorité des évêques,
qui sont les lieutenants du souverain Pontife. Cette
seule considération suffit pour le discréditer, et pour
susciter des défiances contre lui. Chaque peuple tient
avant tout à sa nationalité, et redoute tout ce qui
peut lui porter atteinte. Les rois eux-mêmes s'a-
larment de voir une autorité étrangère au sein de

leurs propres États : et s'ils permettent de rendre à
Dieu ce qui appartient à Dieu, ils veulent aussi que
ce soit à eux seuls que l'on rende ce qui appartient
à César. L'ordre des Jésuites a produit, il est vrai,
des hommes supérieurs ; et ils ont un talent remarquable pour l'éducation de la jeunesse. Mais ce talent
d'éducation excite encore des défiances, et l'on craint
que la direction qu'ils donnent aux enfants ne les
détourne de l'attachement qu'ils doivent à leurs
parents et à leur patrie. Il n'est donc pas étonnant
que certains peuples aient repoussé cet ordre religieux, et que quelques-uns se soient révoltés contre
lui et contre ceux qui le défendaient. La religion
catholique peut se passer des Jésuites, et elle ne
périra jamais. Il serait digne d'un souverain Pontife
éclairé, ami de la paix et conciliateur, d'ordonner la
destruction de cet ordre, dont l'institution a produit
de si mauvais fruits, et dont l'existence est toujours
une source d'inimitié et de discorde parmi les
peuples.

Quant aux autres ordres religieux, qui ont cessé
d'exister dans certains pays, on ne pourrait, non
plus, les y rétablir sans danger, et sans froisser
l'opinion publique, qui leur serait contraire. La civilisation et les lumières s'étant répandues presque
partout en Europe, les études et les grands travaux
littéraires sont devenus moins difficiles qu'autrefois.
Quelques savants, aussi laborieux que les moines et
les Bénédictins, parviendront peut-être, en y consa-

crant comme eux toute leur vie, à continuer dignement les ouvrages précieux qu'ils nous ont laissés.

Cependant il existe encore des ordres religieux
qui méritent l'intérêt et les encouragements des
peuples. L'ordre des Trappistes ne nuit point à
la société, et conserve au monde des malheureux,
dont le suicide serait peut-être la dernière ressource,
s'ils n'étaient retenus par la religion. L'ordre des
Frères de la Doctrine chrétienne rend aussi chaque
jour les plus éminents services pour l'éducation des
enfants, et leur institution est un véritable bienfait
pour la société. Il en est de même des sœurs de la
Charité, dont il suffit de prononcer le nom pour
exprimer le respect et la reconnaissance que l'on
doit à leur vie, toute d'abnégation et de dévouement.

CHAPITRE II

DE LA ROYAUTÉ, DES PRINCES ET DES MINISTRES.

Origine de la royauté. — Son but. — De l'hérédité et de la légitimité dynastiques. — De l'oint du Seigneur. — Des princes du sang royal. — De la vertu des rois. — De leur ingratitude. — De la responsabilité des ministres. — De leur choix.

Dieu n'a point fait les peuples pour les rois, mais il a fait les rois pour les peuples. Toute puissance, il est vrai, vient de Dieu, et nul ne peut, sans sa permission, s'élever au-dessus des autres hommes. C'est donc de Dieu que les rois tiennent véritablement leur puissance; mais ce n'est pas pour eux-mêmes qu'ils l'ont reçue.

Si l'on remonte à l'origine des royautés, on reconnaît que le roi ne fut alors que le premier de ses égaux, *primus inter pares*, élu ou choisi par eux pour les commander. En effet, dès le commencement du monde, les familles furent d'abord soumises à l'autorité de leur père, qui en était le chef naturel. Mais lorsque les familles devinrent trop nombreuses, leurs chefs furent eux-mêmes obligés de choisir l'un

d'entre eux pour les commander tous et pour les
gouverner, et lui accordèrent volontairement, dans
l'intérêt général, une autorité supérieure, c'est-à-
dire l'autorité de roi. Telle est la véritable origine des
premières royautés ; et c'est ainsi que Dieu a fait les
rois, par l'entremise et par la volonté des hommes.

C'est donc essentiellement pour le bonheur des
hommes que les rois sont revêtus d'une puissance
souveraine ; et si leur existence ne devait pas être
consacrée tout entière au bonheur de leurs sujets,
les peuples n'auraient jamais eu de rois. Tous les
souverains, tous les potentats de ce monde doivent se
pénétrer profondément de cette vérité fondamentale
de leur puissance ; et, par suite, il en est de même de
toutes les autorités et de tous les pouvoirs, quels
qu'ils soient, qui n'existent que pour l'utilité et le
bonheur des hommes, réunis en société et régis par
des lois. Tout roi, tout prince, tout chef, tout supérieur doit donc constamment avoir présent à l'esprit
cette cause et ce but de son autorité. Il n'a de pouvoir que pour en faire un usage utile à ses inférieurs ;
et il n'est que le premier de ses égaux, car tous les
hommes sont hommes comme lui, et ont droit à sa
reconnaissance et à sa bienveillance.

Mais souvent les rois ont méconnu ce but et cette
destination de l'autorité qu'ils ont reçue de la Providence. Quelques-uns ont paru croire que les peuples
n'existaient que pour servir à l'exercice de leur souveraineté et de leur pouvoir ; et les courtisans qui

entourent toujours les rois ont pu malheureusement les soutenir et les encourager dans cette fausse
croyance. Cependant les conquérants eux-mêmes, qui
ont soumis des peuples par la force à leur obéissance,
ceux qui les ont enchaînés dans l'esclavage le plus
dur, n'ont jamais pu penser raisonnablement qu'ils
ne devaient rien à ces malheureux esclaves. Si Dieu
leur a permis de châtier et de punir ces peuples, ils
n'en devaient pas moins devenir ensuite leurs pères
et leurs bienfaiteurs, car il ne peut y avoir de conquête vraiment solide et durable que celle qui gagne
les cœurs et maintient les esprits. S'il en était autrement, les rois seraient de véritables fléaux pour tous
les peuples, et les peuples seraient fous de reconnaître l'autorité des rois. Quelques hommes pourraient
les prendre momentanément pour chefs et leur obéir,
tant que leur intérêt particulier les y engagerait ;
mais leur soumission cesserait avec cet intérêt, et la
masse des peuples ne consentirait jamais à leur obéir
longtemps.

Malheureusement, les rois sont naturellement disposés à ne point considérer leur position élevée sous
ce véritable jour. Le cœur des hommes est si vain,
que presque tous les souverains voudraient être absolus dans leurs États, et pouvoir même contraindre
les autres rois leurs voisins à reconnaître leur supré-
matie. Supportant impatiemment des rivaux sur des
trônes étrangers, ils tolèrent encore moins que leur
autorité puisse trouver des bornes et des limites dans

2

leurs propres royaumes. Mais si ce sentiment est naturel chez eux, il existe aussi chez les peuples un sentiment opposé, qui les porte à vouloir s'affranchir de toute soumission à une autorité supérieure. Il faut donc que la réflexion et la raison viennent cimenter le contrat tacite, ou écrit, formé entre les peuples et les rois, car ce n'est que par l'exécution réciproque des préceptes de la sagesse et de l'expérience que les rois peuvent maintenir leur autorité sur les peuples, en même temps que les peuples peuvent reconnaître volontairement cette autorité des rois et l'accepter sans opposition.

De l'hérédité et de la légitimité dynastique.

Pour que la puissance des rois soit encore plus respectable et plus sacrée aux yeux des peuples, elle doit être héréditaire dans les familles. L'élection d'un trône occasionne toujours trop d'intrigues de la part des divers prétendants à la couronne ; et bien qu'une élection puisse paraître utile quelquefois, au premier abord, surtout dans une royauté absolue, pour empêcher le règne d'un mauvais roi ou d'un roi incapable, elle expose le pays à beaucoup trop d'inconvénients, ne pouvant jamais avoir lieu du consentement unanime de la nation, et l'empêchant toujours d'obtenir, auprès des peuples étrangers, la prépondérance qui lui est due. Si le roi est absolu, il voudra pouvoir transmettre sa puissance à ses descendants ; et il lui sera facile d'y parvenir, en brisant d'avance la puissance de ceux dont il pourrait avoir à redouter l'opposition. Si l'autorité du roi est retenue

dans des limites, et restreinte par la constitution de
l'Etat, il fera encore les mêmes efforts, malgré cette
contrainte, pour arriver au même but; et il y parviendra également sans violer ouvertement la constitution,
et en employant seulement des moyens détournés.
Ainsi, il protégera ceux qu'il verra disposés à
le seconder, et il opprimera les autres; mais les
affaires du pays devront toujours être sacrifiées, selon
les circonstances. Il est donc toujours préférable
pour les peuples de consacrer les principes de l'hérédité du trône et de la légitimité dynastique, qui ont
l'avantage de satisfaire les rois, et d'empêcher un
grand nombre d'ambitions diverses de troubler l'Etat
et d'agiter le pays. Un roi légitime et héréditaire, en
sécurité sur la possession et sur la transmission de son
trône, peut davantage se dévouer aux intérêts et au
bonheur de son peuple, et maintenir mieux la paix
et l'union parmi ses concitoyens.

Lorsque, par de violentes révolutions, l'héritier
légitime a pu se trouver renversé et écarté du trône,
celui qui le remplace ne peut jamais avoir, aux yeux
des peuples, une puissance aussi solide et aussi véritable que s'il était légitime. Cette même violence, qui
a renversé le monarque légitime, peut aussi parvenir
quelquefois à renverser le successeur illégitime, car
c'est surtout dans les révolutions des Etats que les
peuples arborent le drapeau de leur souveraineté matérielle, souveraineté presque toujours brutale et irréfléchie dans ses emportements, et dont il est alors

malheureux de dépendre. Aussitôt que les temps
d'orage sont appaisés, il faut encore revenir nécessairement au principe de la légitimité, pour cette
dynastie nouvelle comme pour l'ancienne.

De
la loi salique.

A côté du principe de l'hérédité du trône, vient
encore se placer, dans l'intérêt des peuples, celui
de la seule légitimité des hommes, à l'exclusion des
femmes. Dans les anciennes monarchies, et surtout dans celles provenant de conquêtes, un roi se
croyait le droit de partager ses États entre tous ses
enfants, après sa mort, et de diviser ainsi sa puissance. L'unité d'un pays disparaissait, et chaque
petit royaume séparé avait aussitôt à soutenir des intérêts particuliers, différents ou rivaux de ceux de ses
voisins. La guerre en était la suite inévitable; et des
peuples qui étaient frères et unis sous le même sceptre
devenaient promptement ennemis, en ayant chacun
leur roi. Le bonheur des peuples et le bien-être général étaient donc détruits par ce partage des monarchies. Aussi, l'expérience des inconvénients nombreux qui en provenaient a fait naitre la loi de
l'indivisibilité des trônes; et il est aujourd'hui reconnu que les grands États sont ceux dans lesquels
les peuples peuvent être le plus heureux, par le sacrifice obligé de tous les petits intérêts particuliers
aux intérêts généraux de la nation. Les monarchies
ont dû par conséquent se transmettre à l'ainé des fils
du roi, qui se trouvait naturellement, par son âge et
sa position, le plus capable de succéder à la puissance

de son père. La faiblesse des femmes devait les empêcher de porter le poids de la couronne; et, à défaut
de descendant mâle direct, par ordre de primogéniture, ce fut le plus proche parent qui fut appelé au
trône. La loi salique, qui a consacré cette exclusion
des femmes, et qui fut faite par les Francs Saliens,
dont elle a pris le nom, a été généralement admise en
Europe, dès l'établissement des premières monarchies. Et, en effet, il ne paraît point convenable que
des hommes qui ont pour eux la force et la supériorité incontestable de leur sexe puissent s'humilier et
abaisser leur fierté sous l'autorité d'une femme. Cependant, certaines reines pourraient être supérieures
à certains rois, comme une femme de mérite peut
l'emporter sur un homme incapable; mais le caractère
et le rôle des hommes et des femmes ne doivent pas
être les mêmes, ni dans la vie privée ni sur le trône.
L'autorité doit appartenir exclusivement à celui qui
peut le mieux la soutenir, en toute circonstance et en
tout temps. Une nation tout entière et des hommes
supérieurs obéissant à une reine, un mari obéissant
à sa femme, sont des anomalies choquantes pour la
raison. Même dans les pays dont la constitution limite
le plus l'autorité du souverain, et lorsque les ministres seuls sont responsables, ce ne peut être sans
beaucoup d'inconvénients, ni même sans quelque
ridicule, que des peuples peuvent reconnaître la légitimité des femmes à succéder à la couronne et à les
gouverner. Vainement voudrait-on soutenir, par une

dispute moderne, qui rappelle un peu celle du réalisme
et du nominalisme, au moyen-âge, que dans ces
gouvernements la reine règne et ne gouverne pas. Il
suffit qu'elle règne; et, quoique le gouvernement
doive être l'expression de la volonté des grands pouvoirs de l'État, elle a la puissance exécutive entre les
mains, et c'est toujours d'elle, plus ou moins, que
dépendent le choix des ministres et la marche régulière de ce gouvernement, toujours plus faible que
celui d'un homme. Souvent encore, si elle épouse un
prince étranger, elle peut méconnaître les intérêts
de sa patrie, et les sacrifier même entièrement à l'af-
fection de son époux.

Des princes
du sang royal.
    Les princes du sang royal doivent avoir dans l'État
une considération proportionnée à leur proximité du
trône, et marcher les premiers après le souverain. A
la longue, il est vrai, et à mesure que leurs générations s'éloignent, ils doivent perdre insensiblement
de leur grandeur et de leur élévation, et finir peu à
peu par se rapprocher des simples particuliers. Mais
il est impossible que la naissance n'accorde pas aux
princes quelques priviléges, surtout lorsqu'ils tiennent
encore de près à la couronne. Ainsi, les fils d'un roi
ne peuvent être condamnés à passer leur vie dans
l'oisiveté, en dehors des affaires du pays, et à rester
étrangers à tout ce qu'ils pourraient se trouver obligés
de connaître, si des circonstances imprévues venaient
à changer leur destinée et à les appeler eux-mêmes
au trône. Et d'ailleurs, lorsque leurs goûts ne peuvent

se plier à une vie entièrement nulle et oisive, comment leur refuser le droit dont jouissent les autres citoyens, celui de servir leur patrie? et pourrait-on même ne point leur accorder plus de faveur et plus de protection qu'aux simples particuliers? Si on les repoussait sans motif, ce serait les porter peut-être à devenir de secrets agitateurs du pays; et l'on verrait bientôt se rallier autour d'eux les mécontents et les conspirateurs. Il est donc impossible que leur naissance ne leur donne point quelques priviléges, qui ne pourraient jamais être détruits complétement par le niveau d'une égalité absolue entre tous les autres citoyens. La faveur atteindra toujours les fils d'un roi et tous les princes; mais c'est au souverain lui-même et à ses ministres responsables qu'il appartient d'user avec discernement, dans l'intérêt général du pays, de cette faveur exceptionnelle.

La vertu est la seule base solide du bonheur des hommes, quelle que soit la condition dans laquelle Dieu les ait fait naître. Mais c'est chez les rois et les grands de la terre qu'elle doit surtout être honorée et pratiquée, pour le bonheur des peuples. Si, par hasard, des faiblesses inséparables de l'humanité peuvent venir se glisser jusque sur le trône même, il importe extrêmement de les cacher aux yeux de tous, et de les ensevelir dans l'ombre. Les rois ne doivent donc jamais avoir de bâtards, encore moins que les autres hommes; et s'ils en ont eu quelquefois, ils n'auraient jamais dû les reconnaître et se déconsi-

De la vertu des rois.

dérer ainsi devant leurs peuples, en les démoralisant
eux-mêmes par le scandale de leur conduite. Le secret
des fautes et la honte de les avoir commises sont au
moins un hommage tacite que l'on rend encore à la
vertu.

De leur
ingratitude.

Souvent les rois et les princes sont ingrats envers
les hommes qui leur sont le plus dévoués, ou qui leur
ont rendu les plus grands services, réservant leurs faveurs pour des ennemis qu'ils espèrent ainsi ramener
à eux. Cette politique n'est point morale ni droite, et
elle ne les honore point. Il est encore plus sage et plus
politique de récompenser les dévouements reconnus
et acquis, et de se tenir en garde contre des rallie-
ments intéressés et douteux. Les hommes d'honneur
et les gens vertueux doivent toujours, non-seulement
être les plus considérés, mais encore les mieux traités,
pour attirer plus facilement les autres ; et c'est sur
eux surtout qu'il faut savoir s'appuyer.

De la
responsabilité
des
ministres.

La responsabilité des ministres, qui n'existait pas
anciennement d'une manière complète, est devenue,
depuis les progrès de la civilisation, une des lois
constitutives des monarchies modernes. Cette responsabilité, en dehors des rois, jointe à la légitimité de
leur trône, doit être la garantie la plus absolue de leur
puissance, et les préserver à jamais des révolutions
qui peuvent les renverser. Quand les ministres sont
réellement responsables, c'est sur eux seuls que doit
se déchaîner le courroux des peuples, lorsque des
coups d'État peuvent les faire sortir des bornes de

la modération et de la sagesse. Ce n'est point aux
rois ni à la légitimité que les peuples doivent s'en
prendre, et rien ne peut jamais les atteindre. Méconnaître ce principe, et changer une dynastie légitime,
au lieu de ne sévir que contre les ministres, seuls
responsables, est une faute contre le bon sens, et
prouve, comme toutes les révolutions, que l'État et
la constitution n'étaient point établis sur des bases
justes et solides, capables de résister aux orages
populaires.

Le choix des ministres importe extrêmement au De leur choix
monarque et à la nation; mais il est difficile d'en
trouver qui réunissent toutes les qualités désirables.
Cependant, lorsque le souverain a fait un choix, il
est utile que ses ministres ne soient point changés
trop souvent, parce qu'ils prennent peu à peu l'habitude de leur position et de leur grandeur, et parce
qu'ils deviennent alors plus capables de diriger les différentes administrations qui leur sont confiées. C'est
parmi les hommes vertueux, sans ambition personnelle, et indépendants par leur position sociale et par
leur caractère, que le roi doit choisir de préférence ses
ministres; et, s'il donne sa confiance à des ambitieux ou à des hommes d'un caractère servile et trop
dévoués à leurs personnes, la considération publique
ne soutiendra point de tels ministres et ne leur donnera point le pouvoir d'être à la fois utiles au pays et
au roi. Malheureusement la vertu est souvent la plus
rare de leurs qualités, et celle dont on s'inquiète le

moins. Pourtant elle est la plus grande garantie que
les rois puissent trouver dans leurs ministres, car les
talents seuls ne peuvent les soutenir, si la vertu ne les
accompagne pas. Un ministre véritablement vertueux
ne recherche que le bien public et se tient toujours
au-dessus de tous les partis politiques, qui se trouvent
obligés de le respecter et de lui prêter appui. Les
hommes, même les moins vertueux, désirent toujours
trouver la vertu parmi leurs semblables, et ils n'ont
de confiance qu'en elle seule. C'est donc de ceux à
qui ils doivent obéir qu'ils ont davantage le droit de
l'exiger.

Quelquefois les rois ont choisi leurs ministres parmi
des membres du clergé, ou bien parmi des hommes
qui n'appartenaient point aux différentes administrations qu'ils avaient à surveiller et à diriger. Lorsque
la dignité de ministre peut être facilement reconnue
supérieure à tous les autres emplois, si des hommes
véritablement éminents, d'un talent déjà éprouvé
et développé par des études spéciales ou par une
grande expérience des hommes et des choses, se
trouvent placés à la tête du gouvernement, il n'en
peut alors jamais résulter d'inconvénients sérieux, et
les affaires du pays n'en sont que mieux administrées.
C'est ainsi que des ministres choisis au sein du
clergé, et dont le célibat est la règle, ont, en général,
une vigueur de corps et d'esprit supérieure à celle des
autres hommes. Cependant, il est certaines connaissances dont il ne suffit pas de posséder la théorie, et

qui exigent encore une pratique spéciale; et la nécessité de cette pratique restreint ordinairement le choix
des ministres parmi les hommes qui la possèdent.
D'ailleurs, il est difficile de persuader à ceux qui font
partie d'une administration quelconque qu'il ne s'y
trouve personne en état de la diriger aussi bien qu'un
étranger; et ils repoussent presque toujours une telle
opinion comme injuste et même blessante pour eux.
Mais ceux-ci, malheureusement, possèdent aussi
presque toujours des préjugés plus ou moins étroits,
dont les autres ministres sont plus exempts. Ordinairement, dans les gouvernements représentatifs, les
ministres sont choisis parmi les membres des deux
chambres, ce qui ajoute à leur force et à leur influence, mais ce qui implique en même temps la
nécessité de sous-secrétaires d'État, hommes non
politiques, non sujets à des changements répétés, et
connaissant plus spécialement les diverses branches
administratives et la pratique des affaires particulières de chacune d'elles.

CHAPITRE III

DE LA NOBLESSE ET DE L'ARISTOCRATIE.

A quoi servent la noblesse et l'aristocratie? Et peut-on les empêcher de se former et d'exister dans des gouvernements entièrement démocratiques?

A quoi servent
la noblesse
et
l'aristocratie?

Si la noblesse est inutile au bonheur des peuples,
il n'est pas douteux qu'il faudrait, si c'était possible,
l'empêcher d'exister, car elle est un sujet de jalousie
et d'envie pour ceux qui ne la possèdent pas, comme
les richesses et tous les biens de la terre, dont les
pauvres ne peuvent guère supporter, sans accuser la
Providence, le partage inégal entre tous les hommes.
Mais la noblesse et l'aristocratie de la naissance et de
la fortune sont-elles donc inutiles, ou nuisibles au
bonheur des peuples? *Noblesse oblige,* telle fut toujours la devise favorite des nobles : c'est-à-dire qu'il
ne suffit point, à leurs yeux, que leur position élevée
puisse flatter leur amour-propre et leur vanité, en les
plaçant au-dessus de leurs semblables ; qu'il ne suffit
pas, non plus, que l'espérance de parvenir à cette noblesse soit un encouragement qui excite tous les citoyens aux actions les plus belles et les plus glorieuses,
comme les décorations, les grades et les autres distinc-
tions établies dans toutes les sociétés. *Noblesse oblige,*
répètent les nobles : c'est-à-dire qu'ils se doivent à
eux-mêmes de mériter toujours l'honneur d'être au-
dessus des autres hommes, et de leur donner l'exemple de toutes les vertus, de tous les sentiments généreux, de toutes les gloires, de tous les dévouements,
et de tous les sacrifices pour le bonheur des peuples.
C'est en effet ce qui a toujours existé, dans tous
les temps et dans tous les pays ; et les exceptions ou
les faiblesses de quelques-uns, faiblesses inséparables
de la fragilité humaine, n'ont point empêché la

noblesse de remplir dignement le rôle qui lui appartenait.

Les Francs étaient un de ces peuples barbares qui
renversèrent l'empire romain et qui soumirent l'Europe. Tous ces peuples étaient composés d'hommes
libres, ne reconnaissant point l'esclavage; et les Francs,
particulièrement, se distinguaient parmi eux par leur
indépendance et par leur fierté. C'est aux Francs et
à leur conquête que les Gaulois ont dû le bonheur de
sortir de l'esclavage des Romains, dont la civilisation
n'avait su aboutir qu'à la dégradation de l'espèce humaine. La religion catholique, qui est par excellence
la religion de la liberté, et qui prêche aussi l'égalité
de tous les hommes devant Dieu, fut embrassée avec
enthousiasme par les Francs, avec les sentiments desquels elle avait tant de rapport. *Liberté! liberté!* tel
fut le cri des Francs, qui ont émancipé les peuples
qu'ils ont conquis, et qui ne les ont réduits sous leur
obéissance que pour les rendre plus heureux. Égaux
de leurs rois, qui n'étaient que les premiers d'entre
eux, qu'ils choisissaient en les élevant sur le pavois,
et auxquels ils se soumettaient volontairement, afin
qu'ils fussent leurs chefs et qu'ils commandassent
pour le plus grand avantage de tous, ils créèrent
bientôt d'eux-mêmes, dès que leur conquête fut assurée, le gouvernement qu'ils ont appelé féodal, du
mot latin *feodus*, qui signifie *l'alliance et l'union* de
tous les éléments par lesquels les États peuvent être
gouvernés. Ce gouvernement, dans lequel *l'élément*

Établissement
du
gouvernement
féodal.

monarchique, *l'élément aristocratique* et *l'élément dé-mocratique* devaient se maintenir toujours dans un juste équilibre, a été le gouvernement de la France et de l'Europe pendant plusieurs siècles; et sa chute n'a été produite que par la dissolution de l'alliance de ces trois éléments.

Cause lointaine de sa chute.

L'autorité monarchique tendit bientôt, dès qu'elle se crut bien affermie, à augmenter davantage son pouvoir et à devenir un jour absolue. La noblesse, qui formait l'aristocratie, résista longtemps avec courage et avec succès; mais les rois s'unirent à la démocratie, ou au peuple, contre la noblesse; et c'est cette nouvelle alliance de deux pouvoirs contre un seul qui a fini peu à peu par amener la ruine du gouvernement féodal.

Son histoire.

Pourtant, il est certain que le peuple était plus heureux, dans le principe, à l'établissement du gouvernement féodal, qu'il ne l'avait jamais été précédemment. Les nobles conquérants du pays, se l'étaient d'abord partagé pour le gouverner et le régir; et chacun put fonder sa propre seigneurie, où il exerça une autorité suzeraine. Quelques-uns de ces domaines furent ensuite divisés et donnés par les rois ou par les grands feudataires, qui créèrent des bénéfices, ou de nouvelles seigneuries, en faveur de ceux qu'ils voulaient récompenser de leurs services. Ces bénéfices n'étaient pas tous héréditaires à l'origine; mais ils le devinrent peu à peu, les fils héritant presque toujours des bienfaits reçus par leurs pères,

et ils s'assimilèrent insensiblement aux autres seigneuries héréditaires, qui remontaient directement à
la conquête. Les peuples, ou les vassaux de ces seigneurs, formaient leur famille véritable, après leurs
parents et leurs proches ; et ils étaient alors aussi
heureux que le comportait la civilisation de leur époque, car les seigneurs étaient intéressés à leur bonheur, comme on l'est toujours à celui des siens. La
religion, d'ailleurs, qu'ils pratiquaient tous fidèlement,
leur en faisait de plus une obligation sacrée ; et son
autorité respectable suffisait pour réprimer les abus,
extrêmement rares, résultant de droits excessifs ou
barbares, dont le bon sens des nobles eux-mêmes fit
bientôt justice. Ainsi le moyen-âge, avec sa féodalité
et sa piété universelle, a été l'âge d'or de la France.
L'âge d'argent lui a succédé aujourd'hui, en attendant
peut-être un jour l'âge de fer.

Les nobles protégeaient les faibles et réprimaient
les coupables, et la justice était rendue en leur nom.
C'est la noblesse qui a répandu dans ce moyen-âge les
idées généreuses et chevaleresques qui en ont fait la
gloire ; et c'est elle qui se leva tout entière pour aller
défendre les chrétiens de Palestine contre le joug
odieux des musulmans. Nul ne peut refuser son admiration à ces preux chevaliers, qui abandonnèrent
volontairement leurs biens et leur patrie pour aller
défendre au loin leur religion et leur foi. Les Croisades honorent les siècles qui les ont produites ; et
vainement a-t-on cherché, depuis peu, à en altérer

3

le mérite par de mesquines considérations d'intérêt
égoïste portant l'empreinte des révolutions modernes.
Non-seulement elles ont honoré l'humanité, mais
elles lui ont rendu d'immenses services par les progrès de la civilisation qu'elles ont suscités à leur suite.
Lorsque la patrie a eu besoin d'elle, la noblesse a
toujours brillé partout de l'éclat le plus vif, et tous les
champs de bataille ont vu répandre son sang pour
l'indépendance et pour la gloire du pays.

Son essence.   Ce gouvernement féodal, fondé par des hommes
libres qui avaient voulu, après leur conquête, établir
dans leur nouvelle patrie le bonheur le plus durable
et le plus parfait, devait donc se prêter à toutes les
améliorations sociales que le temps et les événements
pouvaient successivement exiger. Et il l'eût toujours
fait, s'il eût été pratiqué complétement et avec une
union parfaite entre les rois, les nobles et le peuple.
L'*unité* et la *centralisation* étaient établies suffisamment et sans excès. Chaque individu relevait de son
seigneur, qui relevait lui-même d'un seigneur plus
puissant ou d'un plus grand vassal, qui relevait à son
tour du roi, chef de l'État. Cette hiérarchie était si
bien fixée et tellement puissante, que, lorsque Jean
Sans-Terre, roi d'Angleterre, assassina son neveu
Artus, auquel la Normandie devait appartenir, et
s'empara déloyalement de cette province, Philippe-
Auguste, son suzerain, le cita à comparaître devant la
Cour des Pairs de son royaume; et ensuite, sur son
refus de se présenter, il le condamna, par contumace.

à la peine de mort, et confisqua la Normandie et les autres provinces que le meurtrier possédait en France.

La Cour des Pairs de France, instituée par Charlemagne, remplaçait alors les anciennes assemblées du champ de Mars ou du champ de Mai, qui se tenaient sous la première race, et dans lesquelles les Francs manifestaient par acclamation leurs volontés et leurs décisions, comme autrefois lorsqu'ils choisissaient eux-mêmes leurs rois, en les élevant sur le pavois. Les États-Généraux vinrent remplacer, plus tard, toutes ces anciennes assemblées; et c'était dans cette nouvelle réunion que se trouvait la véritable force de la France et sa représentation féodale la plus parfaite. Mais les rois s'opposèrent toujours à la convocation régulière et souvent répétée des États-Généraux; et c'est ce qui empêcha tous les progrès et tous les bienfaits de la civilisation, qui n'ont pu se faire jour et se développer qu'après de longues luttes constamment renouvelées, et après de sanglantes révolutions.

Dès que l'hérédité et la légitimité de la couronne furent établies d'une manière solide dans une famille royale, les rois n'eurent plus qu'un seul but et une seule tendance : ils voulurent, à tout prix, devenir des monarques absolus, en détruisant le régime féodal, et en renversant le pouvoir de la noblesse par tous les moyens qui pouvaient les servir et leur profiter.

Déjà Louis VI avait permis aux villes de s'admini-

Assemblée
des Champs
de Mars
et de Mai.
—Cour
des Pairs.
États
généraux.

Attaques
des rois contre
la féodalité.

strer *en commun*, ce qui fut l'origine des communes
et de leur affranchissement. Cette institution pouvait
être favorable à ces communes et à la bourgeoisie;
mais le roi n'aurait pas dû l'établir, de lui seul, et sans
le consentement des nobles, qui devaient être appelés,
de concert avec lui, à concourir aux modifications
devenues nécessaires dans le gouvernement du pays.
La noblesse devait être consultée sur toutes les réformes de l'État; et si l'affranchissement de la bourgeoisie était commandé, soit par l'importance que
cette classe de citoyens avait acquise, peu à peu, en
se réunissant dans les villes, où l'industrie et le commerce pouvaient mieux se développer que dans les
campagnes, soit par les autres progrès de la civilisation, la noblesse entière devait contribuer à cet affranchissement général, détruire elle-même les abus dont
se plaignait le peuple, et renoncer à tous les droits
seigneuriaux que les lumières de l'époque, la morale et la religion réprouvaient. Mais l'équilibre du
gouvernement devait toujours être maintenu.

Ce fut la première atteinte sensible que les rois por-
tèrent à ce gouvernement; et l'appui qu'ils ont toujours
trouvé depuis dans le peuple, toutes les fois qu'ils
ont combattu la noblesse, en cherchant soit à l'affai-
blir, soit à la déconsidérer, les a encouragés, de plus
en plus, dans leurs attaques, sans cesse renouvelées
sous différentes formes; attaques qui devaient les
conduire enfin à l'absolutisme, objet de leurs vœux.
Mais le peuple, qu'ils avaient émancipé, et qui leur

avait servi de marchepied, se retourna plus tard contre eux, et les renversa à leur tour, après avoir renversé la noblesse. Maintenant, les institutions semblent vouloir devenir partout presque entièrement démocratiques, jusqu'à ce que la raison, plus éclairée, des peuples, des nobles et des rois, se modifie insensiblement par une nouvelle expérience des inconvénients qui résultent, pour le bonheur de tous les hommes sur la terre, de la non-observation des grands principes sociaux et des lois générales organiques qui doivent régir et gouverner tous les États et tous les pays.

A travers la longue suite des rois de France qui furent le plus ennemis de la noblesse et du gouvernement féodal, on remarque Louis XI, qui les ébranla fortement, et fut près de les écraser; mais le dernier coup leur fut porté par l'orgueilleux ministre de Louis XIII, le cardinal de Richelieu, dont la fierté s'indignait de ce qu'il n'était point né gentilhomme, et qui sacrifia tous les principes les plus sacrés sur lesquels se fonde le bonheur des nations. Personnifiant en lui le roi et la royauté, et méconnaissant les justes prérogatives de la noblesse, il ne recula devant aucun moyen, quel qu'il fût, pour devenir enfin lui-même, par la faiblesse du roi, un monarque absolu.

Ce fut Louis XIV qui hérita, le premier, de cette puissance excessive dont ses prédécesseurs n'avaient jamais pu faire un usage complet; et le règne de ce grand roi, qui illustra véritablement la France, et qui

Suite des attaques répétées des rois contre la noblesse.

Chaînes de fer du cardinal de Richelieu.

Destruction de la féodalité et établissement de l'absolutisme en France.

mérite l'admiration de la postérité par la grandeur et la supériorité qu'il sut donner à son pays dans tous les genres de célébrité et de gloire, ce règne, dont quelques faiblesses et quelques fautes n'ont pu ternir l'éclat, fut le premier essai de l'autorité absolue résultant de la destruction du gouvernement féodal.

Chaînes d'or de Louis XIV.

Beaucoup de familles nobles, reléguées au fond de leur province, pouvaient cependant conserver encore les traditions des anciens seigneurs féodaux, et préférer le bonheur tranquille qu'ils goûtaient, au milieu de leurs anciens vassaux, à l'agitation turbulente des cours. Mais Louis XIV parvint à attirer à lui presque toutes celles qui étaient le plus considérables. Les honneurs et les dignités qu'il répandit à profusion sur les cadets de bonnes maisons furent les armes dont se servit ce monarque pour achever complétement la victoire de l'absolutisme, et pour faire accourir aux pieds de son trône presque toute la noblesse de France, qui se laissa ainsi lier facilement avec des chaînes d'or, après avoir déjà courbé la tête sous les chaînes de fer de Richelieu.

Familles de cour.

Depuis longtemps, les seigneurs des domaines directs de la couronne, et ceux qui s'en trouvaient rapprochés, avaient acquis des titres et des honneurs, auxquels les gentilshommes des provinces éloignées n'avaient presque jamais eu part. C'est à cette cause principale, de se trouver presque toujours près de la cour des rois, que l'on doit surtout attribuer l'illustration de certaines familles privilégiées, qui eurent souvent l'occasion de se signaler dans l'histoire de France et d'acquérir des droits réels de supériorité sur toutes les autres. Sous Louis XIV, un grand nombre de familles de province firent, pour la première fois, leur apparition à la cour, et obtinrent également des titres, des honneurs et des dignités, après avoir rendu des services au roi et à la France, et après avoir illustré et fait connaître leur nom.

Mais quelques autres familles, en petit nombre, ne purent se décider à venir consacrer elles-mêmes à la cour du grand roi, la destruction de la noblesse, privée de sa puissance féodale. Elles avaient aussi rendu, jadis, des services importants à nos rois, en les accompagnant dans toutes leurs guerres, toutes les fois que leurs droits étaient légitimes et que l'intérêt de la France ou de la religion le réclamait, et en les soutenant et les défendant toujours contre les étrangers, et particulièrement contre les Anglais, qui avaient conquis une partie du pays. Mais elles avaient résisté courageusement aux empiétements du pouvoir royal sur le pouvoir de la noblesse; et elles regrettaient profondément la chute du gouvernement féodal, remplacé par un gouvernement absolu. Ces familles, fermement attachées aux vrais principes sociaux, qui sont nécessaires au bonheur des nations, manquent, malheureusement, aux yeux du pays, de la gloire et de l'illustration des premières.

Le devoir de la noblesse de France était de défendre les principes du gouvernement féodal, dans lequel

Familles de province.

l'élément aristocratique jouait un rôle important, sinon le principal. Par la destruction de cet élément
aristocratique, les autres éléments, monarchique et
démocratique, se trouvaient seuls en présence, prêts
à se faire, à leur tour, une guerre funeste, dans
laquelle l'élément monarchique devait finir par succomber aussi plus tard. L'aristocratie, ou la noblesse,
placée entre le roi et le peuple, devait les protéger
également tous deux, en empêchant les excès de l'un
et de l'autre. Mais en se laissant détruire par les rois,
et en permettant ainsi au pouvoir royal de devenir
absolu, la noblesse ne put servir d'appui et de soutien au peuple; et bientôt, les abus de ce gouvernement absolu, les lettres de cachet, les dragonnades,
etc., etc., pesèrent lourdement sur la nation. La noblesse, dont le pouvoir était détruit, supporta largement sa part de ces abus; mais la servilité des familles
les plus considérables, qui, donnant le change à leurs
sentiments intimes d'indépendance et de fierté,
avaient personnifié l'État dans le roi, et lui avaient
même élevé une sorte de culte qui les portait à tous
les dévouements et leur assurait, pour récompense,
des honneurs, des dignités, des titres et de la fortune;
l'éloignement des autres familles, confinées au fond
de leur province, où elles regrettaient en vain leur
faiblesse et déploraient l'aveuglement des premières;
toutes ces causes empêchèrent la noblesse d'avoir autant à souffrir que le peuple de l'établissement du
gouvernement absolu. Aussi, le peuple finit-il par se

révolter et se déchaîner un jour, en 1789, non seule- Révolution de 1789.
ment contre les débris de l'aristocratie, mais encore
contre cette royauté si fière ; et il la détruisit facilement, parce qu'elle n'était plus, comme autrefois,
défendue et protégée par une noblesse forte et puissante. Aussitôt l'anarchie et les fureurs révolutionnaires signalèrent la victoire de l'élément démocratique, gouvernant seul la France.

La gloire des conquêtes et le génie d'un grand Règne de Napoléon.
homme mirent cependant un frein à l'anarchie, et
rétablirent un moment le gouvernement absolu et
l'ordre en France. Mais ce gouvernement n'était point
établi, non plus, sur des bases solides, ne puisant sa
force que dans des guerres étrangères qui décimaient
le pays, et qui suscitaient le monde entier contre lui.
L'empire de Napoléon dut avoir un terme, et toute
sa gloire s'évanouit promptement; gloire semblable à
l'éclat d'un magnifique feu d'artifice, qui s'éteint bientôt en ne laissant après lui que des souvenirs plus ou
moins durables. La France est devenue, à la chute de
l'Empire, plus petite qu'elle n'était sous Louis XVI,
lorsque commença la révolution de 1789.

La Restauration aurait dû, soutenue par les puis- Restauration.
sances étrangères, convoquer de nouveau les états-
généraux du royaume, pour qui l'expérience des
temps malheureux eût été une leçon profitable. Si la
France avait besoin d'une Charte, ou d'une Constitution nouvelle, c'était aux états-généraux du pays
à la formuler, et non au roi à l'octroyer. La Charte de

Louis XVIII, calquée, en partie, sur celle d'Angleterre, ne convenait point à la France, et ne parlait ni à ses habitudes, ni à ses mœurs, ni à ses souvenirs. La Pairie, qu'elle institua, déplut également à la noblesse et au peuple. Cependant l'hérédité devait, à la longue, donner à cette pairie une force et une puissance capables de rétablir, un jour, dans le gouvernement, un élément aristocratique. Mais elle n'avait point poussé d'assez profondes racines, et elle ne pouvait point produire de fruits.

Révolution de 1830.

C'est ce qui fut la cause de la révolution de juillet 1830 et du renversement de la dynastie de Charles X. Une aristocratie forte et puissante n'existait point encore en France, et ne put le défendre et le soutenir sur son trône, en l'obligeant de rapporter ses ordonnances illégales, et en accusant et condamnant ses ministres, qui devaient être seuls responsables et couvrir l'inviolabilité du roi.

Gouvernement de Louis-Philippe.

Louis-Philippe s'empara d'une couronne qui ne devait point lui appartenir, et se crut assez fort et assez habile pour en soutenir le poids à lui seul. Aussitôt après avoir obtenu la suppression de l'hérédité de la pairie, son gouvernement tendit plus que jamais à l'absolutisme, cette chimère de tous les rois, si fatale pour eux et pour leurs peuples. Obtenant, par des moyens corrupteurs, une majorité factice dans la chambre des députés, il ne concédait la dignité de pair de France qu'à quelques individus, en petit nombre, qu'il croyait complétement dévoués à ses volontés, et manquant, pour la plupart, de l'indépendance que l'hérédité seule pouvait faire naître chez eux. Ces deux pouvoirs législatifs, qui se trouvaient ainsi entre les mains du roi, ne servaient qu'à donner l'apparence d'une sanction légale à l'absolutisme de son gouvernement; mais ils n'étaient, ni l'un ni l'autre, l'expression véritable des opinions et des sentiments du pays. Ils ne pouvaient donc prévenir la chute dans laquelle le trône devait les entraîner avec lui, un peu plus tôt ou un peu plus tard.

Louis XVI avait péri sur l'échafaud, parce que les rois, ses prédécesseurs, avaient détruit le pouvoir aristocratique de la noblesse, pour parvenir à l'absolutisme. Charles X et Louis-Philippe ont été renversés et bannis de France par la même cause, c'est-à-dire par l'absence d'une aristocratie puissante dans le pays, capable de contenir les écarts du roi et le débordement du peuple.

C'est donc pour soutenir les États et pour leur donner une durée nécessaire au progrès de la civilisation, c'est pour assurer le bonheur des peuples, que la noblesse et l'aristocratie sont indispensables. Sans elles, les gouvernements absolus ou démocratiques ne peuvent avoir qu'une force et une grandeur passagères. La véritable solidité et la grandeur réelle d'un État dépendent principalement de la puissance de son aristocratie, chez laquelle se transmettent héréditairement, d'âge en âge, les grands principes de gouvernement, ainsi que les sentiments d'indépendance

Causes des révolutions de 1791, de 1830 et de 1848.

Nécessité de l'aristocratie

sociale et les idées généreuses qui en font la gloire.

Est-elle
inévitable ?

Mais l'aristocratie peut-elle renaître de ses cendres, après avoir été détruite, et doit-elle s'élever du sein de tous les gouvernements, même les plus démocratiques?

Inégalité
des facultés
des hommes,
en venant
au monde.

Si les hommes naissaient tous égaux en intelligence, en force, en beauté, etc., les problèmes difficiles de l'État social n'existeraient pas, et l'humanité ne serait point affligée des misères pour lesquelles elle cherche vainement chaque jour un nouveau remède meilleur. Mais puisque les hommes ne naissent point égaux; que certains n'ont que des sens imparfaits, sont aveugles, sourds et muets, ou estropiés, etc., etc., tandis qu'un petit nombre d'autres reçoivent des dons du ciel et des facultés, en tout genre, qui les rendent véritablement supérieurs aux autres, il est impossible que le génie ou l'esprit de ces êtres privilégiés ne leur donne point naturellement une place plus élevée dans le monde que celle de la masse de leurs semblables.

Lois
de la nature.

C'est de Dieu et de ces génies supérieurs que l'homme apprit tous les arts nécessaires à la vie; et c'est par l'autorité de l'expérience et de la sagesse qu'il fut amené, peu à peu, à renoncer aux lois de la nature, qui sont des lois communes à tous les animaux, pour se soumettre à des lois d'association ou de société qui pussent maintenir et augmenter son bien-être, le mieux nourrir, le mieux vêtir, etc., et étendre toujours, de plus en plus, son bonheur, par tous les progrès de la civilisation.

La première loi sociale est, sans contredit, celle du travail ; mais elle entraîne nécessairement à sa suite celle de la propriété. Or, ces deux lois sont essentiellement contraires à la nature, qui ne reconnaît que la loi de la paresse, la loi du besoin et la loi du plus fort. Sans la loi du travail, l'homme ne pourrait pas vivre ; et sans la loi de la propriété, nulle société ne pourrait exister. Lois sociales.

Personne, en effet, ne voudrait semer un champ, s'il ne devait profiter de la récolte pour se nourrir. Cependant, s'il a du superflu pour lui et sa famille, il le donnera facilement à ceux de ses semblables qui seront moins heureux, moins intelligents ou moins laborieux que lui ; et il se privera même de son nécessaire, s'il le faut, dans l'intérêt de la société. Mais nul ne consentira jamais volontairement à travailler, s'il ne doit retirer aucun profit de son travail. Et dans les sociétés à peine formées, chez les sauvages mêmes, pour qui le droit du plus fort est encore presque le seul reconnu, comme il l'est dans l'état de la nature, les esclaves ne travaillent point uniquement pour leurs maîtres ; car c'est d'une partie de leur travail qu'ils sont nourris, et si personne ne travaillait la terre, qui peut seule nourrir l'homme, les esclaves mourraient eux-mêmes de faim, avec leurs maîtres. Le travail, la propriété.

Mais si le travail est la première loi de l'humanité, puisque Dieu a condamné l'homme à gagner son pain à la sueur de son front, en le chassant du paradis terrestre, et si cette loi entraîne nécessairement avec Inégalité sociale.

elle celle de la propriété, celle-ci réclame aussi, à son tour, celle de l'inégalité sociale, car l'inégalité existe déjà à la naissance de chaque homme, et tous ne peuvent travailler également. Ainsi, les uns réussiront et prospéreront, tandis que d'autres seront malheureux; les uns seront plus adroits, plus intelligents, plus économes, et leur famille s'élèvera peu à peu, pendant que d'autres resteront dans la gêne ; et quelques-uns enfin plongeront eux et leur famille dans la misère la plus profonde.

Le communisme et le saint-simonisme.

On verra plus explicitement, dans un autre chapitre, que le communisme, ou la communauté des biens, que rêvent quelques philanthropes modernes, ne pourrait remédier à ces inconvénients de la société humaine, ni détruire les plaies auxquelles elle se trouvera toujours condamnée. Si vous donnez à chacun suivant sa capacité ou suivant ses œuvres, vous donnerez inégalement ; et les uns seront encore riches, tandis que d'autres seront encore pauvres. Si vous donnez également à tous ou à chacun suivant ses besoins, le travail et le produit du travail de tous appartenant à la communauté, les uns et les autres useront inégalement de ce qu'ils recevront ; et les uns s'imposeront des privations sur leurs besoins mêmes et se refuseront l'usage du nécessaire qu'ils auront reçu, afin de l'économiser ou pour s'en servir plus tard, tandis que les autres ne pourront se contenter de ce qui suffira de reste à ceux-ci. Peu à peu, l'inégalité de fortune s'établira ainsi, inévitablement, malgré le communisme et malgré le saint-simonisme. Et si l'on ne veut plus absolument que personne puisse rien posséder en propre, pas même le fruit de sa découverte, ni le salaire de son travail, sur lesquels l'homme paresseux ou prodigue aura les mêmes droits que l'homme laborieux et économe; si rien n'appartient à personne et si tout appartient à tous, chacun aura intérêt à ne point travailler et à profiter du travail des autres. Il en résultera que personne ne travaillera et que la société périra.

Le nécessaire et le superflu.

Quand bien même l'homme serait assez parfait pour que chacun consentît volontairement à travailler sans repos pour le bien général, en appliquant toutes ses facultés physiques et morales au profit de la société tout entière, à laquelle il ne demanderait que le moins possible; si une telle société pouvait s'organiser, et prospérer de manière à suffire non-seulement aux besoins de tous, mais à leur donner encore du superflu, les uns pourraient de même, par avarice ou par goût, et dans la crainte que la société ne pût éprouver un jour des revers et des pertes, se priver d'une partie de ce superflu. De là résulterait toujours l'inégalité de fortune, car le partage du nécessaire ou du superflu entre plusieurs individus entraîne absolument la loi de la propriété, qui ramène forcément l'inégalité.

Distinction entre le mien et le tien.

Si la communauté est tellement pauvre qu'elle ne

puisse donner à chacun le superflu, ni même à peine
le nécessaire, la loi de la propriété ne s'en établira
pas moins promptement ; car plus la part de chacun
sera minime, plus il y tiendra, et plus elle devra être
respectée. Ainsi, si l'un consomme en un seul repas
sa nourriture de la journée, ou si elle vient à se dé-
tériorer par une cause fortuite, il ne pourra avoir
le droit de prendre celle d'un autre, qui aura les
mêmes besoins que lui. S'il déchire ou use trop vite
son vêtement, il ne pourra prendre celui de son semblable, ni même celui de son frère, qui en aura eu plus
de soin, ou auquel il ne sera point arrivé d'accident.
S'il perd son couteau ou son outil, ou s'il le casse, il
ne pourra prendre celui d'un autre. Nul enfin ne
pourra prendre ce dont se servira son semblable, et
ce dont celui-ci ne pourra point se passer. *Le mien
et le tien* s'établiront toujours partout, de toute nécessité, dans toutes les sociétés possibles ; et cette
distinction seule du tien et du mien, qui est l'origine
du droit de propriété, empêchera toujours le communisme, et ramènera inévitablement à l'inégalité
établie par Dieu.

Même dans les anciennes communautés religieuses,
cette distinction du mien et du tien existait nécessairement. Ainsi, certains moines parvenaient à se procurer ou composaient eux-mêmes des manuscrits et
des ouvrages précieux, dont leurs frères ne pouvaient
jamais les dépouiller malgré eux. Et dans les régiments d'une armée, ou dans les fractions d'un régi-

ment, dans une compagnie, ou dans un escadron, par
exemple, où les hommes reçoivent chaque jour régulièrement la même nourriture, le même habillement
et la même solde, la distinction du mien et du tien
existe, avant toutes les autres ; et il en résulte que,
parmi plusieurs soldats placés dans ces conditions
absolument pareilles et identiques, les uns conservent et économisent quelque chose de ce qui ne peut
suffire à l'entretien ou aux menues dépenses des
autres. A la longue il s'établit une inégalité sensible
dans ce que chacun d'eux possède.

Vainement chercherait-on, pour empêcher les inégalités sociales, à s'opposer à l'établissement de
cette distinction entre le mien et le tien, en attaquant
cette origine première de la propriété. Même dans
l'état sauvage, elle se forme violemment ; et celui dont
l'esprit ou l'intelligence supérieure invente ou dé-
couvre un moyen d'amélioration quelconque de sa
condition personnelle ne consent jamais volontairement à s'en laisser dépouiller par les autres. Celui,
par exemple, qui a su ramasser des feuilles pour s'y
coucher et pour mieux s'y reposer, ne les cède point
à celui qui ne veut point se donner la peine d'en ramasser également. La mère ne laisse point enlever ce
qui sert de couverture à son enfant ; et jusque dans
la famille même, le frère ne cède point à son frère le
morceau que sa mère lui a donné pour sa nourriture,
s'il a aussi faim que lui, ou, seulement, s'il préfère son
morceau. Celui qui a construit une cabane pour s'a-

4

briter la défendra contre celui qui voudra l'en chasser ; et de même, dans n'importe quelle communauté ou phalanstère, celui qui arrangera sa chambre mieux qu'un autre, selon ses besoins ou selon ses goûts, en la rendant plus commode ou plus agréable, ne voudra point l'abandonner à un autre. Celui qui aura semé une graine pour avoir une fleur, celui qui aura greffé un fruit, ne consentira point à s'en dessaisir pour d'autres, et quittera plutôt une société qui voudrait lui ravir tout ce qui doit réellement lui appartenir. Le droit de la propriété est donc nécessairement la deuxième loi sociale, après celle du travail, qui est la première, puisque l'homme ne peut vivre sans travailler; et dans toute espèce de société, même dans la communauté la plus parfaite que l'on puisse imaginer ou rêver, il est absolument impossible d'empêcher les inégalités sociales.

Il ne peut point exister non plus de société sans chefs pour la diriger et pour la gouverner. Ainsi ceux qui seront les plus habiles, dans la culture de la terre ou dans les ateliers, donneront des conseils ou des leçons aux autres. Ceux qui auront inventé ou trouvé un procédé quelconque de perfectionnement devront l'enseigner à ceux qui n'auront pu le découvrir d'eux-mêmes. Et ces individus, privilégiés par la nature, s'élèveront bientôt au-dessus des autres. Puisque Dieu n'a point fait toutes les intelligences égales, les opinions doivent être diverses en toutes choses. Mais si c'est l'opinion du plus grand nombre ou de la ma-

jorité qui doit dominer les autres, cette opinion se
formera d'après les avis ou d'après les démonstrations
de ceux qui pourront le mieux persuader. Une in-
vention ou une opinion devra être adoptée, et une
autre rejetée; et celui dont le procédé sera reconnu
le meilleur par l'expérience deviendra le chef de l'a-
telier, et fera travailler les autres d'après sa méthode
particulière. Tous ceux qui travailleront mieux et plus
vite retireront plus de profit de leur travail, et finiront
peu à peu par devenir plus riches. Et alors ils pourront élever leurs enfants avec plus de soins et de pré-
cautions; et s'ils prospèrent toujours de plus en plus,
ils cesseront bientôt d'être les égaux de leurs égaux.

S'il se forme ensuite plusieurs communautés ou
plusieurs sociétés distinctes, l'inégalité entre elles
sera pour ainsi dire immédiate, car les mêmes causes
qui produisent l'inégalité sociale amèneront la prospérité des unes ou la ruine des autres; et l'inégalité
existera encore entre ces diverses communautés,
comme entre les membres de chacune d'elles.

Plus tard, lorsque le nombre des communes et la
population augmenteront, la bonne harmonie de la
société devra être maintenue par l'autorité de ceux
qui seront le plus capables de protéger l'ordre, de
diriger les mouvements des masses et d'instruire les
ignorants. Les hommes dont la position sera alors la
plus élevée, et qui joindront le talent à la fortune,
seront naturellement ceux vers lesquels tous les
regards se dirigeront. Le peuple les choisira unani-

*Naissance
des
gouvernements
et de
l'aristocratie.*

mement pour chefs du gouvernement, et leur recon-
naîtra volontairement une autorité supérieure pour les
commander. C'est ainsi que toutes les sociétés les
plus démocratiques organiseront forcément un gouvernement intérieur, nécessaire à la conservation et
au bonheur de la nation. Les gouvernements se for-
meront donc dans l'intérêt de tous ; mais l'aristocratie
s'élèvera aussi en même temps. Et au sein de la République la plus démocratique, certaines familles déjà
notables grandiront peu à peu, de plus en plus, sous
la protection commune à toutes. Elles deviendront
un jour des familles *patriciennes*, quand les autres
resteront *plébéiennes*. Et ensuite, ce sera par l'appui
de ces familles puissantes que le gouvernement et le
peuple se trouveront également protégés. Leur position élevée et leur influence empêcheront qu'on ne
puisse les accabler facilement, et leur donneront une
fierté et une indépendance qui gêneront et qui arrê-
teront souvent le pouvoir exécutif, et qui seront toujours utiles au peuple. Alors, ce sera par le peuple
que la puissance de l'aristocratie se trouvera au besoin
défendue à son tour, car le peuple combat aussi pour
ceux qui le protégent et qui lui sont utiles.

La République
romaine.

Ainsi dans toutes les républiques anciennes et modernes qui ont duré quelque temps, il s'est élevé toujours un certain nombre de familles aristocratiques
supérieures aux autres ; et la république Romaine n'a
été forte et puissante que tant que les familles patriciennes purent conserver leur autorité et leur in-

fluence. Les barbares tremblaient à la vue de ce *sénat
de rois*, dont le courage civique et la grandeur d'âme
sauvèrent tant de fois la république et lui firent conquérir le monde entier. C'est avec le gouvernement
despotique des empereurs, qui avaient détruit la
puissance du sénat et celle de l'aristocratie, que toutes
les vertus du peuple dégénérèrent promptement, et
firent tomber peu à peu les Romains dans une décadence dont ils n'ont jamais pu se relever.

En résumé, la communauté de biens parfaite et
absolue ne peut exister dans aucune société, ou dans
aucune association humaine. La loi du travail, qui est
la première des lois de l'humanité, produit la distinction entre *le mien* et *le tien*, qui s'établit nécessairement et immédiatement au sein de la société, comme
elle s'établit au sein de la famille même. Cette distinction est l'origine du droit de propriété, qui,
joint à l'inégalité physique et morale que Dieu a mise
entre les hommes, entraîne l'obligation de l'inégalité
sociale, que nulle société ne peut empêcher, et qui lui
est même nécessaire et indispensable. De l'inégalité
sociale naît à son tour l'aristocratie, qui se perpétue
ensuite dans quelques familles avec l'accroissement de
leur richesse, tandis que la pauvreté et la misère s'é-
tendent en même temps, de plus en plus, dans les
dernières classes de la société.

Mais c'est précisément parce que la misère a besoin
de la richesse, parce que le faible a besoin du fort, et
parce que le peuple a besoin de l'aristocratie, que ceux

à qui Dieu a permis de posséder une position plus
élevée que les autres doivent bien reconnaître et bien
remplir, avant tout, leurs devoirs, dont l'accomplissement est la loi même de leur existence. S'ils ne
protégent point le peuple et s'ils ne le servent point,
s'ils ne nourrissent point le pauvre, le peuple et le
pauvre se révolteront contre l'aristocratie, et peut-
être contre Dieu lui-même, en trouvant presque une
excuse légitime dans l'abandon de cette aristocratie.
Le peuple et les pauvres s'empareront des biens des
riches, renverseront les grands et détruiront l'aristocratie. Et toujours c'est la faute de l'aristocratie lorsqu'elle succombe : c'est parce qu'elle a méconnu son
devoir et ne l'a point accompli fidèlement ; c'est
parce qu'elle n'a pas su se dépouiller généreusement,
à propos, ni s'attacher le peuple, dont les instincts
naturels ne sont jamais mauvais au début, et lorsqu'il
est calme et de sang froid. *Vox populi, vox Dei.*

Et ce n'est pas, non plus, le peuple seul que Dieu
a condamné au travail. Il y a condamné tous les
hommes, sans exception; et si le travail des mains ne
peut guère être le partage des riches et des grands,
il est d'autres travaux qui peuvent aussi causer la
sueur de leur front et qui doivent leur appartenir
essentiellement. Les moyens ne leur manquent point
d'accomplir le précepte de Dieu, en travaillant pour
le pays et pour le peuple, et en se rendant utiles et
nécessaires.

Sans doute l'oisiveté peut avoir des douceurs mo-

Nécessité
du travail
pour les grands
et
pour les riches,
comme pour
tous les autres
hommes
sans
exception.

mentanées, et les plaisirs ont un attrait auquel il est
souvent difficile de résister; mais un noble, ou un
gentilhomme dont les aïeux se sont toujours signa-
lés en toute circonstance par des services rendus à
la patrie, ne doit point passer sa vie dans la mollesse
et le repos, ne s'occupant que de chasses et de fêtes,
ou de travaux plus ou moins futiles. Jadis en France
les rois fainéants perdirent la couronne à cause de
leur indolence; mais, jusqu'ici, la noblesse n'a point
encore reçu le surnom de fainéante. Et cependant,
déjà avant la révolution de 1789, une certaine partie
de la noblesse était restée étrangère aux progrès des
lumières et de la civilisation: et tandis que les lettres
se répandaient jusque dans les dernières classes de la
société, quelques nobles savaient à peine signer leur
nom, pensant n'avoir besoin d'autre chose que d'être
vertueux et braves, et se figurant que leur richesse et
leur position indépendante devaient les dispenser
d'étudier les sciences, que les pauvres ne recher-
chaient guère que pour améliorer leur existence.
Toutefois, ce n'étaient que des exceptions rares, qui
n'étaient même remarquées qu'à cause de l'élévation
de ceux à qui l'on pouvait adresser un pareil
reproche. La noblesse de France avait déjà compris
qu'elle devait l'emporter dans tous les genres d'illustration utile; et l'on a toujours vu sortir de son sein
les plus grands génies et les plus grands talents.

Depuis que le gouvernement féodal et que les priviléges de la noblesse ont été détruits en France, rien

Difficulté
des carrières
et leur
envahissement

n'est plus pénible et plus difficile, pour les anciennes
familles, que de parvenir à prendre part au gouvernement du pays. Toutes les carrières sont envahies
par la bourgeoisie, ou par des hommes sortis des dernières classes de la société; et il résulte du bouleversement social opéré par les révolutions de 1789 et de
1830 que presque personne ne se trouve plus maintenant à sa place. Non-seulement l'envahissement de
toutes les carrières par les hommes que les révolutions
ont élevés au-dessus de leur condition empêche la
noblesse de France de pouvoir trouver elle même sa
place au sein des institutions du pays ; mais les préjugés révolutionnaires, qui se sont conservés contre
elle, s'opposent encore à ce qu'on lui accorde même
ce que l'on n'ose refuser aux autres citoyens des dernières classes de la société. Un titre, un nom illustre
sont, presque partout, des motifs de répulsion et de
défaveur; et ce n'est qu'en surmontant mille dégoûts
de tout genre et mille injustices poignantes, ce n'est
quelquefois qu'en se soumettant même à des humi-
liations, et en supportant sans se plaindre, et sans
pouvoir toujours les relever, des attaques quotidiennes
portées contre la noblesse par des chefs jaloux, ou
par des camarades et des collègues qui n'ont reçu
qu'une éducation imparfaite, et dont les convictions
sont entièrement opposées aux principes de la sagesse
et de la raison ; ce n'est qu'à travers des obstacles
sans nombre, que quelques individus d'une haute
naissance parviennent encore quelquefois à obtenir

un rang et une place dans le gouvernement actuel de la France.

Cependant, si l'on réfléchit de bonne foi sur les préjugés contraires à la noblesse, il paraît impossible de n'en point reconnaître l'erreur. L'honneur des familles est un sentiment qui ne peut qu'être utile à la société et au pays ; et non-seulement dans les familles nobles, mais même dans toutes les familles des dernières classes de citoyens, il n'est personne qui ne se sente plus honoré, plus fier, plus digne de mériter l'estime de ses concitoyens si son père était un honnête homme, plutôt que s'il était un homme dégradé, ou condamné par la société comme criminel, assassin, voleur, banqueroutier frauduleux, etc., etc. L'ouvrier ou l'artisan le plus humble ne peut refuser de convenir qu'il préfère être le fils d'une honnête femme, plutôt que d'une femme méprisable. Et quoique le vice d'une naissance coupable ne dépende pas du malheureux qui peut avoir à le regretter ; bien que les crimes ou les mauvaises actions des parents ne doivent pas atteindre les enfants, et bien que le fils du plus grand scélérat puisse être quelquefois l'homme le plus vertueux et le plus digne d'estime, cependant il n'en reste pas moins toujours une différence marquée en faveur de celui dont le père et la mère étaient d'honnêtes gens, n'ayant jamais fait de mal ni de tort à personne, et leur honneur semble devoir encore rejaillir sur leurs fils. Cette opinion encourage la vertu, parce que chacun se glorifie inté-

Préjugés
contre
la noblesse.

rieurement de la bonne renommée de ses parents; et
l'on se sent encore plus fier, au fond du cœur, si cette
bonne renommée peut s'étendre à tous les membres
de la famille et remonter même plus haut, à tous ses
ascendants que l'on connait. On sent que la considération acquise par eux doit honorer leur descendants,
et les obliger davantage à continuer de la mériter
également de plus en plus.

Élévation
de sentiments
de
la noblesse.

Telle est l'origine de l'élévation de sentiments de
la noblesse; supériorité réelle, qui s'accroît toujours
à mesure que la noblesse ou l'illustration de la famille
augmente, et qui se transmet ensuite par l'éducation
et même par le sang. Ainsi, celui dont le mérite a
servi de base à son élévation au-dessus des autres
hommes donnera naturellement à ses enfants des
principes conformes aux siens, et les instruira lui-
même, mieux que tout autre, de ce qui doit soutenir
leur rang. Ce n'est qu'après une longue expérience
de la grandeur et d'une position élevée que l'on peut
parvenir à en acquérir les véritables sentiments, qui
ne s'improvisent point, et à la hauteur desquels on
n'arrive pas toujours, lorsqu'on ne les a point acquis
héréditairement. Même dans tous les états et dans
toutes les conditions, ceux qui y sont nés et y ont été
élevés en remplissent généralement les devoirs mieux
que les autres, et en connaissent mieux les véritables
principes. Si celui qui possède tous les sentiments de
la grandeur ne peut transmettre son rang et sa position élevée à ses enfants, la société et le pays devront

attendre que des hommes nouveaux acquièrent à leur tour ces sentiments dont ils n'auront point reçu la tradition, et qui seront toujours chez eux plus ou moins incomplets. Sauf quelques exceptions rares, les enfants ou les petits enfants d'un homme devenu illustre auront presque toujours à cœur de soutenir l'honneur et la gloire de leur nom. Et lorsque la richesse se trouve jointe à l'illustration des familles, les enfants de ces nobles maisons ne peuvent guère manquer d'acquérir une supériorité incontestable en tout genre, s'ils veulent répondre aux intentions de leurs parents, qui peuvent plus facilement mettre à leur disposition tous les moyens d'instruction et d'éducation par lesquels ils doivent soutenir cette supériorité. Cependant tous les enfants des familles nobles ou illustres ne répondent pas toujours à ces bonnes intentions de leurs parents, tandis que d'autres enfants, appartenant à des familles moins distinguées, ou même à des familles obscures, qui s'imposent des sacrifices dans ce but, acquièrent quelquefois une instruction et un mérite qui les élèvent davantage. Mais les premiers ont tort, si les autres ont raison ; et l'éducation que donne la grandeur ne peut dispenser de l'instruction que l'obscurité même sait acquérir.

Jadis, avant la découverte de l'imprimerie, lorsque   Son éducation la connaissance des lettres et des sciences n'existait, pour ainsi dire, que dans les couvents, et que l'enseignement des écoles publiques se bornait à la théologie et à des disputes sur Platon et sur Aristote, ou sur le

nominalisme et le réalisme, la noblesse se consacrait
uniquement au métier des armes et à la protection des
faibles contre les puissants qui enfreignaient les lois
de la justice et de l'honneur. Cette occupation pouvait alors lui suffire, et toutes les pages de l'histoire
sont, en effet, remplies de ses exploits glorieux,
qui fondèrent la France, qui chassèrent les Sarrasins,
qui expulsèrent les Anglais, et qui agrandirent le
pays, en illustrant le nom français plus que celui
d'aucun peuple, depuis les Romains. Mais aussitôt
après la découverte de l'imprimerie, les progrès des
sciences et des lettres ont été immenses, et ont fait
marcher la civilisation à pas de géant, en répandant
partout, dans toutes les classes de la société, l'instruction, qui n'appartenait autrefois qu'à un petit nombre
d'individus, et qui était encore bien loin d'approcher
du développement qu'elle a pris ensuite. Désormais,
il n'est plus permis à la noblesse d'être ignorante,
lorsque toutes les autres classes de la société sont
instruites; et elle doit même, pour conserver sa
supériorité, l'emporter aussi par son instruction,
comme par son éducation.

Cependant, les progrès de l'esprit humain sont
déjà tellement considérables, et semblent devoir tellement s'étendre encore, de plus en plus, qu'il est
presque impossible à un seul homme d'embrasser et
de réunir l'ensemble de toutes les connaissances intellectuelles. L'éducation de la noblesse doit donc
être telle qu'elle puisse acquérir, non pas une con-

naissance superficielle et à peine ébauchée de chaque
science, mais bien une connaissance assez formée et
assez approfondie, pour être en mesure de pousser
à leurs dernières limites toutes celles qui peuvent être
le plus utiles à chacun, suivant ses goûts et ses dispositions, suivant la carrière à laquelle il se destine, ou
suivant les examens qu'il peut avoir à subir dans le
monde, pour faire preuve de sa capacité.

Ainsi la noblesse doit pouvoir lutter avec succès,
dans toutes les carrières, contre les autres classes de la
société. A l'élévation de sentiment, qui lui est trans-
mise héréditairement et dont l'aiguillon est si puissant, elle joint tous les autres avantages que la fortune
ou l'aisance peut donner. Et non-seulement les facultés intellectuelles doivent être plus développées
chez elle, par la transmission d'un sang qui s'est déjà
illustré, et dont il importe de soutenir l'illustration ;
mais même les facultés physiques doivent être également plus remarquables et plus belles, car le sang tend
toujours à s'épurer, dans les classes élevées, lorsqu'il
ne s'allie pas à des degrés de parenté trop rapprochés,
par tous les soins multipliés et par les recherches que
permettent seules l'élévation et la richesse, tandis
qu'il tend malheureusement à s'appauvrir, chez les
classes plus basses, par la moins bonne nourriture, ou
par la misère et par les privations.

La noblesse doit donc faire usage de tous ces avan-   Ses devoirs
tages réels, et ne pas craindre d'affronter le combat   politiques.
qui doit lui faire reconquérir, peu à peu, la place

qu'elle a perdue dans le gouvernement. Vainement
l'accueillera-t-on d'abord avec répugnance et avec
défaveur; vainement sera-t-on injuste à son égard. A
la longue, sa supériorité incontestable finira par l'emporter, malgré tous les obstacles; et l'on s'habituera
même tellement à elle, qu'un jour on s'apercevra
que l'on ne peut plus s'en passer. Alors, non seulement ce ne sera plus un titre de défaveur qu'un nom
illustre ou ancien, non-seulement la naissance n'empêchera plus que la supériorité réelle de mérite ne
soit reconnue et récompensée; mais même on com-
prendra, plus tard, qu'à mérite complétement égal
d'ailleurs, le privilége du nom, de la grandeur, de la
fortune, et les services, l'honneur et la gloire des
pères, doivent encore contribuer à faire obtenir une
juste préférence. *Qui quitte la partie la perd*, dit un
ancien proverbe; c'est-à-dire que s'il est permis
d'avoir de légitimes regrets des révolutions et des
bouleversements de l'état social, il faut savoir accepter
les faits accomplis et les résultats de ces faits, en se
soumettant aux décrets de la Providence. Lorsque
des fautes ont été commises, ce qu'il y a de mieux à
faire, c'est de les reconnaître et de les réparer, autant
que possible, en se maintenant toujours à la tête des
événements politiques du pays, afin de les diriger et
d'en être maîtres, au lieu de se retirer à l'écart et de
s'en laisser accabler.

La noblesse nouvelle.

Si la noblesse ancienne préférait toujours rester
étrangère au gouvernement de fait du pays, et végé-

ter dans l'oisiveté et le repos, une noblesse nouvelle
viendrait bientôt faire oublier complétement la première, qu'elle repousserait peu à peu dans l'obscurité la plus profonde. Déjà, depuis la révolution de
1789, un très-grand nombre de noms nouveaux se
sont illustrés, et se sont emparés du pouvoir et des
plus importantes places de l'État. Cette noblesse nouvelle, jalouse de l'ancienne, mais qui désirerait cependant pouvoir s'y allier, a été peut-être trop repoussée
par celle-ci sous la Restauration. Il est impolitique de
ne point s'approprier les grandes élévations produites
par les événements et par le mérite réel; et la noblesse
ancienne ne peut que gagner à adopter les illustrations des familles nouvelles, pour réparer les pertes
inévitables que le temps amène malheureusement
chez elle, de jour en jour, et pour remplacer même
les plus beaux noms anciens que l'on regrette de
voir s'éteindre peu à peu. Si la noblesse ancienne
n'accueille pas la noblesse nouvelle, qui est presque
tout entière une véritable noblesse d'épée, celle-ci
lui deviendra naturellement hostile, et cherchera par
conséquent à lui nuire, autant qu'elle le pourra, au
lieu de la défendre, et de se soutenir mutuellement.
Et non seulement la noblesse nouvelle, que les révolutions, les guerres et les événements ont déjà élevée,
doit désirer conserver la place qu'elle a acquise dans
l'État; mais le temps doit amener successivement
d'autres nouvelles élévations, qui seront produites
un jour par toutes les causes diverses qui amènent

inévitablement la formation d'une aristocratie au sein de tous les gouvernements. Et ces élévations futures doivent, à leur tour, venir prendre rang après les anciennes et les nouvelles, sans qu'il soit jamais possible de l'empêcher.

De sa fusion
avec
l'ancienne.

Cependant la fusion ne peut s'opérer immédiatement, ni trop vite ; et ce n'est qu'à la longue, et insensiblement, qu'elle peut avoir lieu complétement, car le temps seul donne une considération que nulle autre chose ne peut donner. Ni la noblesse nouvelle, ni la noblesse à venir, ne pourront donc jamais l'emporter sur la noblesse ancienne, si celle-ci sait soutenir toujours son lustre, et ne décline point le rôle qui doit lui appartenir.

Il est à remarquer qu'une noblesse, ou une illustration nouvelle, ne peut se perpétuer, généralement, dans une famille, qu'au bout de trois générations, et que, rarement, les fils d'un père qui s'est illustré lui-même, le premier de sa race, sont dignes de soutenir le rang auquel ils se trouvent élevés par lui. En France, il en existe plusieurs exemples frappants, dans la noblesse créée par l'Empire, en faveur de guerriers et d'hommes célèbres qui avaient tous su mériter cette juste récompense de leurs services. Ces hommes illustres n'avaient pas reçu eux-mêmes, pour la plupart, une éducation première, en rapport avec l'élévation à laquelle ils devaient atteindre plus tard ; et leurs femmes n'étaient pas non plus, en général, à la hauteur de leur position nouvelle. Ils n'ont pu donner ainsi à leurs enfants, dès leur bas âge, des principes conformes à leur rang et à leur grandeur. Enflés souvent d'un vain orgueil et d'une vanité exagérée, ceux-ci ignorent la simplicité exquise et la perfection de la politesse de la noblesse ancienne; et le peuple, qui reconnait facilement en eux cette différence, les appelle quelquefois du nom presque injurieux de *parvenus*. Mais ces enfants d'hommes illustres contractent presque toujours de meilleures alliances que celles de leurs pères; et ils donnent ordinairement à leurs propres enfants une éducation meilleure que celle qu'ils ont reçue eux-mêmes : éducation qui s'améliore toujours à chaque génération, et qui doit finir, peu à peu, par rapprocher complétement cette noblesse nouvelle de l'ancienne, en lui donnant les mêmes principes et les mêmes sentiments d'honneur héréditaire [1].

[1] Il s'est introduit en France, depuis quelques années, et particulièrement depuis la révolution de 1830, un usage qui était rare autrefois, et semblait réservé aux dernières classes de citoyens, mais qui, ayant été adopté par des jeunes gens de nobles familles, s'est répandu ensuite, par leur exemple, dans tous les rangs de la société. Cet usage est celui de fumer, que l'ancienne politesse française faisait considérer comme incompatible avec une bonne éducation. Le gouvernement actuel du pays a favorisé cet usage, parce que l'État a le monopole de la fabrication et de la vente des tabacs, et qu'il en retire un produit immense pour ses contributions indirectes. Mais il est fâcheux que les revenus de l'État ne puissent se passer d'une telle imposition. Rien n'est plus désagréable, pour beaucoup d'hommes, et surtout pour beaucoup de femmes, dont les nerfs sont plus délicats, que de ne pouvoir sortir dans les rues d'une grande ville sans être obligés de respirer un air devenu impur et échauffé par des vapeurs de tabac, que leur jettent impitoyablement à la figure une foule

5

Il importe extrêmement que les chefs et les aînés de famille vivent habituellement sur leurs terres, pour y maintenir toujours leur influence. C'est principalement aux cadets qu'il appartient d'embrasser diverses carrières, pour se rendre également utiles au pays, et pour illustrer leur nom. La carrière militaire

est toujours celle qui semble convenir le plus particulièrement à la noblesse, dont elle fut toujours le partage; et elle est réellement la première de toutes, à cause des sacrifices de tout genre et de l'abnégation complète de soi-même qu'elle exige impérieusement.

Il en est de même de l'état ecclésiastique, car cet état exerce une influence immense sur l'esprit des peuples et mérite une sainte considération. Or, tout ce qui donne de l'influence ou inspire de la considération

de fumeurs qui se rencontrent partout. Cet air se trouve privé des gaz nécessaires à la vie et à la santé; et souvent même il est empoisonné, s'il sort de la poitrine d'un homme malsain, dont le sang peut être vicié. Les voiles des femmes ne les garantissent point de ces vapeurs et en restent même longtemps imprégnés. Il ne peut donc exister rien de plus contraire aux égards que l'on doit aux autres, et aux mœurs de la bonne compagnie. Mais si ce n'est pas pour les autres, que les fumeurs devraient se dispenser de fumer, ce serait pour eux-mêmes qu'ils devraient renoncer entièrement à cette mauvaise habitude, qui produit une espèce d'assoupissement et d'enivrement du cerveau, et qui finit par abrutir les facultés morales, en même temps qu'elle brûle les dents et dessèche la poitrine. De plus, il est digne de remarque que l'habitude de fumer rend presque toujours *envieux et médisant*, car elle est sœur de l'oisiveté, mère de tous les vices. Si les jeunes gens de familles nobles et distinguées renonçaient à fumer, la mode en passerait bientôt en France; mais en attendant, la police des villes devrait empêcher de fumer dans les rues et sur les places publiques.

doit être évidemment recherché par les plus grandes
familles du pays ; et c'est surtout à elles que les hautes
dignités de l'Église doivent appartenir. Ainsi, les
jeunes gens pauvres de bonne maison doivent ou
s'engager comme simples soldats, ou se faire abbés, si
la vocation peut les y appeler ; et les filles sans fortune
doivent ou se faire religieuses, ou renoncer au mariage,
pour vivre en commun et en famille, à moins qu'elles
ne trouvent des partis honorables et de leur condition, assez riches pour ne pas tenir compte de leur
pauvreté. Cependant il est encore d'autres carrières,
dignes des plus grands noms ; et, aujourd'hui, la di-
plomatie est placée au premier rang. En effet, il faut
être d'une position sociale élevée, et avoir en même
temps un talent supérieur, pour pouvoir représenter
dignement son pays à l'étranger. Les places administratives donnent également une autorité réelle dans
l'État. Elles doivent être, par conséquent, ambition-
nées et occupées par la noblesse ; et c'est, en partie,
par cette prise de possession qu'elle doit recouvrer
dans le pays l'influence et le pouvoir qu'elle a perdus. Les affaires publiques en seront en même temps
mieux faites, car un paysan illettré, par exemple, occupé tous les jours de ses travaux des champs, ne
peut remplir aussi convenablement la place de maire
qu'un homme instruit, libre de son temps, et dont le
rang élevé et la haute position sociale ne permettent
à personne, dans la commune, de contester l'autorité.
Quelque pénibles et assujettissantes que puissent être

quelquefois ces fonctions, il n'est pas permis de se
refuser aux devoirs que la grandeur exige envers ses
concitoyens et envers son pays. Et c'est là précisément que se trouve placée, pour les grands, cette loi
sacrée du travail sur la terre, que Dieu a imposée à
tous les hommes sans distinction. Il en est de même
des autres places administratives plus relevées, telles
que celles de sous-préfets et de préfets. Mais ces
dernières se trouvent malheureusement toutes rétribuées, ce qui nuit à leur considération et en éloigne
les anciens grands seigneurs. Cependant elles doivent spécialement appartenir à la noblesse, selon la
capacité, selon la fortune et selon le rang de chacun.

Magistrature

    Enfin les places de la magistrature doivent aussi
être remplies par des familles aristocratiques; et les
simples places de juges de paix ont la plus grande
importance. D'ailleurs la noblesse de robe a toujours
brillé en France d'un vif éclat, après la noblesse d'épée.
Son indépendance et son influence dans l'État lui
assurent une position digne d'être ambitionnée par
un grand nombre de familles considérables.

Places de cour.

    Il reste encore quelques places de cour, en petit
nombre, qu'il est permis à l'aristocratie d'accepter; et
les rois et les reines relèvent l'éclat de leur couronne
et de leur rang, en s'entourant de noms illustres et
anciens, sur lesquels ils s'appuient. Mais la noblesse
doit redouter toujours l'air vicié des cours, qui a
causé sa décadence et sa ruine; et si quelques-uns
consentent à entourer les rois et les princes, ils ne

doivent jamais oublier qu'ils sont nobles ou gentils-hommes avant tout, et avoir le courage de ne jamais se plier à une servilité qui serait aussi fatale au souverain qu'elle le serait à eux-mêmes. Il faut que leur position à la cour soit toujours utile, non-seulement aux rois et aux princes, mais encore à tous ceux de la noblesse qui n'en approchent pas d'aussi près, et même à tous les citoyens du pays, à qui ils peuvent quelquefois rendre service.

Le droit d'aînesse a été détruit en France depuis la révolution de 1789. Cependant, ce privilége en faveur des aînés est nécessaire pour le maintien et la con-servation des familles. Vainement les cadets, qui s'y opposent et qui sont beaucoup plus nombreux que les aînés, soutiennent-ils que ce droit d'aînesse est contraire à la nature, et que les parents, devant aimer également tous leurs enfants, doivent partager éga-lement entre eux tous leurs biens. Toutes les lois de la société, sans exception, sont contraires aux lois de la nature, et sont faites précisément pour changer, modifier ou détruire ces mêmes lois de la nature. Si les hommes devaient vivre d'après de telles lois, ils ne pourraient point former de nation, car ce n'est que dans l'état sauvage que peuvent régner les lois de la nature. L'état de société et l'état de nature sont absolument opposés l'un à l'autre, et ne peuvent au-cunement se ressembler. Or, on a déjà vu que la pre-mière de toutes les lois d'une société, après celle du travail, est celle de la propriété, d'après laquelle le

Du droit d'aînesse.

plus fort doit respecter ce qui appartient au plus faible, tandis que, d'après la loi de nature, le plus fort s'empare de ce que possède le plus faible. De cette loi de la propriété découlent toutes les autres lois sociales, qui sont de même en opposition obligée avec les lois de la nature. Un mari peut seul avoir la possession légitime d'une femme, contrairement aux lois de la nature, d'après lesquelles les hommes et les femmes sont libres de se livrer à leurs instincts, comme cela leur plait. Les fils succèdent aussi à leurs pères, d'après les lois de la propriété, contraires aux lois de la nature; car autrement, à la mort des parents, les biens appartiendraient au premier occupant, s'il était assez fort pour les défendre et les conserver contre les attaques des enfants. Il ne peut donc exister d'ordre dans une société qu'autant que chacun se soumet à étouffer plus ou moins en lui les lois de la nature, dans l'intérêt de tous; et ce qui fait la force de l'état social, c'est le sacrifice de beaucoup de petits intérêts particuliers en faveur des grands intérêts généraux.

Conservation des familles.

Nul doute que la conservation des familles, grandes ou petites, ne soit un avantage pour la société; et si l'aristocratie est utile dans l'État, non-seulement comme corps politique, mais encore pour protéger les dernières classes du peuple, et principalement pour faire vivre les pauvres, elle doit essentiellement s'appuyer sur la conservation des familles. Ce n'est que par cette conservation que celles des der-

nières classes de la société peuvent s'élever, peu à
peu, en se perpétuant, et arriver un jour elles-mêmes
à faire aussi partie de l'aristocratie.

En effet, rien n'est plus important, pour un chef de
famille, que de pouvoir transmettre la richesse et la
grandeur dont il jouit, soit qu'il les ait acquises par
son propre mérite, soit qu'il en ait hérité de ses
pères. Le désir d'un plus grand bien-être personnel
ne suffit point toujours pour exciter les hommes au
travail ; et ce n'est guère pour eux seuls qu'ils peuvent consentir à se soumettre à une vie de peine et
de fatigue, ou à des privations de toute sorte. Si on
leur enlève l'espoir de pouvoir transmettre à leurs
enfants et à leurs descendants leur nom, leur gloire
et leur fortune, on leur retire les motifs les plus puissants d'émulation qui puissent les porter aux plus
sublimes dévouements et aux plus belles actions.
L'égoïsme étroit se réfugie bientôt dans la paresse,
le débordement des passions, l'indélicatesse, ou le
déshonneur. On ne peut donc rien entreprendre de
grand, si l'on ne doit en acquérir quelque gloire et
quelque profit, non-seulement pour soi, mais encore
pour les siens ; et c'est surtout pour les siens, et non
pour soi, qu'un père de famille s'impose volontairement des sacrifices multipliés pendant toute une vie
laborieuse, heureux s'il peut augmenter ainsi la fortune et le bien-être de ceux qu'il doit laisser un jour
après lui dans ce monde.

Certainement un père doit aimer également tous

ses enfants, et désirer qu'ils soient tous également
heureux. Mais comment diviser ce qui ne peut
point être divisé ? Comment donner à chaque
enfant sa part égale d'un bien qui leur suffit à
tous, et au-delà, lorsqu'ils sont réunis et lorsqu'ils
vivent en commun, mais dont le partage ne pourra
donner à chacun une existence et une position conve-
nables, en rapport avec celles du père? Un château,
une modeste maison paternelle, ne peuvent pas toujours se partager, même matériellement ; et si aucun
des enfants ne peut s'en charger à lui seul, ces
biens doivent être vendus, souvent à vil prix, et sortent ainsi de la famille pour aller profiter à des étrangers, pour lesquels le chef de famille n'aurait jamais
travaillé volontairement, et ne se serait jamais imposé
de privations et de sacrifices, s'il avait prévu, de son
vivant, qu'ils seraient un jour perdus pour tous ses
enfants. Il en est de même lorsque, dans les familles,
les filles prennent une part considérable du bien de
leur père, pour le porter dans une autre famille. Alors
aussi, les mariages et les choix des hommes ne sont
point fondés principalement sur les qualités et le
mérite des femmes, mais sur leur fortune ou sur leur
richesse, qui passe, malheureusement, avant tout.
Les plus jolies, les plus distinguées par leurs bons
principes, par leur brillante éducation, par leur grâce
et par leur esprit, et celles qui feraient les meilleures
épouses, se voient préférer des femmes sans mérite,
mal élevées, quelquefois contrefaites, ou d'un sang

impur, et dont les rejetons ne peuvent que faire dégénérer leur race. Rien n'est plus contraire au but de la société et à l'amélioration de l'espèce humaine; et rien n'est plus honteux en même temps pour les hommes, et plus humiliant pour les femmes. Tel est, pourtant, le résultat forcé de la division indéfinie des propriétés, et du partage égal des biens entre tous les enfants.

Dans les pays où le morcellement des parcelles de terrain a été porté le plus loin, il n'existe pour ainsi dire que des pauvres; et personne ne peut guère subvenir aux besoins d'autrui, parce que chacun possède à peine le nécessaire pour soi. Ce sont les pays les plus malheureux de tous, car c'est précisément l'absence de quelques individus plus riches qui rend la misère plus grande. *S'il n'y avait pas de riches, les pauvres ne pourraient pas vivre, et tout le monde serait malheureux.* C'est là une vérité incontestable, que le bon sens et la réflexion devraient faire comprendre facilement. Mais le bon sens et la réflexion ne sont pas donnés à tout le monde; et il est difficile, ou presque impossible, que cette vérité soit acceptée par tous les hommes, sans distinction. Les préjugés du peuple, et surtout ceux des pauvres et des malheureux, sont absolument opposés à cette opinion; et chaque jour on leur entend dire, au contraire, que le bon Dieu est bien injuste, ou qu'il a bien tort de permettre que tant d'hommes n'aient pas de quoi vivre, tandis que quelques-uns ont beaucoup plus qu'ils n'ont besoin.

De la nécessité des riches pour faire vivre les pauvres.

Et si tous les malheureux ne font point remonter à Dieu même la cause de cette injustice, ils en accusent, au moins, la société et ses lois; et c'est alors qu'ils rêvent une communauté imaginaire, qui ne peut point exister, et qui rendrait seulement tous les hommes pauvres et malheureux, si elle pouvait se former jamais.

De même que toutes les rares miettes des pauvres, ramassées soigneusement, pourraient encore, à la rigueur, enrichir un peu, proportionnellement, quelques-uns d'entre eux, sans nuire aux autres, et donner même à ces pauvres, devenus plus riches par comparaison, le moyen de secourir les plus pauvres parmi les plus pauvres; de même, dans les familles, une faible retenue opérée au profit de l'aîné sur les biens des cadets peut ne point diminuer beaucoup l'aisance de ces derniers, et enrichir assez cet aîné pour qu'il puisse non-seulement soutenir le rang de son père, mais devenir même utile aux cadets, si les circonstances l'exigent. De même encore, les impôts que supportent tous les biens des particuliers ne doivent point, il est vrai, être un fardeau trop lourd, qui détruise complétement leur aisance; mais, réunis de toute part, ces impôts permettent à l'État d'entreprendre de grands travaux utiles à toute la société, de défendre le pays, et de protéger ces mêmes particuliers, qui ne pourraient se protéger tout seuls, s'ils n'avaient point à donner leurs impôts dans ce but. Ce sont donc toujours les petits sacrifices individuels qui

font le bonheur général et le bien-être de tous, par
les grands moyens que tous ces petits sacrifices mettent à la disposition du gouvernement. Ainsi, en effet,
il est incontestable que si personne ne payait d'impositions, personne ne serait assez riche pour pouvoir
rien faire d'important à lui seul, dans l'intérêt général de la société. Il n'y aurait plus dans le pays ni
routes, ni canaux, ni armée, ni marine, ni aucun
monument d'utilité publique. La civilisation serait
repoussée en arrière, et le pays reculerait vers l'enfance de l'état social et vers la barbarie.

Le droit d'aînesse est l'impôt des cadets dans la
famille ; et c'est au moyen de cet impôt que les aînés
peuvent conserver le rang et la position de leur père,
et posséder une grandeur et une influence nécessaires
à toute la famille, et qui profitent aux cadets eux-
mêmes, comme à l'aîné. Lorsque celui-ci, par exemple, a pu contracter une plus belle alliance, grâce
aux avantages qui lui ont été faits par son père en le
mariant, les cadets en contractent également de plus
brillantes et de plus riches, qu'ils ne pourraient obtenir si leur frère aîné n'était point avantagé, et s'il
n'avait pu acquérir ou conserver ainsi une position
plus considérable ; car la puissance et l'importance
d'une famille servent toujours davantage, pour une
alliance, qu'un peu plus ou un peu moins de fortune.
Cet impôt, d'ailleurs, ne peut diminuer beaucoup le
bien-être matériel des cadets, qui non-seulement
doivent se partager également, comme en Angleterre,

tous les biens appartenant à leur mère, mais qui doivent aussi avoir une partie considérable de ceux de leur père. Et ils pourraient encore trouver dans différentes carrières de véritables dédommagements à ce sacrifice; de même que les filles ne devraient point avoir besoin de riches dots pour se marier, ce qui serait plus flatteur pour elles et plus utile à la société. Toutefois, le droit d'aînesse doit être fixé dans de justes et sages limites; et s'il a été détruit en France, c'est parce que ses abus avaient été poussés trop loin, et parce que souvent les pères donnaient tous leurs biens à leur fils aîné, en délaissant entièrement leurs cadets, et ne craignaient même pas, quelquefois, de contraindre ces derniers à embrasser l'état ecclésiastique, contrairement à leur vocation. Malheureusement les meilleures institutions sont quelquefois sujettes à des abus; mais il suffit de les prévenir ou de les détruire, sans attaquer l'institution elle-même.

Décadence de presque toutes les familles.

Si chaque enfant prend une part égale dans la succession de son père, ils tombent alors tous à la fois et descendent tous du rang qui appartenait à leur famille. Quels que soient leurs efforts pour s'élever ensuite chacun individuellement, en s'imposant les plus grands sacrifices et les plus grands travaux, jamais ils ne parviendront tous à la position dont jouissait leur père. Sauf quelques exceptions rares et des chances heureuses sur lesquelles la sagesse et la prévoyance ne doivent point compter, aucun d'eux n'atteindra peut-être ce rang et cette grandeur d'où la

famille sera descendue. Et lorsque plus tard ces enfants eux-mêmes n'existeront plus, et que leurs biens
devront se diviser encore entre de petits-enfants, ces
petits-enfants descendront aussi à leur tour ; et la
famille finira, peu à peu, à la longue, par s'éclipser
complétement devant quelques autres familles plus
heureuses, dont l'élévation se sera produite subite-
ment, ou qui auront pu se maintenir par diverses
causes exceptionnelles, bravant les destructions générales. Plus la division et la décadence des familles
s'étendront, plus il sera facile alors, en effet, à quelques grandes familles privilégiées, dont la richesse
sera devenue hors de toute proportion avec les besoins de la masse des autres familles, de s'élever et
de s'enrichir encore davantage, malgré leur partage
propre, à mesure que les autres s'appauvriront de
plus en plus.

Ainsi, la division illimitée des fortunes tend également à accroître la richesse d'un petit nombre d'individus, dont les revenus dépassent de beaucoup les
dépenses, et qui peuvent profiter de cette division
générale pour s'enrichir toujours. D'un côté, plus les
fortunes se diviseront, plus les familles déclineront,
plus les pauvres augmenteront, plus les prolétaires
seront nombreux. Mais, en même temps, plus il sera
facile pour quelques-uns de s'enrichir par l'économie du superflu ; et plus ceux-ci seront riches, plus
il leur sera facile de s'enrichir encore, et toujours de
plus en plus. Il arrivera donc un jour où tous les biens

devront appartenir à un très-petit nombre de familles, pour lesquelles le partage égal entre les enfants n'aura point été un obstacle suffisant contre leur accroissement de richesse et de grandeur. Toutes les autres familles seront déchues sans pouvoir trouver, dans l'élévation disproportionnée et gigantesque de ces quelques familles, une compensation qui les dédommage de leur décadence et de leur ruine. Un très-petit nombre aura seul profité de la division illimitée des biens, qui entraîne la nécessité de les vendre et la facilité de les acquérir; la masse aura perdu dans ce marché.

Mais l'État et même le petit nombre de ces privilégiés y perdront peut-être encore plus. Possédant presque tout le pays à eux seuls, ils en deviendront en quelque sorte les maîtres; et alors ils devront aussi entreprendre à eux seuls, sur leurs revenus, tous les grands travaux d'utilité publique. Ils seront également obligés de se défendre et de se protéger eux-mêmes, ainsi que le pays; mais ils ne pourront jamais le faire que très-imparfaitement. Leur intérêt particulier devenant la seule règle de leur conduite, ils rapporteront tout à eux-mêmes, sans s'inquiéter de l'intérêt des autres hommes, et pourront dire comme César : *Genitum paucis humanum genus* [1]. Semblables aux anciens Satrapes, ou aux Nababs de l'Inde,

---

[1] Le genre humain n'a été créé que pour un petit nombre de privilégiés.

ils seront plus que des princes ou de petits souverains. Ils disposeront de la masse des pauvres, qui, pour trouver à vivre, se dévoueront volontairement à une servitude pire que l'esclavage d'autrefois. La civilisation européenne aura alors atteint celle des Chinois; mais la barbarie aura aussi, en même temps, reparu de nouveau. La prospérité de la société et le bonheur de l'humanité iront toujours ainsi, en diminuant de plus en plus.

Le droit d'aînesse est heureusement une garantie certaine pour l'État, parce qu'il empêche l'accroissement illimité de la pauvreté, en même temps qu'il empêche l'accroissement illimité de la richesse. Essentiellement conservateur des familles, il assure un bien-être général, et répand une aisance universelle dans toutes les classes de la société, qui se maintiennent toujours à peu près au même niveau.

Lorsque la population augmente, les propriétés qui suffisent à l'existence d'une famille entière peuvent presque toujours être mieux cultivées, et suffire encore à l'existence d'une famille devenue beaucoup plus nombreuse; et elles doivent rendre aussi, en même temps, un impôt plus considérable, dont l'État profite dans l'intérêt général du pays. La division de la propriété ne peut jamais produire un aussi grand avantage; puisque la même maison, qui peut abriter toute la famille, peut encore recevoir avec peu d'agrandissement plusieurs ménages réunis, pour chacun desquels il faudrait une maison distincte, s'ils

étaient séparés. La vie en commun sera toujours
beaucoup plus facile et moins coûteuse que la vie
isolée ; et la division des propriétés empêchera toujours cette communauté d'existence, par l'indépendance trop absolue de tous, et par l'absence d'un chef
de famille. Ainsi, dans les grandes comme dans les
petites familles, le même feu, la même lumière, la
même cuisine, etc., etc., peuvent servir à plusieurs
individus, qui doivent vivre beaucoup mieux et à
beaucoup moins de frais ; et ce n'est que l'excès du
nombre qui doit seul amener la séparation de quelques membres de la famille. Les égards réciproques
auxquels on est alors obligé de s'assujettir tendront
aussi augmenter l'amitié et l'union de tous. On se
soutiendra et on s'appuiera l'un l'autre, on tiendra
davantage à l'honneur des siens, et l'égoïsme individuel ne viendra jamais étouffer tous les sentiments
généreux. La famille ne tardera pas à acquérir une
force et une prépondérance toujours croissantes, au
lieu de succomber sous la destruction qui suit malheureusement la division. Le pouvoir des chefs de
famille est donc non-seulement un lien pour tous les
membres qui s'y rattachent, mais encore une cause
de grandeur et de prospérité, puisque c'est l'union
qui fait la force. Sans le droit d'aînesse, dont l'institution remonte au commencement du monde, au
temps d'Abraham, d'Isaac, d'Ésaü et de Jacob, lorsque les premières sociétés se formèrent, il n'y a plus
d'union, ni de force, ni de conservation, pour les fa-

milles; et il n'est point non plus de grandeur durable pour les États.

Il est donc dans l'intérêt général du pays, et dans l'intérêt particulier des familles, qu'elles puissent se conserver et se soutenir, en évitant de se diviser et de se détruire; et ce n'est que par le droit d'aînesse que ce résultat peut-être obtenu. Par conséquent les chefs de famille doivent, pour perpétuer leur existence après eux, augmenter la part de l'aîné de leurs enfants, en diminuant un peu celle de leurs puînés, à qui ils doivent cependant laisser une part de fortune convenable, suivant leur rang et leur position sociale, en cas qu'ils doivent absolument se séparer de l'aîné. Celui-ci doit devenir, à son tour, le chef des autres, et succéder à l'existence de son père. Son âge et son expérience l'en rapprochent naturellement davantage, et il doit être plus capable que les cadets de le remplacer complétement. Cependant, s'il arrive quelquefois, malheureusement, qu'un fils aîné soit un mauvais sujet et ne soit point digne de soutenir la position de son père, c'est au chef de famille à en juger lui-même avant de mourir; et il est juste alors qu'il puisse faire porter sur un autre enfant, plus méritant, une faveur dont la disposition doit lui appartenir. Cette faculté, de sa part, devient ordinairement un motif d'émulation dans la famille, et un gage assuré de la bonne conduite de tous. En France, le code civil a conservé une quotité disponible, entre les mains du père, en faveur de l'un de ses enfants; et

Devoirs
des chefs
de famille.

cette disposition de la loi peut encore, en quelque
sorte, remplacer le droit d'aînesse.

Des majorats Mais les majorats étaient le gage le plus assuré de
la conservation des grandes familles; et ils perpé-
tuaient le droit d'aînesse mieux que la quotité disponible du code civil. Malheureusement, ils ont été
détruits, depuis la révolution de 1830, après la suppression de l'hérédité de la pairie. Les biens inaliénables formant majorat étaient, disait-on, l'occasion
d'une perte pour le Trésor public, parce qu'ils ne faisaient mutation que par succession, et parce qu'étant
inaliénables, les droits perçus par l'État sur les contrats
de vente ne les atteignaient pas. Il eût été facile de remédier à cette perte plus ou moins grande pour le Trésor
public, en imposant à ces biens, à chaque succession,
des droits de mutation deux ou trois fois plus élevés
que ceux des autres biens. Mais ce n'était point là le
véritable motif de la suppression des majorats. L'esprit démocratique, aveuglé ou irréfléchi, a voulu
atteindre les dernières ressources de l'aristocratie,
après avoir ébranlé l'existence de la pairie française ;
et cependant il ne devrait exister de titres de noblesse
que ceux fondés sur des majorats, car on ne peut
avoir de véritable considération pour les titres que
lorsqu'ils sont soutenus par la fortune.

De la Pairie
et de
l'hérédité. L'hérédité de la pairie devrait exister en France,
comme elle existe en Angleterre, si le gouvernement
représentatif s'y était formé de la même manière.
L'aristocratie anglaise avait conservé toujours sa

puissance, malgré les révolutions du pays; et comme
elle était peu nombreuse, chaque famille puissante
trouva, pour ainsi dire, sa place naturelle dans la
pairie, dès son origine. Mais, en France, l'aristocratie
était plus nombreuse, et elle se composait de toute
la noblesse ancienne ou nouvelle, dont la pairie ne
pouvait contenir qu'un petit nombre de noms. En
leur donnant l'hérédité, c'était créer comme une
espèce d'aristocratie au sein de la grande aristocratie;
et le temps seul aurait pu, à la longue, finir par
consacrer cette distinction privilégiée. Mais la noblesse entière ne pouvait être ainsi exclue, dès le
principe, du rôle qui lui appartenait comme véritable
et grande aristocratie répandue dans tout le pays. La
Chambre des Pairs ne la représentait point, et ne
réunissait pas même tous les plus grands noms de
France, auxquels les autres familles devaient reconnaître une supériorité incontestable. A côté des
plus beaux noms, se trouvaient plusieurs noms indignes de figurer dans la pairie, à l'exclusion d'autres
noms beaucoup plus considérables. Cette hérédité
ne pouvait donc satisfaire que ceux qui en jouis-
saient; mais elle déplaisait à la France entière, et
particulièrement à toute la noblesse, qui en était
exclue.

Cependant l'hérédité est l'essence de l'aristocratie,
qui doit être fondée sur la naissance et soutenue par
la richesse, puisque l'une ou l'autre, seule, ne suffit
point. Sans hérédité il ne peut exister d'aristocratie, de

même que sans aristocratie il ne peut exister d'indépendance dans un Etat. Ainsi la Chambre des Pairs
de France, privée de son hérédité depuis la révolution de 1830, manquait absolument de l'indépendance
dont la Pairie de la Restauration donna, du moins,
quelquefois, des exemples remarquables. Mais quand
bien même l'hérédité de la pairie pourrait être rétablie
jamais, en n'accordant cette dignité qu'aux familles
les plus considérables et les plus illustres du pays,
cette Pairie nouvelle aurait encore beaucoup d'inconvénients, et ne pourrait point satisfaire la France.

En effet, ce n'est point l'hérédité de la Chambre des
Pairs, mais c'est celle de l'aristocratie, dont il importe de
consacrer le principe et l'existence ; et c'est cette aristocratie tout entière qui doit exercer son influence sur
le pays. Or, l'unique moyen de rétablir complétement,
en France, cette puissance aristocratique, nécessaire à
sa force et à sa grandeur, c'est de rendre la Pairie élective, en n'admettant l'éligibilité et l'élection de ses
membres, dans chaque département, que parmi les
familles de l'aristocratie ayant constitué des majorats reconnus par l'Etat, et auxquels seraient attachés
des titres de noblesse héréditaires. Les nobles, en
possession de ces majorats, qui les rendraient tous
Pairs de France, auraient seuls le droit d'élire leurs
pairs ou leurs égaux, et de leur donner un mandat
pour les représenter à la Chambre des Représentants des *Pairs de France*. Ces élections devraient
coïncider, pour l'époque et pour la durée du mandat

Hérédité
de
l'aristocratie
et
représentation
par
l'élection.

législatif, avec celles de la Chambres des Députés.

Ce mode d'élection serait ainsi la véritable repré- L'aristocratie accessible à tous.
sentation de la noblesse ou de l'aristocratie du pays ;
et il aurait l'avantage d'unir le présent et l'avenir avec
le passé, que l'histoire ne peut point oublier. Il rappellerait le souvenir des États-Généraux du royaume,
qui auraient dû préserver la France des malheurs des
révolutions, s'ils eussent été régulièrement convoqués
comme le sont les Chambres nouvelles, parce qu'ils auraient alors adopté, sans trouble et sans secousse, tous
les progrès résultant de la civilisation que ces révolutions seules ont pu introduire en France. En outre, la
noblesse et la création des majorats étant à la portée de
toutes les familles qui grandiraient peu à peu, et dont
le roi ou ses ministres reconnaîtraient les services ou
l'élévation, tous les citoyens, sans exception, de toutes
les classes de la société, pourraient avoir l'espoir
fondé qu'un jour, peut-être, leur famille atteindrait
cette haute position, et serait comptée aussi parmi les
grandes familles nobles et aristocratiques de la nation.
Il y aurait loin d'un tel espoir, permis à tous, à l'exclusion, pour ainsi dire absolue, résultant de l'hérédité de la Chambre des Pairs, car cette hérédité ne
peut permettre que très-rarement d'augmenter le
nombre des familles privilégiées qui en jouissent, et
qui ne peuvent jamais représenter complétement la
véritable aristocratie et la noblesse entière de France.

En attendant que les majorats puissent être rétablis Devoirs de conservation de la noblesse.
et qu'une nouvelle organisation de la Pairie puisse

être introduite dans la Constitution française, les
anciennes familles doivent tendre à augmenter toujours leur fortune par des économies considérables
sur leurs revenus, non-seulement pour pouvoir
avantager leur fils aîné de tout ce dont la loi leur
permet de disposer, sans que la position de leurs enfants puînés puisse en être sensiblement amoindrie;
mais aussi pour résister au nivellement et à la destruction que doivent amener la division des biens et
leur partage entre tous les enfants, source nouvelle
de désunion et de discorde, presque toujours inévitable. Et dans cette augmentation toujours croissante de leur fortune, qui doit provenir uniquement
d'économies de plus en plus considérables, et non de
spéculations plus ou moins hasardeuses dans l'industrie ou le commerce, que la noblesse doit laisser à
d'autres, ces familles doivent avoir aussi pour but de
parvenir un jour, malgré toutes les chances défavo-
rables de l'état social actuel et des lois modernes du
pays, à compter encore parmi les quelques rares familles privilégiées et exceptionnelles qui absorberont
successivement, peu à peu, à elles seules, la richesse
entière de la France, si son état social ne change
point.

Mais la vertu étant le bien le plus désirable et le
plus utile pour tous les hommes, quelle que soit la
position dans laquelle Dieu les ait fait naître, c'est
surtout chez les grands de la terre qu'elle doit être
honorée et pratiquée, car leur exemple influe extrê-

mement sur les autres classes de la société, qu'il importe de moraliser, d'autant plus qu'elles sont moins instruites et moins éclairées. Sans doute, la position élevée des grands les expose à plus de tentations que les autres hommes, par la plus grande facilité qu'ils ont de satisfaire leurs passions ou leurs mauvais penchants, que l'oisiveté augmente souvent, tandis que ceux dont les occupations remplissent la vie ont moins l'occasion et le désir de commettre autant de fautes. Mais la religion doit contenir les grands, et ne leur inspirer que des sentiments de bonté, de douceur et de générosité, en reconnaissance des bienfaits que Dieu a daigné répandre sur eux en ce monde, de préférence à tant d'autres hommes. Et si jamais, par des événements imprévus et malheureux, leur existence peut venir à se briser, et s'ils doivent descendre du rang élevé auquel ils étaient habitués; si des revers, si des pertes de parents ou de proches, si des afflictions de cœur viennent les atteindre, ils y sont d'autant plus sensibles, en général, qu'ils jouissent de plus de bonheur, et qu'ils peuvent s'y livrer et s'y abandonner plus complètement que d'autres individus, dont la sensibilité se trouve quelquefois un peu émoussée par les nombreuses misères de la vie. C'est alors surtout qu'ils ont davantage besoin des consolations de la religion, qui seule peut leur venir en aide, et qui doit soulager leur cœur, calmer leurs regrets, et leur donner une sainte résignation et une soumission absolue à la volonté de Dieu.

Malheureusement, l'immoralité de la noblesse, dont l'exemple des rois et le séjour des cours amenèrent surtout la corruption, fut une des principales causes qui rendirent sa ruine plus facile, par la déconsidération dans laquelle elle tomba aux yeux de la nation. Mais désormais la noblesse et l'aristocratie doivent adopter pour toujours cette devise : *Fais ton devoir fidèlement et promptement* [1].

---

[1] Cette devise est celle des familles de Crillon et de Chanaleilles réunies. La devise des Crillon est : *Fais ton devoir*, et celle des Chanaleilles est : *Fideliter et alacriter* : fidèlement et promptement.

CHAPITRE IV

DE LA MAGISTRATURE, DE LA FINANCE, ET DE LA BOURGEOISIE[1]

De la magistrature, de sa noblesse et de son indépendance. — Des conseils de préfecture et de la justice contentieuse. — De la justice de paix. — De la finance et de la richesse. — De l'utilité de la richesse. — Des dépenses de vanité et de luxe. — Fracas et troubles qui accompagnent la richesse. — De la conservation de la richesse des particuliers. — Des finances des États et de la richesse publique. — Les dettes des États sont une des principales causes de révolution. — Nécessité des impôts modérés. — De l'impôt proportionnel et de l'impôt progressif. — Leur inutilité et avantage cause de l'inégale répartition des impôts. — Diminution et extinction des dettes de l'État. — Moyens d'y parvenir. — L'économie seule doit garantir l'avenir. — Du remboursement des rentes de l'État. — Singularité de cette opération. — De l'imposition des rentes. — Droit de vente sur les rentes. — De la Chambre des Députés et de deux Chambres législatives. — De leur nécessité. — Vices de la Charte de 1830 ; réforme électorale et parlementaire. — Indemnité des Représentants du Peuple. — De la bourgeoisie. — La jalousie et l'envie la distinguent essentiellement. — Nécessité, pour la bourgeoisie, de l'appui de l'aristocratie. — La Pairie devenue bourgeoise, sous le roi Louis-Philippe, et les princes eux-mêmes devenus bourgeois.

La magistrature est un des plus fermes appuis des États ; et cette belle institution n'est pas moins utile aux peuples, qu'honorable pour ceux qui sont les dépositaires de la justice et des lois. Ainsi, de tout temps, la noblesse de robe a brillé du plus vif éclat ;

De la magistrature, de sa noblesse et de son indépendance.

¹ L'auteur a repris ici son travail, après la révolution de 1848.

et les services qu'elle a rendus au pays doivent
marcher immédiatement après ceux de la noblesse
d'épée. Mais le lustre de la justice consiste, essentiellement, dans son indépendance et dans son impartialité; et ce n'est que par l'hérédité, ou par l'inamovibilité, que ces deux vertus fondamentales peuvent
exister et se maintenir. Si la magistrature n'est point
héréditaire ou inamovible, elle deviendra inévitablement un instrument de pouvoir arbitraire aux ordres
du chef de l'État ou de ses ministres; car les emplois
judiciaires ne seront alors confiés qu'à ceux qui con-
sentiront d'avance à se soumettre à leurs exigences, et
qui renonceront, s'il le faut, à tout esprit de justice et
d'équité. Et si, par hasard, quelques magistrats, d'une
âme plus fière, essayaient ensuite de se révolter contre une telle sujétion, contraire à leur conscience, ils
pourraient être immédiatement destitués et remplacés
par d'autres, au premier acte d'indépendance dont
ils se seraient rendus coupables. Cependant, si la
magistrature était élective, et si les juges pouvaient
être nommés par le peuple pour un certain laps de
temps, de même que ses représentants, peut-être
leur indépendance et leur impartialité seraient-elles
aussi bien protégées par l'élection que par l'hérédité
ou l'inamovibilité. Mais la science de la justice et des
lois ne peut être le partage que d'un très-petit nombre d'hommes; et ce n'est que par des études spéciales, et par une longue pratique, que les magistrats
parviennent à les bien connaître, et à savoir les-

appliquer avec justice et convenance. Les changements fréquents qui pourraient résulter de l'élection
nuiraient beaucoup à l'acquisition de cette science
des lois ; car les codes les mieux faits et les lois les
mieux rédigées laissent toujours quelques points
obscurs, imprévus, ou incertains, que l'imperfection
humaine ne peut tous déterminer, de sorte qu'il faut
qu'une jurisprudence s'établisse par la pratique et
se maintienne et se perpétue par la transmission. Ce
n'est d'ailleurs que par la durée que les lois acquièrent de la considération et de la force ; et il en est de
même de la magistrature, dont l'autorité ne peut
avoir de poids si ce corps n'est point indépendant,
ou s'il ne peut transmettre son indépendance de
génération en génération.

Cependant, cette indépendance si belle, gage
essentiel de l'impartialité de la justice, peut quelquefois aussi avoir des inconvénients fâcheux pour
l'harmonie des pouvoirs de l'État. Ainsi, toutes les
remontrances des anciens parlements de France
étaient bien loin d'être fondées sur une critique consciencieuse et éclairée. Mais sous une monarchie
absolue, les abus du pouvoir royal faisaient naître
nécessairement d'autres abus opposés, tandis que sous
un gouvernement meilleur, ces écarts malheureux
deviennent beaucoup plus rares et moins dangereux.
Et il faut bien aussi savoir reconnaître que nulle institution humaine ne peut être parfaite, puisque la
perfection ne réside qu'en Dieu seul, et que les meil-

leurs préceptes ont toujours de nombreux inconvénients à côté de leurs avantages. Le seul but auquel
l'homme puisse raisonnablement prétendre, c'est
d'approcher, le plus possible, de la perfection, en
adoptant les principes qui offrent le plus d'avantages
et qui ont le moins d'inconvénients, et de donner ensuite à ses œuvres l'autorité et la force qui doivent
les faire respecter, en les consacrant, en quelque
sorte, par la durée et par le temps.

Des conseils
de préfecture
et
de la justice
contentieuse.

Il existe en France une certaine justice contentieuse, entièrement réservée aux conseils de préfecture des départements. C'est, évidemment, une la-
cune et un oubli, de la part du législateur, de n'avoir
point aussi donné à cette magistrature les apanages de
l'inviolabilité. Tous les conseillers de préfecture doivent donc être inamovibles, comme les autres juges.
Leurs arrêts doivent être portés ensuite en révision,
devant le conseil d'État, cour suprême, essentiellement inamovible elle-même, jugeant en dernier res-
sort toutes ces affaires contentieuses, et établissant
une jurisprudence unique et permanente pour tout
le pays.

De la
justice de paix.

Les justices de paix doivent de même jouir du privilége de l'indépendance que donne l'inamovibilité.
Mais ces fonctions si importantes, si utiles et si dignes
de considération, doivent être particulièrement recherchées par les chefs des familles les plus puissantes
et les plus aristocratiques, dont les sentiments, naturellement indépendants, se transmettent héréditaire-

ment de père en fils. Quels que soient les inconvénients et les abus qui puissent provenir de l'autorité
d'un magistrat, déjà puissant par lui-même, et disposé
souvent à satisfaire ses intérêts particuliers, ou même
quelquefois ses passions, ces inconvénients seront
toujours moindres que ceux de voir des juges de
paix de basse extraction, sans éducation et sans lumières, réduits le plus souvent à des ménagements
de toute sorte, contraires à leur devoir et à leur conscience. Le plus puissant de tous sera presque toujours le plus désintéressé vis-à-vis des autres, le plus
indépendant et le plus impartial ; et c'est pour cela
que, si le roi ou le chef de l'État pouvait juger lui-
même tous les différends de ses sujets, nul ne pourrait
être meilleur juge que lui. Mais, à défaut du roi, les
plus grands seigneurs sont ceux qui peuvent le mieux
le remplacer; et plus la justice de paix sera élevée, plus
elle sera utile aux peuples. D'ailleurs, ses arrêts ne
doivent jamais être imprescriptibles; et il doit toujours être possible, au besoin, d'en appeler plus haut,
et de les faire réformer, s'il y a lieu, par un tribunal
supérieur.

Après la noblesse d'épée et la noblesse de robe,
marche la grande richesse, ou la finance, dans la
hiérarchie sociale. Mais cette espèce d'aristocratie,
ou plutôt cette prédominance de l'argent, est-elle
donc aussi une noblesse? car on est quelquefois tenté
de le demander, en France, depuis que la naissance
n'y donne plus aucun privilège. Cependant, la néga-

tive ne peut-être douteuse; et quels que soient les
avantages que puisse donner la richesse, il est certain
qu'elle ne peut jamais égaler la noblesse de la naissance. En effet, dans quelque condition que l'on soit
venu au monde, il est toujours possible, par des circonstances heureuses ou par des événements imprévus, d'acquérir une très grande richesse; mais nul
ne peut se procurer lui-même une naissance relevée,
des aïeux illustres, et un nom glorieux célèbre avant
lui. Il faut donc convenir que cette naissance privilégiée est le plus heureux don du ciel; puisque rien
n'empêche la noblesse d'acquérir aussi la richesse,
si elle ne la possède point déjà, et de réunir ainsi tout
ce que l'homme désire généralement le plus en ce
monde; tandis que la richesse ne suffit pas toujours
pour acquérir même une noblesse et une illustration
modernes, et que jamais elle ne peut obtenir la considération que donne une ancienneté consacrée par
le temps et soutenue avec éclat pendant de nombreuses générations.

Cependant, la richesse procure des avantages réels
dans la société, facilite essentiellement presque tous
les arrangements de la vie, et ajoute même aussi à la
considération que donne le mérite. Ainsi, dans toutes
les classes de la société et dans toutes les conditions,
elle sert de lien entre les hommes, et leur procure à
tous une mutuelle assistance de travail, de services
et d'obligations, qu'elle seule peut rémunérer convenablement. Sans elle, tous les individus s'isoleraient

bientôt les uns des autres, et deviendraient égoïstes
et ennemis; car, si cette richesse n'existait point
dans le monde, resserrée entre les mains d'un petit
nombre de privilégiés, ou si le niveau d'une égalité
parfaite pouvait jamais atteindre tous les hommes,
nul ne consentirait à servir celui qui, ne pouvant
travailler par lui-même, n'aurait pas le moyen de le
récompenser de ses soins et de sa peine; et chacun
ne vivrait plus que pour soi, comme vivent les animaux. Toutes les sociétés humaines seraient détruites;
et l'homme descendrait ainsi jusqu'au niveau de la
bête sauvage. Il importe donc essentiellement aux
peuples d'augmenter le plus possible le développement de la richesse des particuliers, qui forme celle de
l'État et du pays; car plus les particuliers sont riches
et plus le nombre des riches est considérable, plus
les revenus et les impôts de l'État doivent augmenter,
et plus il lui devient facile d'entreprendre de grands
travaux, utiles à tous les citoyens. Si, au contraire,
l'on appauvrissait les riches et si l'on arrêtait le développement de la richesse des particuliers, les pauvres
deviendraient immédiatement encore plus pauvres;
et l'État et le pays tout entier tomberaient bientôt
dans la même pauvreté et dans la misère. Ainsi, il
n'est pas une seule dépense faite par les riches, qui ne
profite nécessairement aux pauvres; et le plus grand
intérêt de ceux-ci est d'exciter et de faire naître ces
dépenses, par tous les moyens qui sont en leur pouvoir. La vanité et le luxe doivent être pour eux de

puissants auxiliaires, surtout dans les pays avancés
en civilisation, parce que leurs exigences procurent
encore plus de travaux aux ouvriers que n'en produisent toutes les autres spéculations agricoles, commerciales, ou industrielles. En effet, l'homme réduit
à l'état sauvage n'éprouve qu'un petit nombre de
besoins, extrêmement restreints. Manger, boire, dor-
mir et se garantir des intempéries des saisons, sont
les principaux, sinon les seuls. Mais la société et la
civilisation en font naître chaque jour de nouveaux,
qui se multiplient à l'infini; et la satisfaction de ces
besoins factices suffit pour donner une occupation
utile aux masses nombreuses, dont les bras ne pourraient être tous employés sans eux. Or, les dépenses
de vanité et de luxe sont précisément celles qui peuvent le mieux convenir aux riches et combattre chez
eux la pente, naturelle à l'homme, de l'égoïsme individuel. Tel n'hésitera point à sacrifier des sommes
considérables en fêtes somptueuses, en riches festins,
en brillants équipages, en superbes vêtements, en
domestiques nombreux et en livrées magnifiques,
qui ne donnerait peut-être pas aux pauvres la cen-
tième partie de l'argent qu'il emploiera à ces vaines
dépenses, et qui leur refuse même, quelquefois, la
faible obole de la charité. C'est donc par une spéculation bien entendue, de la part de la pauvreté vis-à-
vis de la richesse, que toutes les dépenses de vanité
et de luxe doivent être encouragées et favorisées,
puisqu'il n'est pas une seule de ces dépenses, sans

exception, qui ne procure de l'ouvrage et du
travail à ceux qui ne peuvent avoir en partage, dans
ce monde, la richesse ou l'aisance. Ces vérités sont
aussi palpables à tous qu'incontestables; et puisque
la condition humaine ne peut comporter une égalité
de richesse, qui ne serait au fond qu'une égalité de
misère, l'homme doit avoir le bon esprit d'améliorer
au moins son sort, autant qu'il dépend de lui. Aussi
certains peuples, tels que les Anglais, font-ils preuve
d'une haute sagacité et d'une intelligence parfaite,
en accompagnant toujours de leurs applaudissements
et de leurs bravos le luxe ouvertement déployé de
leurs grands seigneurs, dont ils sont si fiers à juste
titre, ou celui de leurs riches banquiers et de leurs
opulents négociants. Mais le peuple français dénote, au
contraire, une pauvreté d'esprit bien extraordinaire,
et que la jalousie naturelle, innée dans le cœur de
l'homme, ne suffit point pour excuser, lorsqu'il pour-
suit de ses huées et de ses clameurs insensées, quelquefois même de ses attaques insolentes, les voitures
armoiriées ou tenues brillamment, les chevaux de
prix, les riches harnais, les livrées galonnées, ou
tout ce qui attire et satisfait les yeux; lorsqu'il proscrit les demeures embellies par les arts, les hôtels
dorés et fastueux, et les châteaux féodaux et pitto-
resques, dont la destruction ne peut jamais l'enrichir, ni procurer du pain aux pauvres. C'est une folie
ou un crime d'arrêter le développement du travail,
ce bien si précieux et si consolant pour l'homme, par

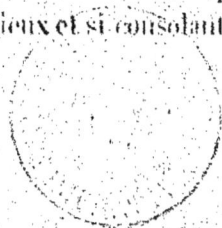

7

lequel Dieu l'appelle au salut de son âme, après sa
vie, et qui seul peut le préserver des mauvaises passions et des vices dont le germe existe en son cœur,
et dont la voix, s'il les écoute, doit le conduire à la
damnation éternelle.

Cependant il ne faut point croire que la richesse
soit extrêmement à envier et que l'homme riche soit
nécessairement plus heureux que le pauvre. Sans
parler des nombreuses occupations diverses et des
devoirs impérieux qui en résultent, des soucis et des
tracas d'esprit que donne l'administration d'une
grande fortune, et dont le pauvre a le bonheur d'être
exempt ; sans parler des rivalités, des critiques, des
jalousies et des haines que le riche est obligé d'en-
durer, des déboires et des mécomptes de tout genre
auxquels il est continuellement exposé ; et sans parler enfin de la soif insatiable et déplorable de l'ambition, qui devient presque toujours la triste compagne
de la richesse, il est une autre considération de plus
haute importance qui doit faire bénir Dieu par ceux
à qui il n'a point voulu accorder cette richesse en ce
monde, et auxquels il a donné dans sa sagesse une
position plus ordinaire, ou même la pauvreté. C'est
qu'il est bien plus difficile à un riche de sauver son
âme qu'il ne l'est à un pauvre, dont l'affliction en
cette vie doit lui servir en quelque sorte de marchepied pour monter au ciel. Si la misère conseille mal
et conduit trop souvent au vice et au crime, la richesse et l'aisance font encore plus oublier Dieu et

en éloignent encore davantage. Les tentations de tout genre auxquelles le riche est exposé, la facilité avec laquelle il peut impunément s'y laisser entraîner, ou les séductions sans nombre auxquelles il ne sait pas toujours résister et sous lesquelles sa vie succombe souvent anéantie, tout l'égare loin des devoirs de son salut; et il mourra peut-être comme il a vécu, dans le désordre, dans l'insouciance de son trépas et dans l'impénitence finale. Toutefois il est une seule chose qui devrait militer en faveur de la richesse, c'est le bonheur de pouvoir donner aux autres et de satisfaire plus aisément les préceptes de la charité.

La conservation d'une grande fortune exige plusieurs conditions essentielles; mais les premières et les plus importantes de toutes consistent dans l'ordre et dans l'économie, qui doivent être accompagnés d'une intelligence supérieure et d'une très-grande sagesse: d'où il suit qu'il est beaucoup plus difficile et beaucoup plus rare de conserver la richesse de ses parents que d'en acquérir par soi-même. Ce n'est que par l'accroissement de ce que l'on possède que l'on peut se maintenir toujours au même niveau; et toute fortune qui n'augmente point diminue nécessairement par cela seul, car il n'existe point de milieu entre l'augmentation et la diminution. En effet, indépendamment de la dépréciation rapide de l'or et de l'argent, et de l'augmentation croissante des besoins, la préoccupation d'un particulier sage doit être, quelle que soit sa fortune, d'économiser une partie de ses revenus assez considérable pour subvenir à toutes les dépenses imprévues, à tous les accidents, à tous les événements fortuits, aux révolutions et à toutes les chances diverses qui pourraient lui porter atteinte. Si son économie a été assez grande pour faire face à toutes ces éventualités et pour combler tous les vides, la masse de sa fortune en profitera naturellement et s'en accroîtra ensuite dans de meilleures circonstances. Mais si l'économie et la réserve ont manqué, le capital en sera affaibli, et la fortune en éprouvera un rude échec, qui la fera décroître et dépérir promptement. Quelque exagérée que puisse paraître l'importance que l'on attache à cette économie nécessaire à toutes les fortunes, l'expérience démontre qu'elle doit toujours être du tiers du revenu net, dont les deux autres tiers doivent seuls être employés aux dépenses courantes et prévues.

Mais si la conservation de la richesse des particuliers est importante pour les familles, celle de l'État ne l'est pas moins pour les nations et pour les peuples. Cependant rien n'est plus commun et plus ordinaire que de voir les États s'endetter et dévorer follement leur richesse, leur avenir, et tout ce qui peut servir à augmenter et accroître sans cesse cette richesse. Les plus grandes nations de l'Europe, celles qui devraient être les plus puissantes et les plus florissantes, telles que l'Angleterre et la France, sont malheureusement entrées dans cette voie funeste, depuis un siècle ou deux. La misère du peuple s'en est accrue extraordinairement, et elle tend chaque jour à s'accroître encore davantage, jusqu'à ce qu'il soit apporté enfin à ce mal un remède efficace et radical. En France, à la mort de Louis XIV, le trésor public se trouvait obéré d'une dette de 600 millions de livres. Ce n'était alors qu'une bien faible charge pour la nation; et il eût été extrêmement facile d'éteindre cette dette par de sages et utiles économies, sans recourir à des emprunts ruineux et à un crédit chimérique imaginé par le système de Law. Au lieu de se voir éteinte, la dette du trésor se trouva augmentée dans des proportions énormes, atteignant bientôt le chiffre de 1 milliard 500 millions; et la disette des finances nécessita enfin la convocation des États-Généraux du royaume, en 1789. Cette convocation fut le triste prélude des catastrophes terribles et des révolutions sanglantes qui ont bouleversé le pays, et qui n'ont cessé d'ébranler l'édifice social depuis cette époque jusqu'à nos jours.

En ce moment, après soixante ans de révolutions successives, et après deux banqueroutes de l'État: la première provenant du cours forcé des assignats, émis au pair dans le principe et remboursés ensuite à moins de cinq pour cent du capital; et la seconde produite par la réduction des deux tiers, appelée le *tiers consolidé*, la dette de la France s'élève à la somme effrayante de 6 milliards, qui s'accroissent encore chaque jour par de nouveaux emprunts.

Nonobstant, on voit encore aujourd'hui quelques

économistes à fausses théories, et follement égarés
par une imagination hasardeuse, soutenir que les
dettes d'une nation ne lui sont point funestes, et
qu'elles lui donnent même, au contraire, des garanties de sécurité et de paix intérieure, parce qu'elles
intéressent un plus grand nombre de citoyens à la
prospérité et à la tranquillité du pays. Les événements
se sont constamment chargés, malheureusement, de
démentir ces étranges doctrines, un peu plus tôt ou
un peu plus tard; et en France particulièrement, c'est
aux dettes de l'Etat, c'est à la misère publique, c'est
à la gravité des impôts et des charges de toute nature,
que l'on doit attribuer l'une des principales causes des
révolutions successives qui ont affligé le pays, et qui
ont rendu le peuple si pauvre et si malheureux depuis
déjà soixante ans. Au lieu d'un petit nombre seulement d'individus sans parents, sans religion, sans
patrie et sans état, nés de la prostitution et de la
débauche, et naturellement ennemis de la société,
la gêne et la misère suscitent bientôt un très-grand
nombre de citoyens mécontents, toujours prêts à renverser ce qui existe et à détruire aveuglément tout ce
qui peut tomber sous leurs coups. La plupart se
bercent du fol espoir d'améliorer leur condition et
leur sort par un bouleversement général; d'autres
veulent assouvir leur vengeance contre l'état social,
auquel ils croient pouvoir reprocher leur malheur; et quelques-uns n'ont pour but que de satisfaire leur jalousie contre toute espèce de supé-

riorité, quelque légitime et nécessaire qu'elle soit.

Il importe donc à un État de n'avoir que le plus petit nombre possible de citoyens mécontents de leur sort et ennemis du gouvernement, et de s'assurer toujours l'appui du plus grand nombre pour le soutenir et pour le défendre. Or, le plus sûr moyen de mécontenter les peuples, c'est de les accabler d'impôts; et plus l'État aura de dettes, ou plus ses charges seront considérables, plus il sera obligé d'avoir recours à la bourse des particuliers et de les surcharger de contributions de tout genre, qu'il s'efforcera ensuite de rendre chaque jour de plus en plus productives, par tous les moyens ingénieux et détournés que l'esprit humain peut inventer, afin de pouvoir ainsi faire face au payement de ces dettes publiques, qui s'accroissent constamment sans diminuer jamais, et afin de pouvoir en même temps subvenir à toutes les autres dépenses que la nécessité et quelquefois le caprice des ministres ou des ambitieux qui gouvernent le pays rendent également obligatoires. Les impôts que paye le contribuable sont le prix le plus pur de ses travaux, de ses sueurs et de ses épargnes; et c'est précisément cette charge accablante qui lui enlève toute l'aisance et tout le bien-être de la vie dont il devrait jouir. Sans doute cependant, tous les citoyens doivent contribuer au maintien de la société, puisqu'elle les protége tous, grands et petits, et assure ainsi leur propre sécurité; sans doute, les impôts sont nécessaires, dans une juste mesure, et proportionnellement à la fortune de

chacun, pour garantir la paix publique, le bon ordre
matériel et moral du pays, pour rétribuer les armées
de terre et de mer, qui font respecter l'État et qui
maintiennent sa nationalité, au dedans contre les per-
turbateurs et les mauvais citoyens, et au dehors contre
les puissances étrangères; pour entreprendre de
grands travaux d'utilité publique, entretenir les routes
et les canaux; pour soutenir l'exercice de la religion
et du culte, sans lesquels nul homme ne peut être
heureux sur la terre; pour mettre l'enseignement,
l'instruction et l'éducation à la portée de tous les citoyens, selon le rang de chacun, et pour payer les ministres et tous ceux qui prennent part au gouvernement du pays, lorsque leur fortune privée ne leur
permet point de se passer des subventions du Trésor
public. Mais il n'importe pas moins, en même temps,
que ces impôts soient infiniment réduits et modérés;
et c'est surtout pour les grandes nations, dont les devoirs de conservation sont les plus difficiles à remplir,
qu'il importe extrêmement de ne point faire gémir les
citoyens sous le poids de leurs impôts et de ne point
gaspiller vainement les ressources et les revenus de
l'État. Combien n'existe-t-il pas de localités, en
France, qui n'ont point cessé, depuis la Révolution
de 1789, de payer chaque année des impositions considérables au Trésor public, et qui n'en ont point
profité jusqu'ici et n'en profiteront peut-être malheureusement jamais! Que de communes, que de
chefs-lieux de canton se trouvent encore privés, au-

jourd'hui, de routes royales, de routes départementales, et même de chemins de grande vicinalité, sans
parler des chemins de fer ni des canaux, à la jouissance desquels ils n'oseraient non plus prétendre!
Avant cette Révolution de 1789, les impôts n'atteignaient pas la dixième partie du revenu ou des récoltes ; et cependant combien de réclamations de tout
genre et combien de clameurs publiques se sont élevées contre cette dîme que les seigneurs avaient alors
le droit de percevoir, et qui servait, comme aujour-
d'hui, à assurer la sécurité publique des villes et des
campagnes, et à soutenir la morale encore plus efficacement qu'aujourd'hui, par l'exercice et le culte de la
religion! Maintenant les impôts s'élèvent généralement, en France, au-delà du cinquième du revenu,
c'est-à-dire qu'ils ont plus que doublé, depuis cette
Révolution de 1789, et qu'ils ne laissent plus aux
contribuables que la moitié de l'aisance qu'ils avaient
autrefois. Aussi, le peuple des campagnes et des villes
devrait-il préférer que ses impôts fussent diminués
de moitié, et qu'un ou deux seigneurs privilégiés
dans la commune en fussent complètement affranchis,
comme ils l'étaient jadis, à la condition pour eux de
se dévouer tout entiers aux intérêts et à l'administration de la localité, de remplir gratuitement les devoirs
et les charges de maire, de juge de paix, etc., etc.
Avec l'accroissement progressif des impôts, les révolutions deviennent chaque jour plus fréquentes et
plus acharnées, parce que le malaise et la gêne aug-

mentent partout; et l'État, qui se trouve embarrassé pour payer des dettes énormes, et qui ne recule no-nobstant devant aucune dépense exagérée, et souvent même inutile, se conduit comme un fils prodigue de grande maison, que sa famille ne manquerait pas de faire interdire et priver de ses droits civiques.

L'impôt doit donc être modéré; mais, de plus, il doit être proportionnel, c'est-à-dire que chacun doit y contribuer en proportion de sa fortune. Rien ne serait plus odieux et plus inique qu'un impôt progressif qui pourrait s'accroître indéfiniment par un calcul multiple, et dont le résultat serait d'abaisser la fortune des riches jusqu'au niveau de celle des plus pauvres, ne permettant à personne de jouir de plus de revenu, ou de plus d'aisance, que celui qui en possède le moins, et réduisant ainsi tous les citoyens à une extrême misère, égale pour tous. Ce serait vouloir détruire ce que Dieu a ordonné dans les conseils de sa sagesse éternelle, que celle de l'homme ne pourra jamais atteindre ni égaler, quel que soit son orgueil. Ce serait vouloir que l'homme n'eût plus aucun intérêt ni aucun avantage à vivre en société, et qu'il préférât la vie errante des animaux et des bêtes sauvages. Ce serait, en empêchant que nul ne pût être riche à côté de son voisin qui serait pauvre, bannir et supprimer entièrement le travail et la rémunération du travail. Ce serait rendre l'espèce humaine encore plus malheureuse qu'elle ne l'est déjà, en lui enlevant jusqu'à l'espérance, sa dernière consolation et son dernier

bien, que rien ne pourrait jamais remplacer. Mais
l'humanité ne pourrait jamais y consentir ni s'y soumettre pendant longtemps. De nouvelles sociétés et
de nouvelles associations d'hommes ne tarderaient
pas à se former sur les débris des anciennes sociétés
détruites, car l'homme est un être sociable et non un
être sauvage ; et elles rétabliraient nécessairement
l'inégalité de   ne, qui est la conséquence inévitable
de l'inégalité des intelligences. Mais si, après avoir
reconnu l'impossibilité d'établir des impôts progressifs tellement disproportionnés que les riches et ceux
qui ont de l'aisance fussent complétement privés de
leur richesse ou de leur aisance, on voulait se borner
à quelques pas timides dans les voies de cette progression effrayante, de manière qu'il n'y eût, par exemple,
que la richesse qui fût détruite, mais que l'aisance ne
fût jamais atteinte ni diminuée ; rien ne serait de
même plus arbitraire, et par conséquent plus inique,
que l'appréciation de cette richesse et de cette aisance.
En effet, ce qui fait la richesse de l'un ne suffit pas
toujours pour faire l'aisance de l'autre. Tel a des
charges d'une famille nombreuse, de parents infirmes
à soigner et à soutenir, de châteaux ou de maisons,
de fermes ou de bâtiments ruraux à entretenir ou à
construire ; et tel autre est sans famille, sans charges
et sans soucis. Tel est avare et thésaurise ; et tel autre
a des dettes considérables, qui l'appauvrissent beaucoup, malgré une grande richesse apparente. Ce dernier enfin courrait le risque d'être complétement

ruiné si, pour obtenir une diminution d'impôts, il
faisait connaître sa gêne, tandis que, si nul ne peut
s'en douter, son crédit et son travail peuvent relever
bientôt toute sa fortune. Une foule innombrable
d'autres considérations semblables doivent donc faire
repousser toujours cet impôt progressif, qui ne peut
être qu'injuste et impraticable dans son application.
Ainsi, l'impôt proportionnel peut seul être adopté par
l'État, c'est-à-dire que celui qui possède dix fois plus
de revenu que son voisin, ne doit être imposé que
dix fois plus que lui.

La centralisation, qui offre des avantages incontestables, sous certains rapports, devient en même
temps, lorsqu'elle est poussée trop loin, une des principales causes de la mauvaise répartition et du mauvais
emploi des impôts. Les intérêts généraux de province,
ou de département et de localité, peuvent être trop
aisément sacrifiés à divers intérêts particuliers et
individuels de moindre importance, dont le gouvernement accorde souvent la satisfaction à des solli-
citations secrètes et illicites. L'influence d'un député
ou d'un représentant du peuple suffit pour faire
déverser sur des arrondissements privilégiés le prix
des impôts péniblement levés dans de malheureuses
contrées, qui ne peuvent jamais parvenir à jouir de
leurs sacrifices accumulés. Si la centralisation était
réduite aux simples proportions qu'elle devrait avoir,
si les conseils généraux de département avaient une
part beaucoup plus grande dans l'administration du

pays et dans l'emploi de ses revenus territoriaux,
l'équité et l'utilité publique y gagneraient également;
et chacun pourrait mieux jouir des dépenses auxquelles il aurait contribué, et dont l'importance et la
nécessité lui paraîtraient plus évidemment acquises.
La perfection de la centralisation consiste seulement
à tout diriger, à tout surveiller et tout contrôler; mais
elle doit éviter de vouloir tout faire par elle-même et
de tout absorber.

Si les dettes de l'État n'existaient pas, si au moins
elles diminuaient chaque jour, par un amortissement
considérable et par un rachat important et efficace, en
attendant qu'elles puissent s'éteindre un jour complètement; si les dépenses publiques étaient réduites en
même temps; si les impôts étaient abaissés et si les
particuliers conservaient entre leurs mains une partie
de l'aisance que leur enlèvent ces impôts, que de travaux, que de progrès, que d'améliorations de tout
genre viendraient immédiatement décupler la prospérité et la richesse du pays! L'agriculture, le commerce et l'industrie emploieraient alors en dépenses
bien autrement utiles et productives tout ce que l'impôt leur laisserait de disponible; et l'État y gagnerait
lui-même, par cet accroissement de la fortune et des
revenus des particuliers. A mesure que ces revenus
augmenteraient par des progrès sensibles et marqués,
il pourrait aussitôt venir en réclamer la dîme, comme
autrefois, ou bien une partie encore moindre, afin
de parvenir promptement à s'acquitter de toutes ses

dettes, et afin d'entreprendre ensuite de glorieux et
utiles travaux, dont le pays tout entier profiterait.

Rien ne serait assurément plus facile que d'entrer
résolument dans une large voie de progrès, qui devraient amener un jour l'extinction de la dette publique de la France, en augmentant en même temps sa
prospérité et le développement de sa richesse par une
diminution d'impôts bien entendue. Il suffirait de le
vouloir réellement, sans écouter aucune considération qui pût détourner du but, et de le vouloir avec
persévérance et avec patience. Quel magnifique titre
de gloire pour un ministre des finances qui pourrait
consacrer sa vie à une si noble entreprise! Combien
il mériterait la reconnaissance et les bénédictions de
ses concitoyens et celles de la postérité! Cependant il
faudrait qu'il eût le courage de ne pas craindre de se
faire d'abord beaucoup d'ennemis et de mécontenter
un très-grand nombre d'intérêts particuliers, froissés
ou lésés, qui lui résisteraient violemment et qui
susciteraient contre lui un concert de récriminations,
d'injures et d'accusations de tout genre, quelque
insensées qu'elles pussent être. Peut-être même
succomberait-il sous leurs coups, sans avoir pu accomplir son œuvre, si ses concitoyens cessaient de
le soutenir et de se confier en lui. Mais, après Dieu et
sa conscience, un homme juste ne redoute rien et
peut venir à bout de tout.

Il faudrait commencer par faire, au sujet de la fortune de l'État, ce que tout homme sage et tout bon

père famille fait au sujet de sa fortune privée; c'est-
à-dire qu'il faudrait d'abord établir le budget des recettes publiques, avant de s'occuper du budget des
dépenses. Il faudrait ensuite se renfermer strictement
dans les bornes de ces recettes, qui auraient été cal-
culées de manière à n'enlever aux contribuables que
le moins possible de leurs revenus, et à leur laisser
toute l'aisance qui leur est nécessaire pour améliorer
leur sort et pour augmenter progressivement leur
richesse par des travaux utiles et par des spéculations
agricoles commerciales et industrielles. Il faudrait
rester même au-dessous des recettes dans le budget
des dépenses, et réserver des économies assurées et
certaines pour tous les cas imprévus. Il faudrait diminuer extrêmement le nombre des employés de
l'État et restreindre leurs émoluments au nécessaire
le plus strict, ne rétribuant aucune des places dont
l'honneur seul suffit pour dédommager des peines
et des fatigues qu'elles occasionnent; car ces places
seraient aussitôt recherchées avec empressement par
un grand nombre de prétendants, assez riches et assez
indépendants par eux-mêmes pour se passer des émoluments. Mais leur nomination devrait alors dépendre
de l'élection, qui doit être applicable aux places de maire
et d'adjoint, de conseiller d'arrondissement et de
département, de sous-préfet, de préfet, de juge de
paix, de président de cour, etc., etc. Il faudrait
savoir reconnaître que la naissance et la fortune
réunies offrent presque toujours des garanties de

bonne éducation et d'instruction, et par conséquent
de capacité et de talent, à de rares exceptions près ; et
il faudrait ainsi appeler à son aide toute l'aristocratie
du pays, et lui enjoindre de contribuer, comme autrefois, à la prospérité, à la grandeur et au bien-être
moral et matériel du peuple, au lieu de la laisser
végéter dans un lâche repos, indigne d'elle, ou de la
rejeter avec jalousie et mépris, et de la maltraiter
même injustement. Il faudrait diminuer le trop grand
effectif des armées de terre, inutile pendant la paix,
et dont il importerait en même temps d'utiliser les
bras par des travaux semblables à ceux des anciens
Romains. Il faudrait enfin vouloir sauver l'Etat, et le
vouloir par les moyens qui seuls peuvent y parvenir
efficacement et promptement.

Alors chaque année le budget des dépenses pourrait être largement réduit ; et les impôts diminueraient
également, en proportion des rachats opérés sur les
rentes dues par l'Etat, au moyen d'un amortissement
puissant et considérable, auquel viendraient s'ajouter
toutes les économies réalisées par des circonstances
heureuses sur les ressources disponibles. Alors on ne
verrait plus de ces emprunts onéreux et sans cesse
renaissants, auxquels le gouvernement est forcé de
recourir, qui endettent le trésor et le pays, et dont
le résultat est de surcharger ensuite les contribuables,
pour payer des intérêts usuraires à quelques heureux
spéculateurs, enrichis aux dépens de leurs concitoyens.

Cependant il faut semer, dit-on, pour recueillir; il faut savoir faire des sacrifices et s'imposer même quelquefois une gêne momentanée, selon les circonstances, lorsque l'on doit jouir plus tard du fruit de ces sacrifices. Mais, en principe, l'avenir n'appartient point à l'homme, et Dieu seul en dispose toujours à son gré; ce qu'il fait le plus souvent contrairement à toutes les prévisions humaines, dont il démontre ainsi la vanité et le néant. Si l'on engage d'avance l'avenir, si l'État contracte des emprunts publics pour entreprendre des travaux dont l'utilité est incontestable, mais dont les avantages devront surtout se faire sentir aux générations futures, qu'un présent sage et prévoyant aura cru intéressées à de telles entreprises, les événements viendront presque continuellement déjouer les calculs de cette prévoyance hasardeuse et téméraire, et démentir par ses résultats les raisonnements qui paraissaient les plus solides et les mieux fondés. Dieu garde impénétrablement ses secrets, et nul ne doit être assez insensé pour oser croire qu'il peut les pénétrer et les révéler à l'avance. *L'économie seule doit fournir la semence dont on recueillera un jour les produits;* et ce n'est que par cette ressource présente qu'il est permis à l'État d'entreprendre des travaux utiles ou nécessaires, dont les avantages seront précieux un jour pour la postérité. D'ailleurs un grand nombre de travaux entrepris par l'État sont loin d'avoir une utilité aussi incontestable qu'on peut le supposer généralement, et l'argent que coûte telle

grande entreprise publique rapporterait souvent
beaucoup plus aux générations présentes et futures,
s'il était laissé entre les mains des contribuables, qui
l'utiliseraient bien davantage par de nombreuses entreprises particulières, ou par des associations plus
profitables à la richesse et à la prospérité du pays.

Il ne peut point être douteux que l'État, comme
tout particulier, n'ait toujours le droit de rembourser
ses emprunts et de payer ses dettes, à moins de clause
contraire stipulée en empruntant, car nul ne peut
empêcher un débiteur de se libérer envers ses créanciers. Cependant quelques individus pensent que,
pour les divers emprunts contractés jusqu'ici et qui
forment aujourd'hui la dette publique de la France,
l'État ne s'étant point réservé de clause spéciale de
remboursement, le seul moyen qu'il ait de se libérer
doit consister en un rachat libre et facultatif de ses
créances, et qu'il doit par conséquent employer toutes
les ressources de l'amortissement le plus puissant à
ce rachat, élevant progressivement le taux vénal des
rentes, de manière à trouver toujours des vendeurs
séduits par l'appât de bénéfices considérables, jusqu'à
l'extinction complète de toutes ses dettes. Certainement ce mode d'opérer est le plus équitable et le plus
irréprochable de tous ; mais si les derniers créanciers
de l'État s'obstinaient un jour à ne point vouloir se
prêter au rachat de leurs créances, quels que fussent
les avantages qu'on pût leur offrir, et quand on leur
proposerait même le double, le triple ou le quadruple

du capital prêté ou acheté par eux, il faudrait bien alors recourir contre ces récalcitrants à une expropriation forcée pour cause d'utilité publique. Le jury déciderait dans ce cas le taux du remboursement qui devrait leur être fait; et l'État se trouverait ainsi affranchi et libéré de toutes ses dettes, sans avoir manqué en rien aux devoirs de la probité la plus sévère et de la délicatesse la plus scrupuleuse.

Mais il n'en serait pas de même si, usant d'une supercherie indigne de lui, l'État ne proposait à ses créanciers qu'un remboursement fictif et impossible, ne voulant opérer par ce procédé que la réduction de ses rentes, ou la diminution des intérêts qu'il leur sert. Certes, si l'on admettait en principe la justice d'un remboursement réel et forcé de la part de l'État, et la faculté de contracter en même temps de nouveaux emprunts moins onéreux, il pourrait proposer à ses créanciers le capital représenté par le cours réel, ou la véritable valeur vénale de leur rente; mais il faudrait alors que l'État eût effectivement en sa possession le moyen de rembourser et de payer, et que ce remboursement ne fût point un leurre ou une spéculation détournée, dont il ne doit point lui convenir de faire jamais usage. L'État doit toujours donner aux peuples l'exemple de la droiture la plus parfaite et du désintéressement le plus irréprochable.

Il ne peut non plus imposer la rente, comme le demandent un grand nombre de propriétaires, qui se plaignent de ne point voir les rentiers contribuer en

Sincérité de cette opération.

De l'imposition des rentes.

rien aux charges publiques, quoiqu'ils profitent cependant du bienfait des lois et de toutes les institutions protectrices dont jouit la nation. Sans doute,
en apparence, il est injuste que quelques citoyens
privilégiés, plus riches que les autres, possèdent des
revenus toujours certains et exactement payés par le
trésor public, sans donner à l'État la moindre contribution, ni la moindre parcelle de ces revenus, tandis
que les propriétaires fonciers sont accablés d'impôts
de tout genre et de toute nature, dont la plus
grande partie sert précisément à payer ces mêmes
rentiers. Mais il faut remonter à l'origine et à la cause
de cette anomalie, et voir d'abord pourquoi ils sont
rentiers, et quelles sont les obligations qui ont été
contractées envers eux. Dans le principe, l'État s'est
trouvé embarrassé pour faire face à des dépenses considérables, qu'il n'a su ni éviter, ni ajourner, ni couvrir par des économies; et ne voulant point augmenter
les impôts déjà lourds que supportaient les propriétaires et les contribuables, il a cru pouvoir entrer
dans cette funeste voie de l'emprunt, en enchaînant
l'avenir au présent, et en faisant appel aux capitaux
des riches, auxquels il offrait des avantages plus
grands que ceux qu'ils pouvaient trouver dans les
spéculations de l'agriculture, de l'industrie, ou du
commerce. Alors il n'a pas craint d'assurer aux capitalistes un intérêt de cinq, de six, de sept pour cent,
par an, et même souvent plus, selon le temps et suivant la difficulté d'emprunter, ou la rareté de l'argent

non employé et disponible. Toujours, malheureusement, dans ces déplorables emprunts, l'agiotage et la
duplicité ont servi d'entremetteurs à l'État, en augmentant ses sacrifices onéreux ; et les banquiers qui
souscrivaient le prêt de leurs capitaux ne les prêtaient
pas réellement, se bornant à encourager, par le
crédit de leur nom et de leur fortune, d'autres petits
prêteurs plus sincères, auxquels ils cédaient en détail
et avec un profit certain, sans bourse délier, des cou-
pons ou portions de ces emprunts publics, qui
n'étaient ainsi pour eux que l'occasion de s'enrichir
encore davantage, aux dépens de ce grand nombre de
petits prêteurs. Mais quel que soit l'agiotage plus ou
moins considérable, qui ait eu lieu en dehors du gouvernement, à chaque adjudication d'emprunt, l'État
n'en est pas moins devenu débiteur envers des capitalistes, grands ou petits, à de certaines conditions
onéreuses, et à la charge d'un intérêt à leur servir
annuellement, sans pouvoir jamais le diminuer. Or,
quelles que soient ces obligations contractées par lui,
il n'en est pas moins tenu de les observer et de les
remplir toujours religieusement.

Que si l'État s'était réservé le droit d'imposer les
rentiers proportionnellement aux autres contribuables ; que si cette condition devait toujours désormais
être une clause spéciale de ses emprunts, il n'y aurait
en là aucun profit pour lui dans le passé, et il n'y
gagnerait absolument rien dans l'avenir. En effet, le
capitaliste qui prête son argent à l'État à six ou sept

pour cent d'intérêts par an, ou, ce qui revient au même, qui lui donne 80 fr., moyennant une inscription de rente annuelle de 5 fr., à la condition que cette rente ne sera jamais soumise à aucun impôt, ne prêterait plus que 70 fr., ou 60 fr. seulement, au lieu de 80 fr., si l'État pouvait imposer ces 5 fr. de rente, et les diminuer ainsi de 50 cent. ou de 1 fr. Cela reviendrait donc toujours exactement au même; et il n'y aurait jamais aucun profit pour l'État à se réserver la faculté d'imposer les nouvelles rentes qu'il émettrait à l'avenir, car il serait alors évidemment obligé de donner aux prêteurs un intérêt plus considérable, pour compenser la diminution de revenu qui pourrait leur être imposée. Cependant si l'État devait contracter de nouveaux emprunts, mieux vaudrait encore que cette faculté d'imposition, quelque vaine qu'elle soit, pût toujours être réservée par lui; car cette réserve doit paraître naturellement une mesure juste et équitable aux yeux du plus grand nombre des citoyens, qui ne sont point assez éclairés pour comprendre par eux-mêmes le mécanisme des emprunts d'un gouvernement, et elle peut satisfaire surtout les ignorants. D'ailleurs, les impôts étant essentiellement variables, selon les temps et les circonstances, il pourrait être avantageux pour l'État, dans un avenir éloigné, d'avoir conservé cette faculté d'imposer la rente, puisqu'elle pourrait s'étendre au-delà des prévisions du plus grand nombre des prêteurs, dont les intentions sont souvent de revendre immédiate-

ment leurs créances avec un léger bénéfice, et dont
très-peu les conservent intactes et les transmettent à
leurs descendants pendant plusieurs générations.

Mais il est une autre espèce d'imposition dont
l'État pourrait peut-être user avec moins de scru-
pule. Ce serait d'établir un droit de vente sur les alié-
nations de titres de rente, ainsi que cela existe pour
les propriétés foncières. En effet, s'il a contracté
des engagements inviolables envers ses premiers
prêteurs, ou envers leurs successeurs et leurs héritiers
légitimes, il n'en a pris aucun envers leurs futurs
acquéreurs, de même qu'il ne leur a donné aucune
garantie contre la hausse ou la baisse des fonds
publics, qui en établit la véritable valeur vénale. Un
tel impôt ou droit de vente, établi seulement sur les
capitaux dépassant le pair, mais n'atteignant point les
revenus, et semblable au droit de courtage prélevé
déjà par les agents de change, pourrait augmenter
considérablement les revenus de l'État, et lui faciliterait
les moyens d'améliorer la situation de ses finances.

Deux chambres législatives sont-elles nécessaires,
et une seule chambre de représentants du peuple ne
suffit-elle pas pour exprimer l'opinion du pays et
pour formuler toutes les lois qui doivent le régir?
Sans doute, si les membres de cette chambre unique
étaient tous infaillibles, et si leur opinion était toujours l'expression véritable de celle de la nation; si,
telles que les décisions des conciles de l'Église, composés des chefs les plus élevés et des prélats les plus

éminents, que le Saint-Esprit éclaire de ses lumières divines, les lois votées par les représentants du peuple ne pouvaient jamais être entachées d'aucune erreur et ne devaient jamais être remplacées par d'autres, une seule chambre devrait suffire, surtout si elle était assez nombreuse pour réunir le plus grand nombre possible de législateurs et de votants. Mais, malheureusement, il n'en est point ainsi ; et rien n'est moins durable que la plupart des lois modernes, auxquelles succèdent souvent, en peu d'années, d'autres lois entièrement contraires. Or, dans ces vicissitudes continuelles et dans ces variations infinies, elles perdent nécessairement de leur autorité et de leur prestige ; et le peuple cessant bientôt de les respecter et de leur obéir, se trouve précipité dans un désordre d'idées qui bouleverse toutes les notions reçues de la sagesse, et qui ne lui permet plus de reconnaître où reposent la raison, la justice et le droit. Les commotions politiques et les révolutions sociales en deviennent toujours une conséquence forcée et inévitable.

L'élection des représentants du peuple par le suffrage universel offre des avantages incontestables, lorsque tous les citoyens sont libres dans leur choix et dans leurs votes ; et ce n'est que par une telle élection que l'on peut connaître la véritable opinion du pays. Mais il importe également que le mandat de ces représentants soit d'une durée assez considérable pour acquérir l'esprit de fixité et de suite qui peut seul donner aux lois la sanction d'une longue existence, gage d'un

respect inviolable. Chaque assemblée nouvelle, composée en grande partie de membres inexpérimentés
et plus jeunes, se croit toujours, nonobstant, infiniment supérieure à celle qu'elle remplace; et elle s'ar-
roge ordinairement le droit de modifier, ou même de
changer complétement ce qui a été établi avant elle.
Cependant l'avantage d'améliorer ne suffit pas toujours pour compenser l'inconvénient d'innover. Mais
la jeunesse, on le sait, est essentiellement présomptueuse, et se distingue presque toujours par une fou-
gue dangereuse et un emportement irréfléchi, que la
maturité de l'âge ou la vieillesse peuvent seules éviter.
Même lorsque le renouvellement d'une chambre unique de représentants n'a lieu que par tiers, ou par
quart, d'année en année, il peut souvent suffire de
l'introduction de quelques nouveaux membres pour
modifier son esprit, et pour produire des votes opposés à ceux rendus quelque temps auparavant. Si la
question se trouve toujours absolument identique, et
si rien ne nécessite un pareil changement, il faudra
donc croire ou que les anciens législateurs se trom-
paient, ou que les nouveaux se trompent eux-mêmes;
et, dans l'un ou l'autre cas, le pays aura toujours à
souffrir de cette fluctuation de principes. Plus l'âge des
représentants du peuple sera abaissé et se rapprochera
de la jeunesse, ou plus leur mandat sera court; moins
les lois seront parfaites, moins elles seront respectées,
et moins elles devront durer, si une seconde chambre
ne les révise et ne leur donne plus de maturité. Rien

ne pourra arrêter ni modérer l'engouement de ces
jeunes législateurs souverains, exempts de tout con-
trôle; et quelque soit le nombre de votes successifs
qu'ils devront exprimer sur les lois nouvelles, avant de
les faire promulguer, quelque intervalle qu'ils puissent mettre entre chaque lecture ou chacun de ces
votes, ils ne les modifieront presque jamais et ne re-
viendront jamais en arrière sur leurs pas. Loin d'en
remarquer les inconvénients et d'en comprendre les
vices, ils admireront chaque fois de plus en plus leur
propre ouvrage; et ils ne pourront ainsi que se passion-
ner davantage, au lieu de se calmer et de se modérer.

De
leur nécessité.

Une seconde chambre, indépendante et impartiale,
est donc nécessaire pour tempérer les emportements
et les écarts inévitables de la première, et pour l'obliger à revenir elle-même sur l'irréflexion ou les inconvénients de ses propres actes. Or, une chambre de
pairs de France, ou de sénateurs, peut seule atteindre
ce but, en conservant toujours, par sa perpétuité,
l'intégrité des principes du gouvernement et les leçons
de l'expérience des âges précédents : soit que cette
chambre plus sage soit héréditaire par elle-même,
soit plutôt qu'elle représente par l'élection toutes les
grandes familles héréditaires du pays, dont l'existence
doit se trouver garantie et protégée par des majorats
et par des institutions d'avenir capables de les soutenir
et de les perpétuer. Ces deux chambres doivent donc se
balancer et s'équilibrer toujours l'une par l'autre; et
il parait convenable de fixer à quarante ans l'âge des

représentants des pairs de France, et à trente ans celui des députés .

« La durée ordinaire de la vie d'un homme bien constitué, sain de corps et d'esprit, assez riche et assez sobre pour se procurer tout ce qui est utile à sa santé, sans en abuser jamais, et n'ayant à souffrir, en aucun temps, ni de la faim, ni de la soif, ni du manque de sommeil, ni du froid, ni du chaud, doit être de quatre-vingts ans, et suivre la progression suivante : De un à quarante ans, il ne cesse de gagner en force physique et en vigueur; et de quarante à quatre-vingts, il décline, sans s'arrêter, jusqu'à la mort. Ainsi de quarante à cinquante ans, il est, en sens inverse, ce qu'il était de quarante à trente ; de cinquante à soixante, ce qu'il était de trente à vingt ; de soixante à soixante-dix, ce qu'il était de vingt à dix ; et de soixante-dix à quatre-vingts, ce qu'il était de dix à un an. La progression montante et la progression descendante peuvent donc se représenter ainsi :

PROGRESSION MONTANTE.	PROGRESSION DESCENDANTE.
40	41
39	42
38	43
37	44
36	45
35	46
34	47
33	48
32	49
31	50
30	51
29	52
28	53
27	54
26	55
25	56
24	57
23	58
22	59
21	60
20	61
19	62
18	63
17	64
16	65
15	66
14	67
13	68
12	69
11	70
10	71
9	72
8	73
7	74
6	75
5	76
4	77
3	78
2	79
1	80

Vices
de la Charte
de 1830.
Réforme
électorale
et
parlementaire.

La réforme électorale et la réforme parlementaire ont été les cris de guerre des insurgés qui ont amené la révolution de février 1848; et le but des banquets politiques qui ont eu lieu, peu de temps auparavant, était de démontrer, par des manifestations populaires, la nécessité de ces deux réformes importantes. On ne peut trop s'étonner aujourd'hui de l'aveuglement des ministres du roi Louis-Philippe et de l'égarement de ce prince qui, oubliant qu'il était né d'une révolution, et que c'était à des principes révolutionnaires qu'il devait sa couronne, se croyait cependant déjà assez affermi sur le trône pour combattre les conséquences nécessaires de ces mêmes principes, se flattant d'accroître encore l'autorité royale, et de redevenir même un monarque absolu plus puissant que ne l'avaient jamais été les anciens rois de France. Il s'était, il est vrai, affranchi promptement de l'opposition indépendante de l'aristocratie et de la noblesse, qu'il avait cru écraser et détruire complétement en supprimant l'hérédité de la pairie; et il ne s'était guère entouré à sa cour que de créatures élevées par lui et choisies principalement parmi la bourgeoisie, qu'il considérait, à tort, comme la force vitale et prépondérante du pays, *le vrai peuple Français*, ainsi qu'il l'appelait lui-même, et dont il croyait que le seul appui devait le soutenir toujours contre toutes les autres classes de la société, qu'il affectait de ne compter pour rien. Mais la réforme électorale et la réforme parlementaire étaient des nécessités, auxquelles le temps et la civilisation devaient évidemment conduire sans secousse, et auxquelles il fallait savoir se soumettre. Il devait même savoir en prendre habilement l'initiative, en ne les concédant que par degrés, et en reculant ainsi le moment inévitable et plus ou moins rapproché de consentir par la suite au suffrage universel, dernière émancipation politique des citoyens. Aussi la république a-t-elle proclamé hautement ces principes, dont les conséquences sont l'éligibilité de tous, sans distinction de naissance, ni de fortune, ou de cens, et l'incompatibilité du mandat de représentant du peuple, avec tous les emplois salariés qui dépendent du gouvernement. Non-seulement, en effet, il est important pour le pays que tous les emplois soient exactement remplis par les titulaires qui les ont acceptés, et que l'indépendance des représentants ne puisse jamais être amoindrie par une soumission forcée; mais il faut même que ceux qui ont appris, dans des fonctions élevées, une science de pratique dont les législateurs peuvent avoir souvent besoin, renoncent entièrement à ces emplois et à ces fonctions, pour venir se dévouer uniquement aux travaux de représentants du peuple, lorsqu'ils ont ambitionné ou obtenu ce mandat honorable.

Mais comment le gouvernement républicain de la France, sorti de la révolution de Février 1848, a-t-il pu admettre que chacun des représentants du peuple, dont le nombre s'élevait à plus de 900, devait recevoir un traitement de 25 francs par jour, aux-

Indemnité des Représentants du peuple.

quels nul ne pouvait renoncer, et proclamer en même temps que ce traitement ne leur était donné qu'à titre de simple indemnité? Dans un pays comme la France, où la propriété est tellement divisée, et où les grandes fortunes sont si rares, il n'existe qu'un très-petit nombre de citoyens qui possèdent par eux-mêmes un revenu net de 25 francs par jour à dépenser pour eux et toute leur famille. Un traitement aussi considérable ne peut donc point s'appeler une indemnité, et charge inutilement les contribuables, qui en sont tous très-mécontents, et qui préféreraient infiniment que leurs impôts fussent diminués de cette surcharge, ou qu'elle contribuât au moins à diminuer l'état de gêne dans lequel se trouvent les finances de l'Etat. Au lieu de cette avidité déplacée, les représentants du peuple devraient plutôt donner l'exemple de l'abnégation et du désintéressement personnel. Si c'est à titre de traitement qu'ils doivent recevoir une partie des revenus du pays, une somme de 15 francs par jour, ou même de 10 francs, pourrait suffire pour le logement et la nourriture de chacun, car la plupart des étrangers ne dépensent pas davantage dans les hôtels meublés de Paris ; mais si c'est à titre d'indemnité, une somme beaucoup moindre peut leur suffire.

Sans doute, cependant, il doit résulter du suffrage universel et de l'éligibilité de tous les citoyens que les plus pauvres comme les plus riches peuvent obtenir l'honneur d'être élus représentants du peuple, s'ils en

sont jugés dignes par leurs lumières et par leurs talents. Mais malheureusement la pauvreté exclut presque toujours l'instruction et surtout l'éducation, et par
conséquent les lumières et les talents que donne seule
une position élevée, à quelques exceptions près. Et
quand bien même l'instruction primaire et l'instruction supérieure seraient gratuites, la pauvreté empê-
cherait encore de les acquérir, parce qu'il faudrait
que les pauvres, pour se livrer à ces hautes études,
négligeassent d'autres travaux plus utiles pour eux,
et par lesquels ils se procurent leur existence journalière et le bien-être matériel de la vie.

Ce n'est qu'en étudiant l'histoire du monde et celle
des peuples, depuis la création jusqu'à nos jours, ce
n'est qu'en réfléchissant et méditant dans la solitude
sur les causes des révolutions, des troubles et des bouleversements des empires, que l'on peut former son
jugement et son esprit, et devenir capable de diriger
ou guider ses concitoyens, et de prendre utilement
part aux affaires publiques de son pays. Mais combien de législateurs modernes ne peuvent recevoir
une éducation qui les mette à la hauteur d'une position aussi élevée ! Combien ignorent jusqu'à l'histoire de leur patrie, ou ne la connaissent que super-
ficiellement, par les faits et par les dates, sans
avoir jamais réfléchi sur les causes des événements
importants, que les historiens ne savent pas toujours, non plus, approfondir ni faire ressortir convenablement ! Combien ont d'autres occupations

particulières, qui les empêchent de trouver seulement le temps d'ouvrir un livre écrit par les sages de
l'Antiquité ou par les penseurs modernes ! Cependant
si parmi le grand nombre de citoyens sans fortune
quelques-uns méritaient réellement, par un talent
exceptionnel ou par un génie rare et supérieur, d'être
élus représentants du peuple et législateurs, ne
pourrait-on pas laisser aux électeurs eux-mêmes qui
les auraient choisis le soin de soutenir les élus de
leur choix par une cotisation, ou une souscription
volontaire, afin qu'ils puissent vivre convenablement
au sein de la représentation nationale ? ou bien le conseil général du département ne pourrait-il subvenir au
traitement de ses représentants, de même qu'il ajoute
quelquefois au traitement de ses évêques, et qu'il aide
plusieurs de ses concitoyens, soit par des bourses
gratuites aux écoles du gouvernement, soit par diverses
autres largesses ? L'inégalité du traitement que pourraient voter les divers conseils généraux de France ne
changerait point la position respective des représentants entre eux ; car même avec un traitement égal,
il y en aura toujours quelques-uns qui seront plus
riches par eux-mêmes, à côté d'autres qui seront plus
pauvres. Enfin l'amour-propre de ceux qui rece-
vraient un tel traitement ne devrait point non plus
en être blessé davantage ; car soit que l'indemnité pro-
vienne du vote des représentants eux-mêmes, soit
qu'elle émane du conseil général de leur département, soit qu'elle soit le produit de la cotisation des

électeurs, elle se résout toujours au fond en une imposition quelconque que supportent les contribuables. C'est ainsi que dans le royaume uni d'Angleterre on a vu récemment les Irlandais soutenir leur représentant O'Connel à la Chambre des Communes, en s'imposant des sacrifices immenses, qui lui formaient une sorte de liste civile extrêmement considérable. Mais en obligeant, par une loi, tous les représentants du peuple à recevoir forcément une indemnité votée par eux-mêmes, les apparences du désintéressement individuel sont infiniment mieux observées ; et l'amour-propre personnel se trouve plus à l'abri, en pouvant se cacher derrière un voile épais qui couvre la représentation nationale tout entière, et qui ne permet point de distinguer aucun représentant isolément.

La bourgeoisie, qui forme essentiellement ce que l'on appelle partout la classe moyenne de la nation, devrait être incontestablement la plus heureuse et la plus ambitionnée de toutes. Tenant socialement le juste milieu entre l'aristocratie et les dernières classes du peuple, de même que l'aristocratie tient politiquement la balance entre la royauté et la démocratie, elle devrait échapper toujours aux orages révolutionnaires, et s'endormir paisiblement dans les douceurs d'une sécurité inaltérable. Laissant à l'aristocratie les devoirs et les charges d'une position plus élevée ; exempte des embarras et des tracas d'esprit que donne toujours une grande fortune, dont l'administration seule réclame tant de secours et d'auxiliaires étrangers, elle devrait constamment servir d'intermédiaire aux grands pour descendre jusqu'aux derniers rangs de l'échelle sociale, et cimenter ainsi, en quelque sorte, l'union de la nation tout entière.

La jalousie et l'envie sont les défauts de la bourgeoisie.

Mais, trop souvent, la bourgeoisie s'est laissé égarer par la jalousie et par l'envie, sources certaines des plus grands malheurs et causes des révolutions les plus injustes. Ces vices, indignes des classes élevées, et que repousse toujours le véritable mérite, qui les dédaigne et les méprise, sont les principaux défauts de la bourgeoisie, naturellement ennemie de toute supériorité, quelle qu'elle soit, et ne se soumettant jamais facilement même aux élévations les plus légitimes et les plus nécessaires. Bien qu'elle domine elle-même les classes ouvrières, et qu'elle les tienne dans sa dépendance par son commerce et par son industrie, elle est toujours prête à se révolter contre la noblesse ou l'aristocratie, qu'elle voudrait abaisser jusqu'à elle, si ce n'est même détruire complétement. Cependant, sans l'aristocratie, la bourgeoisie manque d'appui et de soutien; et la destruction de l'une entraîne nécessairement la ruine de l'autre. En effet, la bourgeoisie ne peut méconnaître que c'est l'aristocratie qui la fait vivre et qui lui procure son aisance et son bien-être, en consommant les produits de son industrie et de son commerce, puisque la richesse appartient essentiellement à l'aristocratie, qui est elle-même la richesse unie à la puissance. Ainsi la bour-

geoisie pourrait bien échanger entre elle une partie de
ces produits sans bénéfices considérables, et enrichir
les pauvres à elle seule; mais il n'y a que l'aristocratie
qui puisse enrichir la bourgeoisie. Ce serait donc
étrangement se tromper que de supposer que l'on
puisse jamais parvenir à détruire la richesse de l'aristocratie, sans détruire en même temps toute l'aisance
de la bourgeoisie, soit par des impôts progressifs,
soit par tout autre moyen injuste, dont le but serait
seulement de satisfaire cette jalousie et cette envie de
la classe moyenne. Si l'aristocratie devait jamais être
dépouillée de ses revenus, si elle devait se trouver
réduite à faire aussi elle-même le commerce pour pouvoir vivre avec aisance, elle ferait évidemment à la
bourgeoisie la plus redoutable concurrence que celle-
ci pût avoir à redouter ; et elle lui enlèverait bientôt
la plus grande partie des bénéfices qu'elle réalise, et
qui la soutiennent au-dessus des classes ouvrières.
La bourgeoisie agira donc toujours contre ses intérêts
matériels et positifs lorsqu'elle attaquera l'aristocratie
et lorsqu'elle voudra l'abaisser ; car si l'aristocratie
descend au rang de la bourgeoisie, la bourgeoisie,
à son tour, descendra au rang des dernières classes
du peuple.

Quant à la grandeur, à la considération et à l'influence des familles aristocratiques , il est encore
moins possible à la bourgeoisie de leur enlever ces
avantages, car le passé leur appartient pour toujours,
et l'histoire ne peut jamais être effacée. Le présent et

Nécessité
pour
la bourgeoisie
de l'appui de
l'aristocratie.

l'avenir seuls sont quelquefois à la disposition des
hommes; mais nul n'est maître du passé, et n'a le
pouvoir de le changer. Les avantages que ce passé
donne à l'aristocratie sur la bourgeoisie empêcheront
constamment celle-ci de lutter avec succès contre la
supériorité incontestable et indestructible d'une noble
origine et d'un nom illustre ou vénéré depuis plusieurs
siècles. Le seul conseil que l'on puisse donner à la bourgeoisie, si son *aurea mediocritas* ne lui suffit point, et
si elle en méconnaît le prix inestimable et les heureux
bienfaits, c'est de s'élever elle-même peu à peu et de
parvenir également au rang de l'aristocratie, en remplaçant par une noblesse et par une illustration nouvelles, qui deviendront anciennes avec le temps, les
grandes existences et les grandes familles, qui s'étei-
gnent malheureusement chaque jour, et qui sont
indispensables à la puissance et à la prospérité des
États. C'est par une conduite semblable que les classes
ouvrières doivent aussi parvenir à la hauteur de la
bourgeoisie; et il importe par conséquent à celle-ci
de donner à ces classes inférieures un exemple qui
affermisse sa propre existence, en recherchant l'appui
de l'aristocratie et en la soutenant fermement, au lieu
de l'attaquer injustement. Si la bourgeoisie pouvait
détruire l'aristocratie, contre laquelle se tournent
sans cesse ses regards jaloux, inquiets et malveillants,
les classes ouvrières, à leur tour, ne manqueraient pas
de renverser de même cette classe intermédiaire qui
les domine immédiatement, et contre laquelle leurs

propres sentiments d'envie et de jalousie sont encore
plus vifs ou plus violents qu'ils ne peuvent l'être
contre l'aristocratie, dont elles n'approchent jamais
d'aussi près, et qu'elles ne voient qu'entourée d'un
éclat, d'une grandeur et d'un prestige, qui excitent
toujours leur admiration et leur respect. Sans aristocratie enfin, il ne peut exister de bourgeoisie; et la
sécurité de cette classe moyenne dépend essentiellement de celle des classes les plus élevées.

Sous le règne du roi Louis-Philippe, surnommé le
roi de la bourgeoisie, la Chambre des Pairs de France
était presque uniquement composée de familles bour-
geoises, élevées au détriment de la noblesse et des anciennes familles aristocratiques du pays. C'était donner satisfaction à la jalousie et à l'ambition de cette
bourgeoisie; mais l'influence de ce grands corps de
l'État en était devenue complétement nulle. Ne pouvant se distinguer ni par l'élévation de sentiments, ni
par l'indépendance, qui tiennent essentiellement à la
noblesse, et privée même de son hérédité, la Chambre des Pairs était entièrement dévouée au roi et à ses
ministres, et se trouvait également incapable de leur
résister ou de les protéger. L'esprit de cette Pairie
bourgeoise ne pouvait donc point s'élever à une hauteur convenable. Aussi, dans la confusion d'idées et
dans l'absence de principes solides qui en étaient
devenues les conséquences inévitables, on a vu
malheureusement quelques Pairs de France ne pas
craindre de s'avilir et de se déshonorer par des actes

La Pairie
devenue
bourgeoise,
sous le règne
du roi
Louis-Philippe.

d'indélicatesse et de corruption, et même se souiller
de crimes affreux et inouïs, qui ont achevé de déconsidérer ce grand corps de l'État.

Tel est toujours le résultat des révolutions et du
désordre moral qu'elles apportent dans les esprits.
Tout est confondu, tout est renversé; et personne
ne se trouvant plus à la place que Dieu lui avait
fixée dans le monde, les plus nobles familles finissent peu à peu par oublier leur haute origine, et
quelquefois même par en rougir, parce que la nation
et le roi affectent de mépriser et de repousser la noblesse. Elles ne se croient plus alors obligées à une
morale plus sévère et à des exemples de conduite
irréprochable, digne du rang élevé dans lequel la Providence les a fait naître. Et non seulement les Pairs
de France ne pouvaient attirer sur eux la considération que réclamait leur élévation; mais les princes
du sang royal eux-mêmes, se maintenant toujours
éloignés de l'ancienne noblesse de France, et ne pouvant former de liaisons, ou vivre familièrement
qu'avec des personnes d'un rang secondaire, qui ne
possédaient point la bonne éducation première, l'élévation de sentiments et la politesse recherchée, qui
ne se trouvent que chez les personnes de la plus haute
société, ne savaient point tous, non plus, soutenir
leur rang, et manquaient souvent de cette dignité
et de ce prestige qui doivent toujours accompa-
gner et faire distinguer les princes. Importunés de
leur grandeur, ils étaient les premiers à s'en débar-

rasser volontairement, et ne craignaient même point de dire que cette position élevée était pour eux un poids trop lourd et trop difficile à supporter. Peut-être leur long séjour en Angleterre, ce pays où l'aristocratie a su se maintenir toujours dans tout son éclat, leur sera-t-il utile et profitable, sous ce rapport, s'ils ont le bon esprit de se répandre beaucoup dans les salons de cette haute aristocratie ; et peut-être, lorsqu'ils rentreront plus tard dans leur patrie, seront-ils devenus plus véritablement gentilshommes et plus noblement princes.

La garde nationale de Paris, qui, sous le règne de Louis-Philippe, était essentiellement composée de la bourgeoisie, choisissait naturellement tous ses chefs parmi les sommités de cette classe moyenne ; et de même, au sein de l'armée, la bourgeoisie seule pouvait obtenir des grades élevés. Mais il semble que déjà aujourd'hui, depuis la révolution de Février 1848, et depuis l'avénement du gouvernement républicain, qui n'exclut personne du service de la patrie, la garde nationale ait compris la nécessité de relever sa force morale par l'appui de plus nobles épées ; et l'armée est redevenue fière de compter encore dans son sein quelques-uns des plus anciens et des plus beaux noms de France.

CHAPITRE V

DU TIERS-ÉTAT, OU DES CLASSES INFÉRIEURES DU PEUPLE.

Les diverses classes inférieures de la société forment essentiellement ce que l'on appelait autrefois le

Tiers - État, ou troisième ordre, dans lequel la
bourgeoisie se trouvait aussi comprise. Le nombre
de ces classes est tellement considérable, que, réunies toutes ensemble, elles dépassent de beaucoup
le chiffre de la population des classes élevées et de
la classe moyenne, c'est-à-dire du reste de la nation.
Aussi leur importance dans le pays est si grande,
qu'il semble presque que ce soient elles seules qui
forment la nation, et qu'on les appelle souvent impro-
prement *le peuple*, quoique le véritable peuple soit
la réunion de toutes les classes de la société, depuis
la plus élevée jusqu'à la plus basse, ce mot, dans son
acception propre, étant synonyme de celui de nation.
Mais, quelle que soit la valeur de cette corruption de
langage, les législateurs et les hommes d'État ne
sauraient trop se préoccuper de l'existence de cette
masse imposante et formidable, qui s'accroît chaque
jour dans des proportions effrayantes pour les autres
classes, qu'elle menace de détruire et d'écraser, si
on ne lui assure un bien-être convenable, et si l'on
ne parvient à la rendre satisfaite de la condition que
Dieu lui a fixée en ce monde.

Les premières questions que s'adresse naturellement
un homme des basses classes du peuple, un artisan,
un ouvrier, ou un prolétaire, c'est pourquoi il n'est
point d'une classe plus élevée, et ne possède point
l'aisance ou la richesse, qui sont le partage de quelques
privilégiés; pourquoi il se trouve réduit à travailler
de ses mains pour gagner sa vie, tandis que quelques

autres n'ont aucune peine ni aucune fatigue, si
ce n'est peut-être le travail de leur esprit et de leur
intelligence, que l'on suppose toujours beaucoup
moins pénible et beaucoup moins fatigant que
le travail manuel; pourquoi, enfin, il se soumet à
laisser ces riches, ou ces citoyens aisés, jouir paisiblement de leur richesse ou de leur aisance, tandis
qu'il serait si facile, en apparence, aux nombreux
prolétaires comme lui, soit de les exterminer tous,
sans en épargner un seul, soit plutôt de les réduire, à
leur tour, à la gêne ou à la misère, en s'emparant de
tous leurs biens et de toutes leurs richesses.

Il est donc on ne peut plus important d'instruire et
d'éclairer ces artisans et ces prolétaires emportés par
les écarts d'une imagination non réfléchie, de s'adresser à leur raison et à leur bon sens, et de leur faire
comprendre, d'une façon évidente, que leur égarement et leur erreur ne pourraient avoir que les conséquences les plus funestes pour la société tout
entière, et surtout pour eux-mêmes. C'est ainsi qu'il
faut nécessairement faire leur éducation, en la prenant par la base, comme celle des enfants, et leur
expliquer toute la suite et tout l'enchaînement de
l'organisation sociale; c'est ainsi qu'il faut, en les
ramenant à Dieu, qui a créé l'humanité telle qu'elle
existe, ce qu'il n'a point fait sans sagesse ni prévoyance, leur démontrer que la condition de l'homme
sur la terre est telle qu'il a voulu qu'elle fût, et que
l'on chercherait vainement à se révolter contre le

Créateur, sans pouvoir jamais changer ni modifier ses décrets éternels.

La tradition et l'Écriture-Sainte nous apprennent que lorsque Dieu créa le premier homme à son image, après avoir fait le ciel et la terre, il le plaça dans un paradis terrestre, où il ne devait jamais mourir et où il devait toujours être heureux. Mais la désobéissance d'Adam entraîna bientôt son expulsion de ce paradis; et il fut chassé et banni sur la terre, que nous habitons aujourd'hui, réduit à travailler et à cultiver cette terre pour se nourrir, obligé de mourir, et forcé de léguer à ses descendants les mêmes maux et les mêmes misères. Tel est le sort de l'homme, et ce qu'il peut faire de mieux, c'est de s'y résigner et de l'accepter philosophiquement, en cherchant à en tirer le meilleur parti possible, pour que son existence en ce monde lui paraisse moins malheureuse.

De l'inégalité physique et morale des hommes.

Or la première loi de la création que Dieu ait imposée à l'homme sur cette terre, c'est la loi de l'inégalité; loi qui lui est absolument indispensable pour vivre, et sans laquelle il périrait infailliblement, ainsi que toute sa race et toutes les choses créées. En effet, l'égalité n'existe point et ne pourrait jamais exister nulle part. Ni les mondes célestes, ni les montagnes, ni les mers, ni les rochers, ni les pierres, ni les arbres, ni les feuilles d'un arbre, ni aucun animal, ni aucun insecte, ni aucun être vivant, ni rien enfin n'est égal, ni ne peut être égal à autre chose; car ce n'est précisément que par l'inégalité

absolue que l'univers peut exister. Il en est de même
de l'homme, et nul n'est égal ni ne peut être égal à son
semblable. Ainsi l'un est fort et vigoureux, tandis que
l'autre est faible et languissant; l'un est beau, tandis
que l'autre est laid; l'un est exempt d'infirmités, tandis que l'autre est estropié, borgne, aveugle, bossu,
boiteux, sourd et muet; l'un enfin a reçu tous les dons
de la nature en partage, tandis que l'autre n'en a reçu
que des disgrâces. Mais c'est surtout dans l'intelligence humaine qu'il existe le plus d'inégalités et de
diversités. Celui-ci est un génie sublime, d'une vaste
capacité, pouvant embrasser tout, et celui-là n'a qu'un
esprit étroit et borné, ne pouvant aller au-delà d'une
certaine portée; l'un a un bon sens droit et un jugement solide, et l'autre n'a que de l'esprit ou de la
légèreté; l'un voit l'ensemble des choses et les domine
d'un horizon élevé, et l'autre n'aperçoit que les
détails et les petits accessoires de l'organisation
sociale et du tableau de l'humanité; l'un comprend
tout par lui-même et se rend compte de tout ce qu'il
étudie, et l'autre ne comprend bien que ce qui lui est
pertinemment expliqué et démontré par quelqu'un
de plus instruit et de plus éclairé que lui; d'autres
enfin ne comprennent absolument rien et sont ineptes
et abrutis; et quelques uns même ont l'esprit dérangé
et ne voient les objets qu'à rebours ou de travers,
c'est-à-dire d'une manière complétement opposée à
leur réalité évidente, ainsi qu'à la raison et au bon
sens.

C'est par suite de cette inégalité positive que Dieu a mise entre tous les hommes, que quelques uns en petit nombre parviennent à s'élever au-dessus de leurs semblables et deviennent plus riches, plus puissants et plus considérés, utilisant leurs facultés éminentes et les dons particuliers qu'ils ont reçus du Ciel pour sortir de la misère générale qui est le partage de l'espèce humaine. D'abord, ils réussissent à se procurer un commencement de bien-être, qui s'augmente chaque jour par des économies et des progrès de tout genre; et ils transmettent ensuite ce bien-être à leurs descendants, qui profitant à leur tour de leurs leçons et de leur expérience, et doués eux-mêmes de qualités supérieures, parviennent peu à peu à une certaine aisance, et finissent par posséder une grande richesse, après plusieurs générations.

C'est aussi par suite de cette inégalité qui existe entre tous les hommes, qu'un certain nombre un peu plus considérable parvient à posséder de l'aisance seulement, sans pouvoir jamais acquérir de la richesse.

Et c'est encore par suite de cette inégalité générale et universelle, que la grande masse des autres hommes ne peut pas même atteindre cette aisance, et végète toujours dans la gêne, ou dans la misère, dont ils ne peuvent jamais sortir.

Ainsi, demander pourquoi dans tous les pays et dans tous les temps un très-petit nombre d'individus privilégiés regorgent de biens et pourquoi un certain nombre d'autres ont aussi de l'aisance, tandis que la foule immense de tout le reste des hommes est plongée dans la pauvreté, c'est la même chose que si l'on demandait pourquoi la perfection du corps et des qualités de l'esprit ne sont le partage que de quelques rares exceptions, tandis que tous les autres hommes leur sont plus ou moins inférieurs, à divers degrés infinis. C'est demander pourquoi Dieu n'a pas voulu que l'égalité existât sur terre, puisque c'est de là que proviennent toutes les inégalités sociales.

Or, les desseins de Dieu seront toujours impénétrables et voilés pour nous. Cependant il faut bien se garder de croire que Dieu aurait pu agir autrement qu'il n'a agi, en créant l'humanité et l'univers, et qu'il aurait mieux fait, par exemple, d'établir cette égalité sur la terre, comme il l'a établie dans le ciel, si toutefois elle y existe, c'est-à-dire si chacun des bienheureux qui y sont admis n'occupe pas un rang proportionné à ses mérites et à ses vertus, et si les saints n'y sont point placés au dessus des autres élus. Ce serait un blasphème impie, indigne d'un homme sensé et raisonnable; car il est évident que tout ce que Dieu a fait est bien fait, que tout ce qu'il a ordonné dans ses conseils l'a été avec une sagesse divine, et qu'il ne pouvait ni ne devait agir autrement, ni mieux qu'il n'a agi. D'ailleurs nul être créé par lui n'a le droit de contrôler ni de critiquer sa conduite; et tout esprit éclairé doit respecter ses décrets éternels, quels qu'ils puissent être, et se prosterner profondément devant lui, en l'adorant avec humilité.

Bienfaits de cette inégalité.

La religion catholique nous apprend que c'est précisément aux pauvres d'esprit et aux malheureux de ce monde que le royaume des cieux doit appartenir. Il ne peut donc exister pour eux de consolation plus grande et plus parfaite, car la vie de l'homme est bien courte, et la jouissance passagère des biens de la terre n'est rien, en comparaison de celle impérissable des biens de l'éternité. Ainsi c'est surtout pour les pauvres et pour les malheureux que la religion est utile; et quand bien même les quelques heureux de ce monde croiraient pouvoir s'en passer et oublier Dieu et leurs devoirs les plus sacrés, absorbés tout entiers par la jouissance de leurs biens temporels, rien ne serait plus indispensable au reste des hommes et rien ne pourrait jamais la remplacer dans leur cœur. Elle seule, en effet, peut leur donner de la résignation et de la soumission à leur sort et à la volonté de Dieu; elle seule peut retenir leurs mauvaises passions et arrêter leurs révoltes contre les lois de l'humanité; elle seule enfin peut prévenir les crimes, les délits ou les vices que les lois civiles ne peuvent pas toujours atteindre, et qui leur échappent facilement. Sans religion, la conscience de l'homme n'existe plus; et sans conscience, il n'est plus pour lui de félicité possible, ni sur la terre, ni dans le ciel. Il ne lui reste même plus l'espérance, ce dernier bien, le plus précieux de tous ceux qu'il puisse posséder ici-bas.

Si la religion n'existait pas, il faudrait donc abso-

lument l'inventer, pour le bonheur de l'humanité.
Mais quand même il n'existerait aucune religion sur
la terre, quand même l'homme se trouvant sans
croyance fixe et sans foi redeviendrait semblable aux
païens et aux gentils des temps anciens, jamais il ne
pourrait parvenir à changer sa condition sur la terre
et à établir l'égalité, puisqu'elle est absolument impossible, et puisque la similitude seule peut exister.
S'il pouvait atteindre ce but chimérique, il n'y aurait
plus d'humanité possible, et l'espèce humaine ne
pourrait plus exister.

Lorsque, dans les premiers temps de la création,
l'homme vivait complétement à l'état sauvage, er-
rant, nomade et entièrement libre, déjà l'inégalité
était sensible et manifeste. Celui dont le travail était
agréé par Dieu et couronné de succès récoltait d'abondantes moissons, qui pouvaient largement suffire à ses
besoins et à la nourriture de toute sa famille, tandis
que celui qui n'avait point travaillé, ou celui qui avait
mal travaillé, se trouvait obligé pour vivre d'avoir
recours à la surabondance des récoltes de son frère
ou de son semblable. Déjà, par conséquent, il existait
des riches et des pauvres, car il est impossible qu'il
n'en existe pas, et il en existera toujours jusqu'à la
fin du monde.

Mais lorsque la population se multiplia davantage,
lorsqu'un grand nombre d'hommes, sans intelligence
et sans courage, ne voulant ou ne pouvant travailler
aussi bien que quelques individus plus intelligents et

Origine
des sociétés
et
locisation
des peuples.

10

plus habiles, de la même famille, ou de la même tribu, tentèrent nonobstant d'enlever les récoltes de ceux qui avaient travaillé, et de les priver du prix de leurs sueurs, ceux-ci durent naturellement se défendre ; et fatigués bientôt des guerres intestines et des combats particuliers, les hommes comprirent alors la nécessité d'établir des lois et des règles d'association. C'est ainsi que les premières sociétés se formèrent, et que tous les peuples et toutes les nations de la terre ont commencé leur existence. Et aujourd'hui que la population du monde s'est encore accrue à l'infini, et que certaines parties du globe sont entièrement couvertes d'habitants, il est devenu impossible à ces peuples de retourner en arrière et de remonter à l'ancien état sauvage des premiers temps de la création, puisque cet état primitif ne peut exister que dans des pays presque inhabités.

Ces peuples peuvent seulement s'entre-détruire chaque jour, par des guerres civiles ou étrangères; mais leur population ne diminuera jamais assez pour qu'ils cessent de vivre en société, sous une forme quelconque de gouvernement, et sous n'importe quelles lois.

L'inégalité est le plus grand bienfait que Dieu ait pu accorder à l'homme, car c'est précisément elle qui est le lien essentiel de toutes les sociétés. En effet, il en est de l'humanité comme de tous les engrenages mécaniques, quels qu'ils soient; et ce n'est que par des inégalités et des différences plus ou moins grandes que les divers rouages peuvent s'adapter et s'agencer les uns dans les autres. S'il n'y avait, par exemple, que des hommes ou des femmes sur la terre, et si les deux sexes n'existaient pas ensemble, l'espèce humaine ne pourrait point se reproduire ni se perpétuer, quelles que fussent d'ailleurs les inégalités qui pourraient exister entre tous ces hommes et toutes ces femmes.

Si tous les hommes avaient la même intelligence et les mêmes qualités physiques et morales, ils ne pourraient pas vivre ensemble, et seraient privés de la perfectibilité qui les distingue essentiellement des animaux, parce que chacun voulant exécuter la même chose, chacun le pouvant et le devant, d'après la loi de l'égalité, il faudrait que chacun pût se suffire entièrement à lui-même, sans avoir besoin de son semblable, et en se renfermant complétement dans les limites de l'égoïsme individuel le plus absolu. Mais c'est là ce qui ne peut exister, parce qu'il est impossible qu'aucun individu puisse entièrement se suffire à lui seul. Ainsi la culture des champs, la nourriture, le vêtement et l'abri de chacun ne peuvent dépendre complétement d'une seule personne, de même que la terre ne produirait point s'il n'existait qu'une seule saison, et si le système céleste, privé de rotation, demeurait toujours immobile.

Mais quoi qu'il en soit des explications plus ou moins abstraites inventées par l'intelligence humaine pour découvrir par quel motif Dieu a dû créer l'inégalité en toute chose, il n'en reste pas moins constant que cette inégalité existe partout, et que nul homme ne peut être égal à son semblable ; d'où il suit que chacun ne pouvant récolter que selon ses œuvres et ses facultés, l'un doit prospérer nécessairement, quand l'autre ne peut sortir de la misère. Et la perfectibilité humaine étant infinie, il en résulte qu'à la longue, à mesure que les générations se succèdent et se multiplient, les différences sociales les plus marquées et les plus absolues s'établissent graduellement.

Cependant, grâce aux bienfaits de l'inégalité, les pauvres et les malheureux qui ne savent ni travailler ni s'enrichir sont toujours assurés de vivre, parce que les riches ne peuvent se passer des pauvres, et parce qu'il faut évidemment qu'il existe des individus, moins bien partagés de la nature, qui consentent à servir les autres et à travailler au profit de la société, pour se procurer leur bien-être et leur pain quotidien, qu'ils ne pourraient gagner autrement. Si tous les hommes étaient également riches ou également pauvres, ce serait exactement la même chose ; et dans le fait, ils seraient tous également pauvres, car personne ne consentirait à servir son semblable. Comme nul ne peut être à la fois laboureur, maçon, charpentier, cordonnier, tailleur, etc., etc., il résulterait nécessairement de cette égalité chimérique que nulle société ne pourrait exister, et que l'espèce humaine se détruirait peu à peu, revenant d'abord à l'état sauvage et à l'état de la brute, lorsque sa population serait assez diminuée pour le permettre, et finissant à la longue par disparaître entièrement de la surface du globe, comme ont disparu déjà plusieurs races d'animaux privés d'intelligence et de raison.

Il est donc également de l'intérêt des pauvres de servir les riches, et de l'intérêt des riches d'employer les pauvres et de les faire vivre car ils ont tous besoin les uns des autres Cependant il arrive quelquefois que la force brutale s'empare violemment de biens amassés péniblement pendant plusieurs générations, l'emportant sur des individus sans courage et sans énergie, qui ne savent point résister victorieusement à leurs ravisseurs et à leurs spoliateurs ; et il s'ensuit que ces propriétaires peuvent ainsi paraître doués de moins d'intelligence que ceux qui ne possèdent rien. Mais ce sont des exceptions rares, et le bien mal acquis ne profite presque jamais et ne se transmet point. Les pauvres doivent suivre l'exemple des premiers qui se sont honnêtement enrichis avant eux, et chercher à s'enrichir à leur tour, par leur industrie, leur talent, leur ordre et leur économie. Cependant la paresse, la jalousie et la convoitise éprouvent beaucoup de peine à se contenter de moyens si lents ; et souvent des ambitieux ou des fous inventent des doctrines insensées et impraticables, par lesquelles ils se laissent d'abord séduire eux-mêmes, cherchant ensuite à séduire des masses d'artisans et de malheureux, que ces erreurs et ces doc-

trines funestes entraînent et éblouissent trop facilement, jusqu'à ce que des hommes plus sages leur
fassent reconnaître qu'ils sont égarés de la bonne
route et viennent les reconduire dans le droit chemin.
C'est ainsi que sont nées de nos jours, en France, les
utopies du socialisme et du communisme, et les théories informes et inapplicables du droit au travail et
du droit de vivre.

La propriété
et la famille
existent
à
l'état sauvage.

Le socialisme et le communisme, s'ils pouvaient
exister, seraient la destruction de la propriété et de la
famille, et ramèneraient bientôt les peuples à l'état
sauvage et à l'état de nature. Mais l'excès de population de la plus grande partie du globe empêchera
toujours que cet état sauvage puisse jamais revenir.
Et quant à la destruction de la propriété et de la
famille, on a déjà vu que, même à l'état sauvage, ces
droits essentiels et inhérents à l'humanité ne pouvaient pas ne pas exister ; que la distinction entre le
tien et le *mien* était partout forcée et inévitable, et
devait toujours maintenir ces lois de la famille et de
la propriété. Quels parents, en effet, s'ils sont honnêtes et vertueux, pourraient consentir à se laisser
enlever leurs enfants légitimes et à n'en jouir qu'en
commun avec d'autres? Ce garçon m'appartient, cette
fille est à toi ; je veux nourrir et élever mon fils, qui
est sain et bien portant, et c'est à toi à nourrir ta fille,
qui est malade ou infirme, jusqu'à ce que nos enfants
puissent un jour se suffire à eux-mêmes, et se passer
après nous de nos soins et de nos conseils. J'ai ramas-

sé ces fruits qui te font envie, et je les ai été chercher
au loin : je ne veux pas que tu me les prennes, car
j'en ai besoin; et si tu veux en avoir aussi, fais comme
moi, donne-toi de la peine et de la fatigue, et cher-
ches-en jusqu'à ce que tu en trouves. Si tu ne peux
en trouver, ou si j'en ai plus qu'il ne m'en faut, je t'en
donnerai volontiers et je partagerai avec toi. Mais
commence par respecter d'abord ma propriété, car
si tu veux me l'enlever de force, je saurai défendre
mon bien; et si je ne suis pas assez fort pour te résister à moi seul, j'appellerai des amis à mon aide, et
j'emploierai la ruse et toutes les ressources de mon intelligence, supérieure à la tienne, pour conserver ce qui
m'appartient. Je cacherai ce que je trouverai demain, et
tu auras plus de peine à le découvrir qu'à aller chercher autre chose. Et de crainte que tu ne tentes
encore de m'enlever ce qui m'appartient, je me gar-
derai bien de t'en faire part; et si j'en ai de reste et
si je ne puis tout consommer pour moi et les miens,
je préférerai laisser perdre inutilement tout ce qui ne
me servira point, plutôt que de te le donner. Tu seras
ainsi puni par où tu auras péché, et ta méchanceté
et ta perversité retomberont toujours sur toi. Ce vête-
tement est à moi, il me vient d'un animal que j'ai
égorgé moi-même et contre lequel j'ai combattu courageusement, afin d'avoir sa chair à manger et sa
peau pour me garantir du froid. Tu ne me l'enlèveras
point sans un nouveau combat, qui te sera sans
doute encore plus funeste qu'à moi-même, car la

justice et le bon droit sont de mon côté, et Dieu, j'espère, me protégera. Cette baraque, cette cabane, cette tente, cette maison sont à nous, car c'est nous qui les avons construites. Nous nous défendrons contre tous les voleurs et les spoliateurs qui voudront nous en chasser; et, Dieu aidant, les méchants et les paresseux ne l'emporteront jamais sur les hommes honnêtes et laborieux. Même chez les animaux les plus sauvages et les plus féroces, qui sont entièrement privés de la raison et de la parole, que Dieu n'a données qu'à l'homme seul, afin de lui révéler sa haute origine et sa noble destinée, la propriété et la famille existent et existeront toujours. Nul animal ne se sépare de ses petits ni de sa proie; et si un autre animal veut les lui enlever de force, il les défend courageusement, ou il s'enfuit au loin pour se dérober aux poursuites de son ennemi.

Telle est l'image réelle de la société humaine et des guerres civiles qui arment sans cesse les pauvres contre les riches. Le socialisme et le communisme veulent dépouiller les propriétaires de leurs biens légitimes et les réduire à la misère, sous le prétexte de les obliger à partager ces biens avec ceux qui n'en possèdent pas, et qui ne peuvent, ne savent, ou ne veulent point en acquérir honnêtement. Mais il faudrait que ceux qui possèdent fussent insensés, pour ne pas reconnaître la perfidie cachée sous de faux-semblants et de vains mots d'égalité, de fraternité et de liberté forcées et contraintes, et pour ne pas se défendre avec toute la supériorité de leur intelligence, en résistant à ceux qui veulent les spolier, et en les repoussant bien loin.

Cependant les socialistes ont dit que la propriété était un vol, parce que la terre appartenait à tous les hommes sans exception ; que nul n'avait le droit de s'emparer d'un bien quelconque pour le cultiver, ni de l'ensemencer pour profiter seul de la récolte, et que rien ne devait être abandonné au premier occupant, ou au premier qui trouve. Il n'est pas difficile de réfuter une doctrine aussi dénuée de bon sens et de logique ; car, d'après ce raisonnement et ce principe, nul peuple, nulle nation n'aurait le droit d'exister, de conserver exclusivement son territoire, et de posséder un bon pays, un beau ciel et un doux climat, de préférence aux autres peuples, qui voudraient aussi s'en emparer. Parmi les animaux eux-mêmes, le premier occupant, ou celui qui trouve le premier, n'hésite point à établir son droit de propriété, prenant hardiment, et conservant pour lui seul ce qu'il a découvert, ou ce qu'il a façonné à son gré. *Chacun pour soi et Dieu pour tous*, telle est la première loi naturelle de tous les êtres créés.

Mais c'est précisément, disent-ils encore, c'est pour détruire les lois de Dieu, c'est pour abolir cette loi maudite de l'inégalité des hommes, que la société doit s'organiser désormais autrement qu'elle n'a toujours existé partout, depuis la création du monde et la multiplication de la postérité d'Adam, jusqu'à

Absurdité de ceux qui ont dit que la propriété était un vol.

nos jours. C'est pour refaire l'humanité tout entière que le saint-simonisme, le communisme et le socialisme ont inventé des doctrines nouvelles, infiniment supérieures, selon eux, aux lois divines.

Il faut absolument que tous les hommes soient égaux, à l'avenir, sinon en taille et en intelligence, du moins en droits et en bien-être réel; et que chacun ait la même richesse ou la même aisance, afin que l'on ne puisse plus voir quelques citoyens privilégiés et comblés de bien, quand presque tous les autres sont dans la gêne et dans la misère. C'est pour cela qu'il faut établir des phalanstères, où la vie de tous soit en commun, où chacun travaille suivant ses facultés, et où l'homme puisse trouver tout ce qui doit le rendre heureux.

Assurément, si l'homme pouvait refaire le monde mieux que Dieu ne l'a fait, ou s'il dépendait seulement de lui de rentrer dans le paradis terrestre et de ne plus mourir, cela serait un bonheur précieux pour l'humanité, car le plus grand nombre des hommes ne doit pas obtenir la vie éternelle dans l'autre monde, puisqu'à peine un sur mille est compté au nombre des élus. Mais il ne faut point espérer sottement atteindre à la puissance de Dieu. Jamais les inventions humaines ne parviendront à détruire la loi éternelle de l'inégalité; et même dans ces phalanstères, cette inégalité serait aussi complète que partout ailleurs. Il y aurait toujours des chefs et des individus privilégiés, qui voudraient diriger et con-

duire les autres, et qui prétendraient avoir des qualités supérieures, dont ils se diraient eux seuls les
juges, mais que tous les autres ne reconnaîtraient pas,
ce qui amènerait bientôt le trouble et la désorganisation au sein de ces associations. Il y aurait des contes-
tations et des difficultés infinies, pour la satisfaction
des besoins de chacun, dont nul ne pourrait consentir à laisser l'appréciation à d'autres, qui seraient
intéressés à se préférer eux-mêmes. Si ces sociétés
nouvelles pouvaient exister et durer quelque temps,
la pauvreté et la richesse s'y feraient bientôt remarquer, comme dans les sociétés anciennes. Mais, loin
de pouvoir vivre quelques moments, elles seraient
mortes avant d'être organisées, car le désordre et le
chaos y régneraient souverainement, et les rédui-
raient promptement à une détresse générale et à une
ruine complète.

Le droit au travail n'est proprement point un droit :
c'est un devoir et une nécessité imposés par Dieu à
l'homme, puisque ce n'est qu'à la condition de travailler qu'il peut vivre, en demandant sa nourriture à
la terre, qui seule peut la lui fournir; car on sait que
tout provient d'elle, et que rien ne peut provenir
d'aucune autre source. Mais la terre peut rapporter
bien au-delà des besoins de ceux qui la cultivent, et
il suffit d'un petit nombre de bras pour recueillir la
nourriture de beaucoup d'hommes. Les autres peuvent donc s'utiliser différemment, se faire maçons,
charpentiers, couvreurs, menuisiers, peintres, cor-

Du droit
au travail

donniers, tailleurs, etc., etc.; et peu à peu, à mesure que la population augmente, la civilisation fait
des progrès multipliés, et mille métiers divers se
créent d'eux-mêmes, dans tous les genres et selon
les besoins nouveaux, pour donner du travail et de
l'occupation à ceux qui ne cultivent point la terre.
Telle est l'origine de l'industrie, qui produit bientôt
le commerce par des échanges de famille à famille,
de tribu à tribu et de nation à nation. Tous les hommes doivent donc travailler; et c'est une obligation
pour eux, qui n'admet aucune exception. Mais chacun
ne doit et ne peut le faire que selon ses facultés et
ses moyens; et c'est là surtout que l'on remarque le
plus la conséquence de l'inégalité que Dieu a mise
entre les hommes. Ainsi le travail manuel est nécessairement une loi pour les uns, tandis que les autres
peuvent ne se livrer qu'au travail de leur esprit; et
chacun usant de tous les dons et de tous les avantages qu'il possède, il en résulte que les uns doivent
servir les autres et leur obéir, et que la société doit
être gouvernée par ceux qui se distinguent le plus
par leur supériorité intellectuelle, leur génie, leur
richesse, leur considération et leur influence.

Quelques penseurs modernes, plus sages et plus
éclairés, et ne pouvant s'empêcher de reconnaître les
erreurs et les utopies du socialisme, ont néanmoins
essayé dernièrement d'organiser le travail sur de nouvelles bases, soit en rétribuant les ouvriers et les artisans selon leurs besoins, soit en leur donnant à tous

un salaire égal. Mais tous leurs essais ont été infructueux, parce que rien n'est plus arbitraire et plus
impraticable que l'appréciation des besoins de chacun,
qui varient à l'infini et ne peuvent être déterminés
par aucune règle, les intéressés seuls pouvant les
bien connaître et en juger eux-mêmes. Et en outre,
ce n'est que par l'assurance ou l'espoir d'un gain et
d'un profit proportionnés à leurs talents et à leur
mérite que les ouvriers peuvent être portés à se dévouer complétement au travail, en surmontant leurs
penchants naturels, qui les pousseraient à la paresse
et à l'oisiveté. La prétendue organisation du travail,
méditée et projetée en France, après la révolution de
Février 1848, a démontré d'une façon évidente l'im-
puissance de l'homme en pareille matière; et les ouvriers eux-mêmes ont été les premiers à reconnaître
que c'était précisément depuis cette soi-disant organisation que le travail avait été désorganisé, et que
le manque d'ouvrage et d'occupation les avait réduits
à la plus grande gêne et à la plus grande misère.

En effet, si vous voulez donner à chacun suivant
ses besoins, comment pourrez-vous jamais apprécier
ces besoins, et comment pourrez-vous empêcher que
votre appréciation ne soit toujours vicieuse, et même
complétement fausse? Tel individu est un excellent
ouvrier, travaillant vite et bien, et pouvant faire
beaucoup d'ouvrage dans une journée; tel autre travaille mal et très lentement, et ne peut faire que la
moitié moins d'ouvrage. Le premier doit évidemment

être mieux rétribué que le second ; car puisqu'il est
bon ouvrier, chacun voudra l'employer de préférence
à l'autre. Il ne manquera jamais d'ouvrage, et les entrepreneurs lui offriront toujours des avantages particuliers et un salaire plus considérable, pour le
retenir chez eux et l'empêcher d'aller travailler ailleurs. Le second, au contraire, ne sera jamais facilement employé et manquera souvent d'ouvrage,
quelles que puissent être d'ailleurs sa bonne volonté,
son exactitude et sa bonne conduite, et quand bien
même il consentirait à travailler moyennant un salaire
moins considérable. Cependant, si vous voulez traiter
ces deux ouvriers également, malgré l'inégalité que
Dieu a mise entre eux, et si vous voulez donner à
chacun selon ses besoins, ou à chacun le même salaire, le bon ouvrier ne manquera certainement point
de vous dire que vous n'appréciez point ses besoins
tels qu'ils sont réellement ; qu'il est vrai qu'il
travaille très-vite et très-bien, mais que précisément,
par ce motif, son travail le fatigue plus que celui qui
ne travaille que lentement et mal ; qu'il ne peut travailler que quelques heures par jour, et seulement quatre ou cinq jours au plus par semaine, parce
qu'il a besoin de se reposer ou de se divertir, le sa-
medi, le dimanche et le lundi, et parce que sans cela
il ne résisterait point à sa peine et tomberait bientôt
malade. Il pourra peut être encore vous dire qu'il
éprouve le besoin de cultiver ses facultés intellectuelles pendant ses jours de repos ; qu'il désire lire

des journaux qui l'instruisent, ou des livres de science se rapportant à l'art qu'il exerce ; qu'il est d'une complexion délicate ; qu'il a besoin d'être toujours chaudement vêtu, tandis qu'un autre peut impunément braver la rigueur du froid ; qu'il a un appétit plus grand, et qu'il ne peut se passer de manger davantage et de se nourrir d'aliments plus solides pour sa santé ; qu'il lui faut un peu de vin à ses repas, ou bien un peu d'eau-de-vie le matin, tandis que son camarade, plus fort que lui, peut impunément ne boire que de l'eau et ne s'en porte même que mieux ; etc., etc. Il soutiendra surtout qu'il est nécessaire qu'il gagne plus en proportion de l'ouvrage qu'il fait, et de la peine et de la fatigue qu'il se donne, afin qu'il puisse économiser une partie de ses profits, et utiliser les avantages que Dieu a bien voulu lui accorder, pour s'amasser un petit capital qui lui permette bientôt de s'établir convenablement, de s'élever ensuite peu à peu et par degrés, et de sortir un jour de la position obscure dans laquelle il se trouve maintenant, après avoir acquis assez d'aisance pour cesser d'être ouvrier, et pour pouvoir devenir bourgeois. Enfin il vous démontrera victorieusement que vous seriez injuste à son égard, et qu'il ne pourrait satisfaire ses besoins réels, si vous ne lui donniez pas plus qu'au mauvais ouvrier, dont l'ouvrage est tellement inférieur au sien.

Mais que sera-ce si cet excellent ouvrier est seul, garçon libre et sans souci, n'ayant de charge d'aucune nature, et si le mauvais ouvrier se trouve malheureusement surchargé de famille, et obligé non-seulement d'élever et de nourrir ses enfants par son travail, mais encore de soutenir des parents âgés, malades ou infirmes? Parviendrez-vous jamais à établir une égalité quelconque de richesse ou d'aisance entre ces deux ouvriers, et pourrez-vous leur donner à chacun selon ses besoins? Même en rétribuant le mauvais ouvrier autant que le bon, l'un sera toujours riche ou dans l'aisance, en comparaison de l'état de gêne et de misère de l'autre. Et ce ne serait point alors une égalité de salaire qu'il faudrait établir entre ces deux ouvriers : il faudrait nécessairement donner beaucoup moins au bon ouvrier, et beaucoup plus au mauvais. Or, c'est justement de la sorte que l'on désorganise le travail, car du moment qu'il n'y a plus de récompense ni d'encouragement pour le mérite et le talent, ils ne peuvent plus se produire ; et la paresse et l'indifférence les remplacent immédiatement. Le bon ouvrier ne tardera pas à devenir mauvais, parce qu'il ne se souciera plus de se donner de la peine et de la fatigue s'il ne doit en retirer aucun profit, et si son bien-être ne doit point en être augmenté. Une vaine gloire improductive lui paraîtra presque toujours insignifiante; et il ne produira plus ce travail admirable qu'il produisait auparavant, et qu'il pourrait produire encore. Bientôt les arts et les métiers tomberont en décadence, et les riches n'auront plus envie de dépenser leur argent.

Alors tous les ouvriers se trouveront sans ouvrage, et le découragement deviendra général dans le pays. Les autres peuples en profiteront, et la nation se verra insensiblement plongée dans la misère la plus profonde, sans que jamais l'égalité réelle et matérielle ait pu s'établir, même entre les ouvriers et les artisans, ni même entre les pauvres; car il existera toujours, quoi que l'on puisse faire, des pauvres encore plus pauvres les uns que les autres. Il faudra donc nécessairement admettre que, par suite de l'inégalité que Dieu a mise entre les hommes, quelques individus privilégiés, et en très-petit nombre, doivent seuls regorger de biens; que l'aisance peut être le partage de beaucoup, mais que la gêne et la misère appartiennent au plus grand nombre, et que parmi les plus pauvres et les plus misérables quelques-uns le seront encore plus que les autres, et ne pourront pas même, dans l'excès de leur misère, se procurer leur pain quotidien.

Mais enfin le droit de vivre n'est-il pas au moins un droit absolu de l'humanité? L'homme peut-il condamner son semblable à la mort, en lui refusant le moyen d'assouvir sa faim, et peut-il se plaindre que celui-ci se révolte et se soulève contre un arrêt aussi impitoyable et aussi horrible, et qu'il maudisse et tente de détruire cette humanité tout entière, où il ne trouve point de place pour lui? Assurément ces questions sont les plus graves et les plus importantes qui puissent absorber les méditations et les réflexions des

Du droit de vivre.

11

législateurs et des hommes d'État, ou des penseurs
les plus profonds et les plus sages, surtout chez les
nations devenues trop nombreuses et agglomérées
sur un trop petit espace, telles que le sont aujour-
d'hui les nations de l'Europe. Il faut impérieusement
leur donner une solution complète et satisfaisante en
tout point, non pas seulement dans l'intérêt des quelques riches et des privilégiés de ce monde, exposés
aux attaques des pauvres, et dont la richesse par-
tagée entre tous ne pourrait suffire à personne, mais
principalement dans celui de la masse des prolétaires et des malheureux voués à la misère, et pour
qui la vie est une lourde charge et un pesant fardeau,
dont ils ne demandent souvent qu'à se débarrasser,
en renversant cette société égoïste et atroce à leurs
yeux, qui les opprime inexorablement. Mais pour
trouver le remède du mal et pour parvenir à le guérir,
il faut d'abord examiner attentivement la plaie et la
sonder dans toute sa profondeur; il faut connaître
d'où provient la blessure; il faut enfin savoir d'abord
par quel motif tant de malheureux, sans travail et
sans ouvrage, se trouvent réduits à accuser la société
de leur refuser même ce droit de vivre.

Des
enfants trouvés
et
abandonnés.

    Il est triste et douloureux de le dire, mais il n'est
malheureusement point douteux que c'est l'immoralité et la prostitution qui engendrent presque tous
ces êtres flétris dès leur naissance, qui deviennent
ensuite l'écume et le rebut de la société. On ne
sait point assez combien est prodigieux le nombre

des enfants trouvés ou abandonnés de leurs parents, privés de leur famille et de moyens d'existence; et ce nombre s'accroît d'année en année, surtout dans les villes et dans les grands centres de population, où il est infiniment plus facile d'échapper à la surveillance publique et de cacher sa honte à tous les yeux. En France, particulièrement, la dépravation des mœurs a fait des progrès effrayants, depuis la révolution de Juillet 1830, soit par suite du désordre général répandu dans les idées de la nation, la bourgeoisie étant alors seule souveraine dans le pays, et la noblesse étant rejetée de partout, soit parce que le gouvernement lui-même encourageait cette dépravation du peuple, et voulait en quelque sorte l'endormir dans des plaisirs immoraux et des distractions désordonnées, afin de l'empêcher de s'occuper de politique, et de tenter des émeutes ou de nouvelles révolutions.

Les enfants trouvés et abandonnés sont spécialement, en France, à la charge des conseils généraux de département; mais le nombre s'en est tellement accru depuis environ vingt ans, que certains conseils généraux se trouvent menacés de voir bientôt toutes leurs ressources particulières, ou le maximum de leurs impôts facultatifs et ordinaires, absorbés par l'entretien et l'éducation dans des hospices de ces enfants trouvés; ce qui les empêche de pouvoir faire face à toutes leurs autres dépenses obligatoires.

Ainsi ils ne peuvent plus maintenant entretenir

convenablement toutes leurs routes départementales, ni terminer celles qui restent encore inachevées, sans des surcroîts d'impositions extraordinaires qui accablent les contribuables, déjà si surchargés. Si ce mal s'accroît toujours dans des proportions aussi rapides, il arrivera bientôt une époque où les enfants trouvés et abandonnés seront en plus grand nombre dans la société que les enfants légitimes ; et alors comment la société pourra-t-elle exister et se maintenir au sein d'un tel désordre? Si tous ne peuvent vivre à la fois sur le même espace de terre, faudra-t-il que les enfants légitimes et bien nés soient sacrifiés et cèdent la place aux autres ; et n'est-ce pas aux premiers, de préférence, que doit surtout appartenir le droit de vivre honnêtement?

Inconvénients des tours dans les hospices. Lorsque saint Vincent de Paul eut la charitable pensée d'établir des tours dans les hospices pour recueillir les enfants abandonnés de leurs parents, il était certainement bien loin de supposer que cette louable institution deviendrait plus tard une prime d'encouragement pour le vice et pour la débauche; et il ne prévoyait pas qu'elle dégénérerait un jour en une plaie sociale, menaçante pour l'humanité. Il voulait seulement, dans ces temps où la religion exerçait encore un puissant empire sur la conduite des hommes; et où la morale et la vertu étaient encore généralement répandues partout, sauver d'un crime ou préserver de la honte quelques malheureuses filles mères, en petit nombre, égarées et séduites; et les

ramener au bien, grâce au voile et au mystère qui
dérobaient leur faute à tous les yeux. Mais la perversité des mœurs et le relâchement de la morale ont
maintenant rendu dangereuse cette institution, qui ne
fut utile que dans son origine ; et désormais la répression des abus exige une telle sévérité, que saint
Vincent de Paul n'hésiterait point, de nos jours, à
faire supprimer les tours, et à user d'une rigueur
indispensable pour rétablir la morale et la pratique
de la religion et du devoir chez des populations trop
perverties.

Tous ces enfants trouvés et abandonnés, sans
parents, sans famille, et n'ayant aucun lien qui les
unisse à la société, ne peuvent guère devenir de bons
sujets et d'honnêtes citoyens, et doivent naturellement être plus malheureux que ceux qui ont des parents et une famille pour les élever, les soutenir et les
recommander. Ils ne peuvent être qu'imparfaitement
élevés et à moitié instruits dans les hospices, où ils
trouvent un asile pendant leur enfance ; et dès qu'ils
sont livrés à eux-mêmes, leur existence leur devient
pénible et difficile, en comparaison de celle des
enfants légitimes, que des liens de famille attachent à
la vie. Ils maudissent alors le jour où ils ont été en-
gendrés ; et ne connaissant ni leur père ni leur mère,
et ne pouvant ni leur demander protection, ni leur
reprocher leur naissance, ils s'abandonnent au désespoir, aux mauvaises passions et au vice. Souvent ils
deviennent criminels, et ils ne peuvent presque jamais

sortir de la pauvreté et de la misère. Au lieu de se relever peu à peu par des efforts inouïs de sagesse et de vertu, d'ordre, d'économie et de patience ; au lieu de gagner leur vie honnêtement par le travail ; au lieu de s'unir mieux que leurs pères, dans des liens légitimes et permis, ils préfèrent ordinairement contracter comme eux des liens illégitimes et coupables, plus faciles à former. Ils ne craignent point d'augmenter le nombre des êtres infortunés qui désolent l'humanité ; ils enge   à leur tour des enfants trouvés et abandonnés.   is ne s'inquiètent point, parce que l'on ne s'est pas inquiété d'eux, et qu'ils livrent impunément et sans mesure à la société, qui se voit obligée de les recevoir toujours, quelque nombreux qu'ils puissent être, et quelque lourde que soit pour elle cette charge constamment croissante. Ils ne songent seulement pas que, même au sein des familles les plus riches et les plus opulentes, les pères redoutent souvent d'avoir un trop grand nombre d'enfants légitimes, et savent retenir leurs penchants les plus licites, afin de pouvoir élever convenablement tous leurs enfants, et afin de leur transmettre à tous une existence conforme à leur rang et à leur position sociale.

De la nécessité de la morale et de la vertu, pour éteindre le paupérisme.

C'est ainsi que les fautes des pères produisent presque toujours les fautes des fils, et que la misère s'accroît chaque jour de plus en plus. C'est ainsi que la société finit par se voir menacée par des masses de citoyens nés de la débauche, qui ne trouvent ni ouvrage ni pain, et qui lui réclament ce triste droit de vivre que leur ont malheureusement octroyé des parents coupables et inconnus. Mais si la religion et la morale pouvaient encore refleurir, comme autrefois; si la vertu était généralement pratiquée dans toutes les classes de la société, depuis les plus élevées jusqu'aux plus basses, comme du temps de saint Vincent de Paul; si le nombre des enfants trouvés et abandonnés diminuait, au lieu d'augmenter; et si chaque père, bien pénétré de ses devoirs, savait que c'est véritablement à lui, et non à la société, à élever les enfants qu'il met au monde, et qui réclameront un jour le droit de vivre, ou des moyens d'existence par le travail, la plaie affreuse du paupérisme se trouverait déjà presque guérie; et il ne resterait plus que peu de chose à faire pour achever de la cicatriser complétement.

En continuant à sonder tous les replis de cette plaie douloureuse, il faut également reconnaître que le grand nombre des criminels et des condamnés est aussi une des causes principales de la pauvreté et de la détresse de tant de citoyens. Si la misère conseille mal et conduit trop souvent au crime, il est non moins certain que le crime et le vice conduisent toujours à la misère, et que si l'on parvenait à détruire le vice, on diminuerait beaucoup la misère. L'homme apporte avec lui, en naissant, de bons et de mauvais instincts naturels, de bons et de mauvais penchants; et c'est ce que la religion appelle les bons et les mauvais anges gardiens, qui veillent

Des criminels et des malfaiteurs.

toujours sur nous. Chez quelques-uns, les bons penchants sont les plus forts, et chez d'autres les mauvais
l'emportent; mais il n'arrive presque jamais qu'un
individu soit privé de toute espèce de bon penchant,
et n'en possède que de mauvais. Cependant l'éducation, et non l'instruction, car l'une est bien différente de l'autre, l'éducation parvient à corriger et à
étouffer les mauvais penchants, et à développer les
bons. Aussi tout le mérite des législateurs et des chefs
de gouvernement qui ont la puissance et l'autorité
entre les mains, et principalement des instituteurs et
des maitres qui élèvent la jeunesse, consiste à savoir
exciter les vertus et les nobles qualités du cœur de
ceux qu'ils doivent diriger, et à éteindre leurs vices
et leurs défauts naturels. Ce n'est que par de rares
exceptions que quelques natures entièrement ingrates
et rebelles peuvent résister à tous les sages conseils
et à tous les bons exemples qu'ils doivent recevoir.
Il est donc certain qu'en moralisant une nation et en
la ramenant peu à peu à la pratique de la religion et
de la vertu, le nombre des criminels et des malfaiteurs
diminuera, comme celui des enfants trouvés et abandonnés; et une foule immense d'anciens forçats et
d'anciens condamnés, rejetés de la société qui les a
flétris, et avec laquelle ils ne peuvent jamais se récon-
cilier complétement, ne viendront plus se plaindre
de ne pouvoir trouver de l'ouvrage et du pain, et
réclamer aussi ce droit de vivre qu'ils lancent inso-
lemment comme un épouvantail et une menace contre

la nation, ne réfléchissant pas que la justice et les lois ne défendent pas seulement les bons citoyens contre les méchants, mais qu'elles sont également nécessaires pour protéger les malfaiteurs eux-mêmes, qui sans elles seraient toujours en lutte les uns contre les autres, et se livreraient aux plus affreux excès.

Lorsque l'on aura déduit les enfants trouvés et abandonnés, les criminels et les condamnés qui déshonorent le pays, et lorsque l'on n'aura plus à s'occuper de ces deux castes infortunées ou réprouvées, contre lesquelles il importe de prendre des mesures spéciales pour protéger la nation, quels seront les autres individus sans travail et sans pain dont la société aura encore à soulager la misère, et qui mériteront véritablement son intérêt? Certainement il est absolument impossible de détruire complétement la misère; et l'on a déjà vu que cette misère, qui est essentiellement produite par l'inégalité des facultés physiques et morales des hommes, est une des lois fondamentales de l'humanité, et qu'elle est même aussi utile qu'indispensable pour obliger ceux qui sont pauvres et ne peuvent s'enrichir par eux-mêmes à travailler pour ceux qui sont plus riches, et à leur rendre des services qui unissent tous les hommes entre eux. Ainsi il y aura toujours des pauvres chez toutes les nations et dans tous les pays; et il faut même nécessairement qu'il en existe toujours. Mais il n'est pas moins nécessaire non plus que tous ces pauvres puissent travailler et vivre au milieu de

la société. Les ouvriers intelligents et habiles, ceux
qui ont du bon sens, de l'ordre, de l'économie et
une conduite régulière, exempte de reproches, ne se
plaindront jamais de manquer d'ouvrage et de pain.
Il y en aura toujours pour eux, même dans les temps
de crise, de révolution et de misère générale du pays;
car il n'est pas douteux que Dieu n'aide toujours ceux
qui savent s'aider eux-mêmes. Mais malheureusement
ce nombre est fort restreint, et la masse des autres
ouvriers, ou des artisans, est généralement plus ou
moins inintelligente, plus ou moins inhabile, plus ou
moins désordonnée et vicieuse, et ne peut guère
parvenir à se suffire entièrement à elle-même. Pour
ceux-ci surtout les accidents imprévus, les maladies,
les malheurs privés et les révolutions amènent toujours une augmentation de gêne dont ils ne peuvent
se préserver, et qui descend souvent jusqu'à la misère.

Il en est encore quelques-uns qui sont maltraités de
la nature, qui viennent au monde infirmes ou idiots,
etc., etc., et qui ne peuvent jamais gagner leur vie
en travaillant. Il en est beaucoup d'autres enfin, qui
ne manquant, du reste, ni d'intelligence, ni d'habileté,
ni de sagesse, ni de bonne conduite, ni de vertus, et
n'éprouvant aucun malheur ni aucun accident im-
prévu dont ils puissent se plaindre, ont un seul défaut
à se reprocher : celui d'avoir un trop grand nombre
d'enfants légitimes, qu'ils ne peuvent parvenir à élever tous convenablement, et qu'ils plongent souvent
avec eux dans la misère la plus profonde. Cepen-

dant on ne saurait trop répéter que, quelle que soit la position d'un père de famille, qu'il soit riche ou bien qu'il soit pauvre, il doit toujours calculer qu'en mettant au monde un trop grand nombre d'enfants, il lui sera certainement impossible de leur donner à tous une existence semblable à la sienne, et qu'ils déchoiront nécessairement après lui du rang et de la classe où ils devraient pouvoir se soutenir pour vivre heureux. La tendresse filiale et le respect que Dieu inspire aux âmes bien nées envers les auteurs de leurs jours retiennent ordinairement les plaintes des enfants, et les empêchent de les manifester à leurs parents. Mais ceux-ci n'en sont pas moins responsables du déréglement et de l'immodération de leurs amours les plus chastes, qui leur causent tant de charges et d'embarras au-dessus de leurs forces.

Inconvénients du trop grand nombre d'enfants.

Si chaque ménage pouvait se borner à n'avoir que deux enfants seulement, la population se maintiendrait constamment au même niveau, parce que le nombre des filles et des garçons se trouverait toujours à peu près le même, quelle que fût la diversité de leur répartition entre tous les ménages. Or, en calculant le nombre des enfants qui meurent en bas âge, ou qui ne peuvent parvenir à la virilité, et ceux qui ne se marient point et ne se reproduisent point, on peut établir que le nombre de trois enfants devrait être le nombre fixé et permis à chaque ménage. On peut donc par conséquent affirmer que quelque riche que l'on soit, on a toujours trop d'enfants lorsque l'on en a plus de trois; et à plus forte raison si, au lieu d'être riche ou dans l'aisance, on est déjà dans la gêne, dans la pauvreté ou dans la misère. Mais les pauvres sont ceux qui calculent le moins les inconvénients d'une famille trop nombreuse. Ils ne s'inquiètent jamais de l'avenir de leurs enfants; et comme il semble qu'ils n'aient pas d'autre bonheur, d'autre plaisir, d'autre jouissance, cela paraît une excuse naturelle pour eux. Cependant il n'est jamais sage ni raisonnable, même pour eux, de se livrer inconsidérément à un plaisir frivole et fugitif, dangereux pour la société, et qui peut leur donner un jour tant de chagrins amers ou de soucis pénibles; il n'est point sensé de sacrifier un avenir difficile, long et durable, à un présent heureux, mais passager et regrettable.

Nécessité de secourir les pauvres.

Quoi qu'il en soit, pourtant, la société n'en doit pas moins aide, assistance et protection à tous ces êtres infortunés et malheureux. Non-seulement son intérêt l'exige; mais ce serait une impiété que de refuser des secours à ceux de ses frères ou de ses semblables qui en ont besoin. La religion prescrit aux riches de donner aux pauvres; et la pratique de la charité chrétienne et évangélique est l'œuvre qui attire le plus la bénédiction de Dieu. Et quand la religion ne l'ordonnerait point, quand l'intérêt des riches ne l'exigerait point, il n'est rien non plus qui puisse se comparer au bonheur de donner et de faire du bien. C'est là le seul véritable dédommagement que

puisse éprouver la richesse de tous les tracas, de
tous les soucis, de tous les embarras, de tous les
mécomptes, de tous les déboires, de toutes les rivalités, de toutes les jalousies, de toutes les critiques et
de toutes les haines qu'elle est obligée de supporter.
On connaît assez la fable du *Savetier et du Financier*,
dont l'un chantait du matin au soir et se reposait
fort bien la nuit, tandis que l'autre travaillait et se
fatiguait péniblement nuit et jour. Le financier, jaloux de la gaieté du savetier, lui proposa un jour de
changer de condition, ce que celui-ci ne manqua pas
d'accepter avec joie. Mais la gaieté du savetier disparut aussitôt qu'il fut devenu financier, et il ne tarda
pas à regretter son premier état et sa tranquillité d'esprit ; si bien qu'il préféra redevenir savetier, et
rendre les écus qu'il avait reçus et qui lui causaient
tant d'inquiétude et de soucis. Les pauvres gens ne
sont donc pas plus malheureux que les riches, lorsqu'ils ont le bon esprit de se résigner à leur sort et
à leur condition, et surtout lorsqu'ils ont le bonheur
d'avoir de la religion, ce qui empêche que le malheur
puisse réellement jamais abattre et affliger, car Dieu
est toujours un refuge assuré et un consolateur souverain contre toutes les misères de la vie.

Cependant ce n'est pas seulement par des secours
charitables que la société doit aider ceux qui sont véritablement dignes de son intérêt ; et l'aumône ne pourrait jamais suffire pour donner du pain à tous ceux qui
n'ont point de moyens d'existence par eux-mêmes.

Et
de leur donner
du travail,
pour empêcher
la mendicité.

Quel que soit le plaisir que l'on éprouve à donner soi-même à celui qui vous tend la main, cette aumône humilie trop souvent les uns, ou entretient la paresse des autres ; et elle ne convient guère qu'aux infirmes et aux malades, qui ne peuvent point travailler. C'est donc du travail qu'il faut absolument donner à tous ceux qui peuvent travailler, car le travail est la loi de Dieu pour tous les hommes sans exception, riches ou pauvres, et la condition indispensable de l'humanité. Sans le travail la société ne peut rien produire, et ne peut se perfectionner ni se civiliser ; et rien n'est en même temps plus dangereux pour l'homme que le repos et l'oisiveté, qui engendrent tous les vices et qui développent toutes les plus mauvaises passions. Il n'y a donc qu'un homme occupé qui puisse être un honnête homme ; et il n'est pas permis de laisser inoccupés ceux qui peuvent travailler, et qui seraient obligés, faute d'ouvrage, de se livrer à la mendicité.

Difficulté de produire du travail pour tous les citoyens, lorsque la population d'un pays est devenue trop nombreuse.

Mais comment produire ce travail perpétuel, et comment pouvoir donner toujours de l'ouvrage à tous les bras inoccupés ? Telle est la grande difficulté pour les États dont la population est devenue trop considérable, par rapport à leur étendue et aux productions que le sol peut fournir, chaque année, pour la nourriture de ses habitants. Telle est la grande question qui intéresse spécialement toute l'Europe, dont la population est déjà si considérable et tend à s'accroître encore chaque jour d'une manière indéfinie.

La première de toutes les conditions pour la formation et l'existence d'une nation, c'est de pouvoir posséder une étendue de terrain assez considérable pour produire pendant longtemps la subsistance de tous les citoyens, puisque toute la nourriture de l'homme provient de la terre, et qu'il ne peut vivre sans manger ni sans boire. Dans le commencement, lorsque la population n'est point encore trop nombreuse, il suffit de cultiver seulement quelques coins de cette terre, qui produit bien au delà des besoins de tous les individus dont se compose la nation, ou la grande famille. Mais la population s'accroissant constamment, la production de la terre doit nécessairement s'augmenter toujours dans une proportion égale; et il faut cultiver chaque jour une plus grande étendue de terrain. Cependant le commerce et l'industrie peuvent suppléer, dans une certaine mesure, à l'insuffisance des productions du sol, et procurer la nourriture d'une nombreuse population, accumulée sur un petit espace. En effet, chaque pays et chaque contrée d'un même pays doit principalement produire ce que son terrain peut produire le plus facilement et le mieux. Ainsi l'un convient spécialement aux céréales, un autre aux pâturages et aux élèves de bestiaux, un troisième aux vignobles et aux oliviers, un quatrième aux châtaigniers et aux mûriers, etc., etc. Or, par l'échange des produits de chaque localité dans le pays, et par l'échange des divers produits du pays avec ceux des

L'agriculture est le principal moyen.

pays étrangers, il s'établit une sorte de balance ou d'équilibre, qui procure des avantages réciproques et certains à tous ces pays et à tous leurs habitants. Et il se peut même qu'un pays entièrement manufacturier et industriel parvienne à se passer complétement d'agriculture, en tirant sa nourriture de chez ses voisins, par l'échange ou par la vente de ses produits manufacturés. Rome autrefois nourrissait une population immense, dans une enceinte resserrée ; mais sa nourriture provenait de l'Afrique, qui était le grenier de l'Italie, et qui pourrait, encore aujourd'hui, devenir facilement celui de la France. Maintenant, dans les années de disette, les peuples d'Europe sont obligés d'avoir recours aux céréales de la Turquie et du midi de la Russie, ou à celles des États-Unis d'Amérique. Mais malheureusement, quels que soient les avantages que puisse donner aux peuples la liberté absolue du commerce et des échanges, il en résulte aussi des inconvénients inévitables, qui obligent de resserrer cette liberté dans certaines limites et dans de justes proportions, et qui empêchent toujours une nation de devenir trop manufacturière ou trop industrielle, et de pouvoir multiplier impunément sa population sur le même espace de terre. Cependant lorsque la paix fleurit dans le monde entier, et lorsque les peuples sont tous unis par des liens de fraternité franche et sincère, le développement illimité de l'industrie semble ne devoir s'arrêter que devant l'encombrement des produits. Il ne servirait à rien, en effet, de

Le commerce
et l'industrie
tiennent
ensuite.

produire plus que l'on ne pourrait consommer, parce
que la trop grande abondance des produits en amènerait nécessairement la dépréciation, et parce que
le vil prix ferait bientôt baisser la main d'œuvre,
arrêterait ensuite complétement la production, et pri-
verait alors les ouvriers de travail. Mais les peuples
ne sont point encore arrivés à ce point de civilisation
qu'il ne puisse plus jamais y avoir de guerre entre
eux ; et il est même douteux, sinon impossible, que
cette paix universelle et perpétuelle du monde puisse
jamais s'établir. L'humanité a des faiblesses inhé-
rentes à sa nature, que rien ne peut empêcher, changer, ni modifier d'une manière absolue et définitive ;
et les générations futures seront peut-être toujours
aussi imparfaites et aussi fragiles que les générations passées et présentes, qui n'ont cessé de se
combattre et de se faire la guerre de temps à autre,
et le plus souvent sans aucun motif sérieux et légitime. Or, si la guerre peut encore exister, par inter-
valles plus ou moins rapprochés, soit entre les
peuples de l'Europe, soit avec les nations des autres
parties du globe, ce que tout homme sage et sensé
doit prévoir, car il suffit souvent d'une révolution ou
d'une simple révolte chez un peuple pour amener
une collision générale de tous les autres, et une seule
étincelle peut quelquefois produire un incendie universel, les peuples qui sont trop industriels et trop
manufacturiers, et dont le sol ne suffit point pour
produire la nourriture de tous ses habitants, se

12

trouvent dans une mauvaise condition d'existence et dans une fausse position. Ils sont exposés à se voir réduits à la misère et aux déchirements intérieurs, s'ils ne peuvent plus aller acheter leur nourriture hors de leur territoire chez des nations plus agricoles, qui seront peut-être intéressées à leur ruine, ou empêchées de les secourir par d'autres puissants voisins et par des ennemis. Ces peuples industriels et trop nombreux, déchus tout à coup de leur prospérité et de leur bien-être, n'auront d'autre espoir de salut qu'en sacrifiant et décimant leurs enfants, et en les envoyant à la guerre comme à la boucherie, ou comme de la chair à canon, afin de se débarrasser de l'excès des bouches inutiles, et afin de conserver assez de provisions pour ceux qui resteront dans leurs foyers.

Mais, même en temps de paix, les peuples trop nombreux sont exposés à des crises de misère qu'il est absolument impossible d'éviter, et qui finissent presque toujours par produire des révolutions et par amener des guerres civiles et étrangères. Ainsi une seule année de disette extraordinaire du pays peut suffire pour engendrer ces résultats déplorables. Au lieu de n'acheter à l'étranger que la quantité de céréales qui se compense avec l'échange ordinaire de leurs produits, les citoyens se trouvent tout à coup obligés de faire venir à tout prix de l'étranger un supplément extraordinaire de nourriture, qu'ils doivent toujours payer argent comptant, et qu'ils ne peuvent solder qu'avec les bénéfices, les économies et les

capitaux de leur commerce et de leur industrie, c'est-
à-dire avec le plus pur de leur richesse et de leur
aisance. Ils enrichissent alors, sans aucune compensation, les peuples agricoles dont la terre plus vaste
produit au delà des besoins de ses habitants ; et ils
se voient privés en même temps de ce qui faisait leur
prospérité et alimentait leur travail. Leurs capitaux
étant sortis du pays et se trouvant chez des peuples
étrangers, ils ne peuvent plus acquérir les matières
premières nécessaires à leur industrie ; ils ne peuvent
plus produire, ils ne peuvent plus solder leurs ouvriers,
comme ils le faisaient précédemment, avant cette funeste année de disette. Par là le malaise du peuple
se répand partout, la gêne et la misère se multiplient
de toute part ; et ce n'est qu'à la longue, et après de
nombreuses années prospères et florissantes, que le
commerce peut parvenir à faire rentrer peu à peu
dans le pays les capitaux qu'il a perdus, et à reprendre
le cours ordinaire de ses travaux et de ses bénéfices.
Mais en attendant, le malaise général irrite et mécon-
tente le peuple. Ne pouvant s'en prendre à Dieu de la
disette qui a produit la gêne publique et arrêté la
marche régulière de l'industrie et du commerce, il
tourne son mécontentement contre les chefs du gouvernement, quelque innocents qu'ils soient de son
malheur. Les esprits s'inquiètent et s'agitent ; et au
premier prétexte, au premier signal, les ouvriers
et les pauvres se soulèvent et s'insurgent contre les
lois et les autorités légitimes. Si la sédition n'est

point énergiquement comprimée dès le principe, elle peut produire une révolution dans l'État, et rendre la détresse du peuple encore plus profonde et plus cruelle qu'elle ne l'était auparavant.

Elles peuvent produire des révolutions.

C'est ce qui est arrivé en France, en 1848, après la malheureuse disette de l'année précédente. L'État s'était vu obligé de faire venir un surcroît extraordinaire de grains, achetés à Odessa et en Amérique; et l'achat de ces grains avait coûté plus de deux cent millions de francs, qu'il fallut payer comptant, et qui appauvrirent le pays de ce numéraire indispensable au commerce et à l'industrie. La gêne qui en résulta pour le peuple augmenta le nombre des mécontents et des agitateurs; et les ouvriers de Paris, se trouvant sans ouvrage, ne tardèrent point à se soulever, et à s'attaquer au gouvernement. La révolution qui s'en suivit n'aurait peut-être point eu lieu, sans la disette de 1847.

Mais les révolutions retombent toujours sur ceux qui les font.

Malheureusement le peuple ne comprend point qu'au lieu d'améliorer son sort, les révolutions l'aggravent toujours, et qu'il ne peut jamais en être autrement. Il suffit de lire l'histoire avec attention et réflexion, pour reconnaître qu'il n'y a jamais eu une seule exception à cette vérité positive; et que c'est toujours par des moyens pacifiques et légaux que les nations ont perfectionné leurs institutions et sont devenues plus heureuses. Le premier effet d'une révolution est de jeter de l'effroi et de la crainte parmi tous les propriétaires, et principalement parmi ceux

qui sont parvenus, par leur intelligence, leur économie et leurs bonnes et heureuses spéculations, à
acquérir eux-mêmes la richesse et les capitaux nécessaires aux grandes entreprises et indispensables pour
faire prospérer l'industrie et le commerce, c'est-à-
dire pour donner de l'ouvrage aux ouvriers. N'osant
plus hasarder témérairement leur fortune et craignant
même de passer pour riches, car c'est surtout pendant les temps de révolution et de misère publique
que ceux qui ne possèdent rien se croient le droit de
dépouiller ceux qui possèdent quelque chose, et empêchent toute manifestation de richesse et toute
dépense, ils préfèrent garder et cacher leurs capitaux,
sans profit, plutôt que de les exposer à des pertes
certaines. Ainsi le travail et l'ouvrage cessent partout,
par la faute des ouvriers et des artisans, auteurs de
ces révolutions. Ainsi c'est contre eux-mêmes que
retombent toujours les désastres qui sont la suite de
ces bouleversements et de ces troubles publics; ainsi
c'est conspirer surtout contre les ouvriers et contre
les pauvres que de conspirer contre un gouvernement
établi, quel qu'il soit, et de chercher à le renverser
et à le détruire par des révolutions violentes. Mais
lorsque déjà la gêne et le malaise étaient répandus
partout, à la suite d'une disette désastreuse, lorsque
déjà une masse considérable de capitaux nécessaires
au commerce et à l'industrie étaient passés à l'étranger, pour acheter des céréales et du pain, ceux qui
excitent les ouvriers à se révolter sont encore bien

plus coupables, et méritent la réprobation de tous les citoyens honnêtes et sensés. C'est en quelque sorte une impiété et un crime de lèse-nation que de ne point arrêter ces malheureux égarés, qui se précipitent de plus en plus dans la gêne et dans la misère, et qui se rendent encore plus infortunés qu'ils n'étaient auparavant.

Si les ouvriers étaient mieux instruits et plus éclairés, ils n'auraient jamais assez de haine ou de mépris pour les ambitieux, les intrigants, ou les fous, qui leur prêchent des émeutes et des révolutions, et qui sont leurs ennemis les plus intimes et les plus perfides. Malheureusement le peuple n'est point assez instruit; et ce n'est pas qu'il manque peut-être de certaines notions de science, dont il n'a que faire, car on ne se borne plus à lui apprendre à lire, écrire et compter, et l'on cherche maintenant, en rendant l'éducation gratuite à tous les degrés, à lui donner les moyens d'acquérir des connaissances étendues, qui lui sont au moins inutiles, si elles ne l'empêchent pas d'approfondir et de perfectionner celles dont il a réellement besoin. Mais l'on ne sait point développer, comme il conviendrait, sa raison, son bon sens et son intelligence. En effet, il n'est pas douteux que rien n'est moins nécessaire que de connaître le latin, le grec, les mathématiques transcendantes, la chimie, la physique, l'astronomie, l'histoire et d'autres sciences plus ou moins abstraites, pour être laboureur, garçon de ferme, menuisier, serrurier, maçon, charpentier,

cordonnier, tailleur, portier, ou pour exercer un art
mécanique quelconque; et que le temps passé à étudier ces connaissances est incontestablement un
temps perdu et mal employé pour la perfection du
talent des ouvriers. Mais que l'on soit riche ou pauvre, grand seigneur ou simple artisan, il est nécessaire à tous les hommes d'avoir le bons sens développé
et l'intelligence éclairée; et c'est précisément cette
dernière éducation qui manque surtout au peuple, et
qui peut seule le rendre sage et heureux. Cependant
la religion a le privilége de pouvoir faire cette éducation première de tous les citoyens, en les instruisant,
dès leur plus tendre enfance, de leurs devoirs envers
Dieu, envers soi-même, envers le prochain et envers
la société tout entière. Mais la religion n'est point
assez honorée et pratiquée; et même il semble que
ses ministres ne soient pas tous à la hauteur de leur
noble mission et ne puissent accomplir dignement
la tâche immense qui leur est confiée. Presque
jamais, en effet, l'Eglise ne développe convenablement à ses enfants le précepte de rendre à César ce
qui appartient à César, en même temps qu'il faut rendre à Dieu ce qui appartient à Dieu. Jamais les prêtres
n'expliquent avec assez de détail ce que signifie le
commandement de ne point faire au prochain ce que
l'on ne voudrait point que le prochain vous fît. Jamais
les prédicateurs modernes n'osent traiter les hautes
questions de la métaphysique et de la véritable philosophie, et les appliquer à la vie réelle et matérielle de

l'homme sur la terre. Jamais enfin ils n'instruisent
les enfants du peuple de leurs devoirs comme citoyens
et comme membres de la grande famille de la nation.
Il est vrai que le Clergé a beaucoup perdu de son
lustre, en France, depuis la Révolution de 1789,
parce que les grandes familles ont eu le tort d'abandonner la carrière ecclésiastique à des hommes
obscurs et de condition infime, incapables le plus
souvent de s'élever au rang qu'ils doivent tenir, et
n'ayant ni l'autorité personnelle, ni même le talent
de parole et la solidité de jugement qu'exigerait leur
position. Mais les évêques et les chefs du Clergé,
élevés à des postes plus éminents par leur mérite,
leurs lumières et leurs vertus, devraient au moins faire
rédiger des catéchismes qui instruisissent le peuple,
non-seulement des préceptes de la morale et de la
pratique de la religion, mais encore des devoirs de
l'homme dans la société et de ses obligations envers
l'humanité, dont Dieu a voulu qu'il fût partie. Il faudrait donc avant tout ranimer l'esprit de religion dans
toutes les classes de la société; et il faudrait même, si
cela était possible, que la chrétienté pût encore se
régénérer par des croisades contre les infidèles, telles
que celles du moyen âge, qui raffermirent si solide-
ment la foi religieuse en Europe, et rendirent tant de
services à l'humanité.

Les
révolutions
engendrent
des doctrines
funestes.

Après que les révolutions ont achevé de plonger le
peuple dans la détresse, et après qu'elles ont porté le
comble à sa misère, on voit bientôt surgir des uto-

pistes et des empiriques nombreux, qui viennent lui proposer les remèdes les plus dangereux et les poisons les plus subtils, pour mettre fin à ses maux en les guérissant tous infailliblement. C'est alors que naissent et se développent hardiment des théories insensées, absurdes, telles que celles du socialisme et du communisme, et tant d'autres également funestes, dont l'effet serait de tuer le malade, au lieu de le guérir, s'il lui était possible d'en faire un essai complet, et s'il ne les rejetait bien vite, après les avoir seulement goûtées. C'est alors que des fous, ou des traîtres, ne craignent pas de lui conseiller encore de nouvelles émeutes et de nouvelles révolutions, qui n'auraient d'autre effet que de retarder la guérison du mal dont il souffre, d'empêcher la sécurité de renaître et le travail de revenir. Mais, heureusement, le bon sens public finit toujours, à la longue, par l'emporter sur la folie et la sottise. Les bons citoyens s'arment tous contre les insurgés et les émeutiers, et leur rendent bientôt le service de les comprimer complétement et de les écraser, dans leur propre intérêt et pour leur véritable bien, qu'ils méconnaissent. Des écrivains sages et judicieux, des orateurs de talent réfutent les fausses doctrines qui égaraient le peuple et qui lui étaient si nuisibles. Peu à peu, l'ordre se rétablit et s'affermit; le calme revient dans les esprits, qui ont peine à comprendre leurs emportements et leurs écarts; enfin le travail reprend son cours interrompu, et la prospérité refleurit dans le pays.

Et le bonheur
du peuple
diminue
toujours
de plus en plus.

C'est ainsi que la civilisation ne peut jamais retourner en arrière, ni revenir à la barbarie des temps anciens. C'est ainsi qu'un torrent débordé, auquel rien n'a pu d'abord résister, se calme bientôt et finit par rentrer peu à peu dans son lit habituel. Mais toujours aussi ses débordements lui deviennent de plus en plus funestes. On élève de nouvelles digues contre lui, de plus en plus hautes et de plus en plus solides; et l'on finit toujours par le maîtriser complétement, en le rendant d'autant moins libre, qu'il a été plus emporté, plus violent et plus redoutable. C'est ainsi, qu'au lieu de produire le bien-être matériel et réel des pauvres, au lieu de diminuer le nombre des malheureux et des prolétaires, les révolutions ne servent qu'à augmenter la misère, et la rendent toujours de plus en plus affreuse. C'est ainsi qu'avant la révolution de 1789, en France, les pauvres et les ouvriers sans travail se trouvaient partout en très-petit nombre et étaient facilement secourus par les anciens seigneurs du pays, qui ne leur refusaient jamais de l'ouvrage et du pain, et leur concédaient généreusement de nombreux droits d'usage de toute sorte sur toutes leurs propriétés. C'est ainsi que le paupérisme n'a fait que s'étendre constamment depuis cette époque. C'est ainsi qu'après que l'indépendance des grands du royaume a été détruite, les libertés publiques ont été aussitôt étouffées sous des lois préventives, ou coërcitives, inconnues à l'ancien régime, qui avait la faiblesse de se laisser attaquer impunément sans se

défendre, et de ne point s'opposer à la fausse philosophie du XVIIIᵐᵉ siècle, laquelle était alors pour lui
ce que sont aujourd'hui pour le régime actuel le
socialisme et le communisme. C'est ainsi que la dic-
tature, l'état de siége et le despotisme se forment
bientôt, et que chacun éprouve le besoin de se soumettre malgré soi, pour pouvoir dominer les vio-
lences d'un peuple non suffisamment éclairé et mal
instruit, qui semble vouloir absolument s'abrutir,
au lieu de se grandir et de s'élever par le développement continuel de son intelligence et de sa raison.

Il n'est donc point douteux que parmi les causes
nombreuses qui peuvent produire des révolutions et
rendre les peuples malheureux, l'excès de la population est sans contredit la première de toutes, et
qu'il est absolument nécessaire qu'un pays rapporte
assez par son agriculture, pour pouvoir toujours
nourrir tous ses habitants. Or, on voudrait en vain
soutenir que l'accroissement de la population de la
terre est sans limite, par suite du perfectionnement
incessant de l'agriculture. Si cela était, et si les champs
produisaient chaque année plus de blé ou de sub-
stances alimentaires qu'ils n'en produisaient l'année
précédente; si un boisseau de semence rapportait
plus de grains aujourd'hui qu'il n'en rapportait jadis;
si par des assolements bien entendus et par des améliorations croissantes, une plus grande étendue de
territoire était mieux cultivée; et si enfin le sol produisait toujours de plus en plus, il faudrait au moins,

L'excès
de
la population
en est avant
tout la princi-
pale cause.

pour que ce progrès fût profitable à la nation et servît
à nourrir l'augmentation constante de sa population,
que le bien-être du peuple restât toujours le même,
et qu'il ne voulût point en même temps perfectionner
également de plus en plus sa nourriture. Mais il est
évident que si le peuple veut désormais manger tous
les jours de la viande de boucherie et du pain blanc,
et boire du bon vin naturel à son ordinaire, autant
que son appétit et sa soif peuvent l'y exciter, tandis
qu'autrefois les riches seuls pouvaient le faire, toutes
les améliorations de la terre, tous les perfectionnements de l'agriculture et tout l'accroissement de ses
productions ne serviront qu'à satisfaire cette augmentation de bien-être que les ouvriers et les artisans les
plus intelligents et les plus habiles pourront seuls se
procurer, tandis que la masse du peuple ne pourra point
en profiter. Pour elle, au contraire, l'accroissement de
la population sera toujours une cause d'augmentation
de misère; et sa nourriture deviendra chaque jour de
plus en plus insuffisante et de plus en plus imparfaite,
à moins que de nombreuses importations de grains de
l'étranger n'arrivent à son aide en la rendant tributaire
de ses voisins, qu'elle enrichira à ses dépens si la paix
et les circonstances ordinaires lui permettent d'acheter
leurs récoltes, et de les payer avec le prix et le bénéfice de son travail journalier. Rien n'est donc moins
prouvé, malheureusement, que cette prétendue supériorité de la production sur l'accroissement de la
population. Et non-seulement les importations de

blé étranger augmentent chaque année en France, en Angleterre et chez d'autres nations de l'Europe ; mais même on a de la peine à comprendre comment avec des récoltes magnifiques, il suffit d'un rendement de grains un peu au-dessous du rendement ordinaire pour produire ce que l'on appelle une disette, et l'on est effrayé lorsqu'on voit combien ces disettes sont toujours imminentes et deviennent chaque année de plus en plus inquiétantes et menaçantes. Si la production dépassait la consommation, le contraire aurait lieu nécessairement. Les importations de grains étrangers diminueraient chaque année, et les disettes deviendraient toujours de plus en plus rares et impossibles.

Il y a plusieurs siècles que ce problème du rapport de la production à la population a occupé l'esprit humain, et les législateurs ou les chefs des gouvernements de l'Europe. Déjà, dès les guerres de la Jacquerie, en France, le paupérisme était devenu assez effrayant pour inquiéter la nation, en armant le pauvre contre le riche. Mais les institutions féodales avaient encore assez de force pour résister à ces attaques ; et les croisades, ces belles et nobles entreprises que des historiens modernes ont inutilement cherché à décrier, par un esprit étroit et sans portée, avaient déjà rendu à la société européenne l'immense service de donner un débouché à l'exubérance et au trop plein de sa population, en la transportant dans des pays lointains, en même temps qu'elles raffermissaient

Importance des croisades et de la découverte de l'Amérique pour les populations européennes.

la foi, le culte et la pratique de la religion et de la
morale.

Bientôt après, la découverte de l'Amérique vint
encore fournir un lieu de refuge à une nombreuse
population, trop pressée sur la même partie du globe,
et ne pouvant y vivre toute entière avec aisance et avec
bien-être. Ces deux grandes émigrations ont sauvé
l'Europe ; et l'on peut affirmer que sans les Croisades
et sans la découverte de l'Amérique, les nations qui
habitent cet ancien monde n'auraient pu subsister
longtemps, sans des déchirements affreux et sans
d'horribles guerres intestines et étrangères, qui les
eussent décimées ou détruites ; et que des pestes,
des épidémies, des choléras et d'autres fléaux produits par l'agglomération, eussent diminué en même
temps une grande partie de leur population.

Nécessité pour les peuples de se répandre et d'en tirer dans tous les coins du globe.

Il faut reconnaître que Dieu, en condamnant
l'homme à travailler et à cultiver la terre pour en tirer
sa nourriture, ne lui a point fixé de limites où il dût
vivre et habiter toujours, et qu'il lui a au contraire
enjoint de cultiver tous les coins de cette terre,
jusqu'à la fin des siècles. Or, si certains peuples
veulent toujours rester dans les mêmes contrées,
sans envoyer de temps en temps une partie de leurs
enfants en émigration pour former des colonies et
des essaims nouveaux sur des terres non encore cultivées, leur population doit nécessairement à la longue
devenir trop nombreuse et trop accumulée sur le
même territoire ; et il ne peut en résulter qu'un mal-

aise général et une misère de plus en plus profonde. C'est ce qui est déjà arrivé aux Chinois, dont la population est tellement considérable, par rapport à la production du pays, quoique la terre qu'ils habitent soit une des plus fertiles et des plus privilégiées du globe, et quoique ces malheureuses populations se contentent de presque rien pour vivre. N'étant point retenus par la religion divine que l'Europe a le bonheur de posséder, ils noient leurs enfants à leur naissance, comme nous noyons de petits chiens et de petits chats, et ils ne conservent et n'élèvent que ceux qu'ils se croient assez riches pour pouvoir nourrir. Heureusement pour l'humanité, la religion chrétienne défend ces horribles sacrifices et ces impitoyables exécutions; et ces excès affreux de misère et de cruauté révoltent l'esprit des nations européennes, plus civilisées, plus sages, plus instruites et plus éclairées.

Cependant le paupérisme afflige aujourd'hui non seulement l'Angleterre et l'Irlande, mais aussi la France, et menace presque tous les peuples de l'Europe, qui semblent n'avoir point encore compris quels sont les meilleurs moyens de combattre les inconvénients du développement excessif de la population sur les mêmes lieux. Il faut bien admettre pourtant que, quels que soient les perfectionnements de l'agriculture et malgré toutes les réserves accumulées dans les bonnes années de récolte, il doit toujours arriver un moment pour une nation, un peu plus tôt, ou un

peu plus tard, où la terre ne pourra nourrir tous ses
habitants, si des guerres ou des pestes ne viennent
pas arrêter le trop grand développement de la population. Or, ce moment est évidemment celui où il peut
survenir une disette; et par conséquent il existe
maintenant pour la France, depuis celle de 1847.

Quels sont
les citoyens
qui doivent
émigrer?
Mais quels sont les citoyens qui doivent émigrer et
aller chercher une autre patrie, lorsque ces disettes
font reconnaître que la population est devenue trop
nombreuse et que le développement de l'agriculture
reste en arrière de celui de la consommation? On ne
peut douter que ce ne soient principalement les pauvres, et ceux qui ne possèdent point de moyens d'existence assurés et certains, qui doivent abandonner
leur pays et aller demander à d'autres contrées moins
peuplées le bien-être, l'aisance et le bonheur, que
Dieu prescrit à tous les hommes d'acquérir par le travail. Si c'était aux riches à émigrer, ils ne pourraient
le faire sans emporter avec eux leur richesse, ce qui
appauvrirait l'État, et il faudrait pour cela qu'ils ven-
dissent tous leurs biens. Mais les pauvres qui reste-
raient ne pourraient point les acheter, ni les payer;
de sorte que nécessairement les riches se trouvent
toujours attachés à la terre qu'ils possèdent, et ne
peuvent point céder leur place à d'autres. C'est donc
à ceux qui sont les plus malheureux qu'il appartient
essentiellement d'aller former des colonies en d'autres
pays moins peuplés; et les riches n'ont d'autre devoir
à remplir que celui de contribuer à ces émigrations et

de les faciliter par des sacrifices particuliers et par
des impositions extraordinaires, qui donnent aux
émigrants les moyens d'accomplir leur noble résolu-
tion et de mettre à exécution leur généreux dévouement au bien public et au salut de la mère-patrie.

La France se trouve à cet égard dans une condition spéciale et toute privilégiée, qui lui assure une
ressource facile, dont elle peut user pendant plusieurs
siècles. L'Algérie et le nord de l'Afrique sont un pays
d'une fertilité admirable, et qui convient particulièrement à la culture des céréales, ainsi que les anciens
Romains l'avaient reconnu, et ainsi que le dit expressément l'historien Salluste[1]. Non-seulement il n'est
pas nécessaire de pratiquer pour ces terres le système des jachères ni celui des assolements ingénieux
que l'on emploie en Europe; mais dans certaines
contrées, telles que les vastes plaines du Hodna, par
exemple, il suffit de semer le sol une fois pour avoir
deux années consécutives de récoltes extrêmement
abondantes et provenant de cette seule semence, soit
que les grains semés puissent produire du blé pendant
deux années de suite, soit plutôt parce que ceux qui
tombent des épis lorsqu'on fait la moisson suffisent
pour produire encore une seconde récolte aussi belle
que la première. Quoique le climat y soit très-chaud
pendant trois mois de l'année, cependant il est sup-

Position privilégiée de la France depuis la conquête de l'Algérie

---

[1] *Ager frugum fertilis, bonus pecori, arbori infecundus.* (*Jugur-
tha, seu bellum Jugurthinum, caput xvii, Situs Africæ.*)

13

portable et salubre, si l'on habite les lieux élevés et
non les plaines; car ce pays est un pays de montagnes,
ressemblant beaucoup au Vivarais et au Gévaudan,
de sorte qu'il est toujours facile de placer les habi-
tations sur des hauteurs, où l'on trouve souvent des
sources naturelles excellentes, et où l'on peut toujours au moins amasser les eaux de la pluie dans
des citernes, afin de ne descendre dans les plaines
que pour les cultiver. Pendant les mois les plus
chauds, le thermomètre ne s'élève jamais au delà de
30° Réaumur, ou 37° centigrades, au nord, à
l'ombre et à l'abri de la réverbération du soleil; et
pendant les neuf autres mois de l'année, la température est beaucoup plus agréable et beaucoup plus
douce qu'en France. La traversée de la Méditer-
ranée ne durant ordinairement que quarante-huit
heures, la distance de la mère patrie n'est point
assez considérable pour que les colons qui viennent
habiter l'Afrique puissent jamais se croire exilés,
puisqu'ils peuvent facilement revenir de temps en
temps dans leur pays, et ils jouissent du gouvernement, des lois et de toutes les institutions de la
France. La population arabe qui habite ces contrées
est rare ou peu nombreuse, en proportion de l'étendue du pays. Cependant il faut la refouler peu à peu,
et la rejeter presque tout entière dans le désert et
dans le centre de l'Afrique. Enfin, lorsque dans trois
ou quatre siècles, l'Algérie se trouvera aussi peuplée
que la France l'est aujourd'hui, il lui sera facile de

s'étendre sur les autres territoires voisins, de s'emparer des États du Maroc, de la régence de Tunis, de
celle de Tripoli et même ensuite de l'Égypte. Ainsi,
l'on peut calculer que pendant encore plus de mille
ans au moins, le nord de l'Afrique pourra recevoir
sans peine l'excès de population de la France. C'est
donc un devoir impérieux pour elle d'utiliser toujours cette conquête importante, et d'y entretenir
constamment une armée assez nombreuse et assez
forte pour tenir les arabes en respect, en les éloignant de nos possessions, et pour assurer en
même temps la soumission et l'obéissance des colons
Français.

Toutefois il faut reconnaître que ces anciens habitants du pays sont véritablement malheureux de
l'occupation Française, qui les dépossède par le droit
du plus fort, et sans la moindre apparence de justice
à leur yeux. Mais ils étaient déjà esclaves de leurs
beys et de leurs cards avant la conquête des Français;
et leurs possessions étaient toujours précaires et
exposées à des rapines de tout genre. Lorsqu'ils
seront repoussés plus loin, et protégés par les lois
Françaises, ils trouveront encore moyen de vivre
dans les oasis du désert, et sous un ciel plus chaud
auquel ils peuvent s'acclimater facilement. C'est une
triste loi de l'humanité, contre laquelle la civilisation
est impuissante, que celle qui oblige celui qui possède
beaucoup de terres inutiles, qu'il laisse sans culture,
à en céder un peu à ceux qui en manquent; et de

même qu'il faut bien que ce soient les riches qui
aident les pauvres et leur procurent les moyens d'é-
migrer et d'aller chercher leur vie au loin, il faut bien
également que les populations trop nombreuses
viennent s'établir dans les contrées qui ne sont point
assez peuplées et qui peuvent seules leur procurer la
nourriture dont elles ont besoin.

Transporta-
tion
des
enfants trouvés
et des
condamnés
en Afrique.

Le premier devoir du gouvernement Français est
de transporter et d'établir en Afrique tous les enfants
trouvés et abandonnés. Ces malheureux ne connaissent ni parents ni famille qui tiennent à eux et
qui en prennent soin; et puisque les auteurs de leurs
jours s'en débarrassent volontairement et les laissent
impunément à la charge de l'État, qu'ils considèrent
comme obligé de les recueillir toujours avec une
charité inépuisable et sans bornes, le gouvernement
a assurément le droit d'en disposer de la manière la
plus utile pour le pays, et en même temps la plus
profitable pour eux, dans leur intérêt à venir. Il n'est
pas plus difficile de les faire élever dans les hospices
d'Afrique que dans ceux de France, et de leur y faire
apprendre des métiers qui leur donnent les moyens
de gagner ensuite leur vie en travaillant. On peut
également instituer pour eux des établissements
agricoles, semblables aux colonies de Mettray et de
Petit-Bourg, ou des fermes-écoles modèles, dans
lesquelles un certain nombre pourrait apprendre la
théorie et la pratique de l'agriculture. Il est certain
que tous ces enfants abandonnés trouveraient plus

aisément à vivre sur les terres d'Afrique que sur
celles de France; et leur émigration rendrait un immense service à la mère patrie, en la débarrassant
d'un excès de bouches affamées et de bras dangereux,
qui la désolent et qui la plongent dans la détresse.

Il en est de même des condamnés sortis de prison,
et de beaucoup de malfaiteurs que la société doit
conserver dans son sein après l'expiration de leur
peine, mais qui sont un juste sujet d'effroi et
de légitime appréhension pour les honnêtes gens
qu'ils peuvent pervertir, et pour le pays qu'ils infes-
tent. En les éloignant des lieux témoins de leurs délits,
on leur offre plus de chance de se réformer, de s'améliorer et même de revenir entièrement au bien; et il
ne faut pas oublier que s'il est quelques caractères
mauvais sur lesquels le bon exemple et les bons conseils ne peuvent rien, et qui sont en quelque sorte
prédestinés au mal pour toujours, il en est heureusement beaucoup d'autres que la misère seule a con-
duits au vice et au déshonneur, et qui peuvent
s'amender et se corriger lorsqu'ils trouveront sur
une terre étrangère les moyens d'existence honnête
qui leur manquaient dans leur ancienne patrie. Il est
vrai cependant que l'obligation de vivre avec de tels
hommes empêchera peut-être beaucoup de familles
recommandables d'aller s'établir dans ces régions
lointaines, et qu'il sera peut-être plus difficile de bien
gouverner ce nouveau peuple; mais il n'existe malheureusement aucune chose avantageuse en ce monde

qui n'ait aussi quelques inconvénients, car la perfection ne peut se trouver nulle part, et tout ce que l'on
peut désirer raisonnablement, c'est que les avantages
l'emportent beaucoup sur les inconvénients. Le gouvernement ne doit donc pas hésiter à encourager
toutes les émigrations volontaires et facultatives, qui
pourraient devenir plus nombreuses qu'on ne le croi-
rait d'abord, si, au lieu d'imposer aux colons des obligations onéreuses qui les ruinent presque tous et
qui retiennent tant de familles en France, il savait
supporter assez de sacrifices pour que l'aisance, le
bien-être et la fortune même devinssent toujours leur
partage. Il est donc encore de son devoir de prendre
l'initiative de grandes mesures politiques et économiques se réunissant toutes vers ce but, et de solli-
citer, chaque année, des chambres législatives le vote
de fonds et de secours extraordinaires, pour faciliter
toujours de plus en plus les émigrations de tout
genre, et pour empêcher par ce moyen le trop grand
développement de la population.

Les autres
doivent rester
dans le pays.

Quant aux ouvriers et aux artisans légitimes et
honnêtes, fils de parents qui ne leur donnent point
le jour sans être certains qu'ils pourront les élever et
rendre leur existence heureuse, ceux-là doivent généralement rester dans le pays, et ce n'est point à eux
à émigrer. Mais le gouvernement leur doit aussi
une éducation éclairée, infiniment préférable à l'instruction, dont ils ne pourraient faire usage; et il
importe surtout de les moraliser et de leur faire con-

naître leurs devoirs dans la société, et en quoi consistent leurs intérêts véritables et positifs. La religion,
on l'a déjà dit, est l'école par excellence qui apprend
à tous les hommes les obligations de leur état, selon
la condition dans laquelle Dieu les a fait naître, et
qui peut seule les rendre heureux en ce monde et dans
l'autre vie. Cependant quelques demi-savants, quelques hommes à moitié instruits, peuvent se figurer
que la religion est inutile, que ses dogmes sont au
moins douteux, et que le souverain maître de l'univers a créé l'homme sans but et lui a donné une
intelligence supérieure sans motif, ne se souciant
nullement de lui et ne s'en occupant absolument en
rien. Mais le bon sens du vulgaire des hommes ne
peut admettre de tels écarts de la philosophie moderne, redevenue pour ainsi dire, païenne. La religion catholique, cette religion véritablement divine,
non moins admirable par ses mystères sacrés que par
sa morale parfaite, et dont aucune des religions de la
terre ne peut approcher, convient particulièrement
aux pauvres, aux affligés, aux ouvriers, aux artisans
et à tous les citoyens des dernières classes de la
société ; et cette religion est en même temps indispensable aux riches et aux plus grands seigneurs de
la terre, ou aux génies les plus élevés et les plus
transcendants, qui peuvent mieux que les autres en
comprendre et en admirer la perfection, et s'ini-
tier même en quelque sorte à ses secrets impénétrables.

Mais indépendamment de la religion et de la morale, qui ont seules le privilége de rendre l'homme heureux, il est encore diverses institutions humaines qui peuvent lui venir en aide et ajouter quelques degrés à son bonheur. Ainsi l'association est un moyen positif et certain d'augmenter le bien-être des travailleurs et des artisans; et déjà, bien avant la révolution de 1789, en France, et depuis plusieurs siècles, les arrière-grands-pères des ouvriers actuels avaient compris la nécessité d'établir des corporations d'état et des maîtrises, jurandes, prébendes, et autres associations de tout genre, dont le but était d'empêcher l'encombrement des métiers et de procurer de l'ouvrage à tous les membres de la corporation; déjà les conseils de prud'hommes et d'autres institutions aussi sages protégeaient les ouvriers et leur rendaient des services importants. Mais cette funeste révolution de 1789 a cru devoir tout détruire, sans s'inquiéter seulement si tout ce qu'elle détruisait était bon ou mauvais. Ne se préoccupant que des inconvénients, qui sont toujours inévitables dans toutes les institutions humaines, elle n'a pas prévu qu'elle ne pourrait jamais non plus rien établir de parfait, et que toutes ses créations, toutes ses lois nouvelles et tous ses établissements modernes auraient encore plus d'inconvénients que les institutions du temps passé ou de l'ancien régime, auxquelles il faudrait revenir un jour, après les plus pénibles épreuves et les plus malheureuses expériences contraires.

Il en est aussi de même du droit d'aînesse, que tant de bourgeois et même aussi quelques nobles réprouvent encore aujourd'hui, parce qu'on en a abusé jadis, et qui leur paraît l'injustice la plus grande et la plus odieuse que puisse commettre un chef de famille, au détriment de ses autres enfants. Mais on a déjà vu, dans le chapitre de la Noblesse et de l'Aristocratie, qu'il n'est pas d'association plus parfaite et qui puisse plus facilement donner les moyens de faire vivre un grand nombre d'individus sous le même toit, avec le plus grand bien-être pour tous, résultant de la moindre dépense possible. Sous ce rapport, cette vieille institution, aussi ancienne que le monde, et dont tous les peuples de la terre ont reconnu la nécessité pour conserver la société et pour la faire toujours marcher vers une perfection nouvelle, n'est pas moins utile aux ouvriers et aux dernières classes du peuple qu'aux familles riches et puissantes. En effet, ce n'est qu'en conservant le peu de bien qu'il a acquis par son travail et son économie, et en le transmettant intact à un successeur, que le pauvre peut espérer que les générations à venir qui sortiront de lui pourront s'élever l'une après l'autre, et parvenir un jour à une classe plus aisée et plus distinguée dans la société; tandis que la division du bien entre plusieurs enfants, surtout lorsqu'il est infiniment réduit, ne profite, pour ainsi dire, à aucun, ce bien étant immédiatement dissipé sans profit, et se trouvant perdu pour tous. Les caisses d'épargne, imaginées

Des associations de famille.

de nos jours, ne peuvent remplacer ce droit d'aînesse ;
et elles n'empêcheront jamais les enfants des ouvriers
de rester toujours ouvriers et d'avoir toujours à supporter, comme leurs pères, la gêne, la pauvreté, ou
la misère. Ce n'est pas qu'un père de famille doive
entièrement oublier et sacrifier tous ses enfants puînés, pour n'en enrichir qu'un seul ; mais sans cesser
de leur témoigner une égale tendresse, il peut presque toujours disposer de certains avantages particuliers en faveur de l'aîné, dans l'intérêt commun et
bien entendu de tous, et pour soutenir, élever et perpétuer sa famille et sa descendance légitime. Le droit
d'aînesse empêche l'excès de la richesse et de la pauvreté dans le pays, et il sert en même temps à arrêter
l'accroissement immodéré de la population, en empêchant beaucoup de cadets de s'établir et de devenir
chefs de famille, lorsqu'ils n'ont point acquis par eux-
mêmes les moyens et les ressources qu'exige une telle
existence, ce qui est un service réel et évident qu'il
rend à la société. Il est donc de l'intérêt de la nation
de l'adopter et de le soutenir par cette raison, et pour
alléger le plus possible les lourdes charges de la patrie.

Des
associations
religieuses.

Il en était aussi de même des congrégations religieuses de toute sorte que la révolution de 1789 a
abolies en France ; et malgré les faibles inconvénients
qu'offraient ces corporations, dont il suffisait de
réformer les abus, malgré l'imperfection inévitable
de ces associations, on n'a jamais pu depuis imaginer aucune autre institution qui réunît autant

d'avantages pour la société, et qui remplaçât plus
utilement celle que l'on avait détruite. Sans parler
des immenses travaux scientifiques et littéraires, que
l'on doit aux communautés religieuses, et qui ne peuvent plus être continués par des hommes occupés de
la vie du monde, privés de liens entre eux et ne
pouvant avoir l'esprit de suite et de perpétuité que
possédaient les moines, il n'était pas d'association
qui portât à un si haut degré les avantages de la vie
en commun, en permettant à un grand nombre d'individus de vivre tous réunis avec très-peu de frais
et de dépense, et qui empêchât aussi efficacement le
développement excessif de la population, en procurant à ces religieux une existence heureuse et paisible, qu'ils pouvaient préférer aux soucis et aux
charges de la famille et des occupations mondaines.

Si toutes les mesures gouvernementales, si toutes
les grandes associations qui peuvent détruire ou empêcher le paupérisme étaient adoptées ou mises en
pratique, il serait alors extrêmement facile d'interdire
partout la mendicité. Il suffirait d'exiger que chaque
commune se chargeât elle-même de ses pauvres, que les
conseils généraux des départements vinssent en aide à
celles qui seraient les plus nécessiteuses, et il faudrait
que les départements les plus malheureux reçussent
également des secours particuliers de l'État.

Cependant si les ouvriers veulent méconnaître
les conseils de la raison et de la sagesse, s'ils ne
cessent d'attaquer injustement toutes les aristocraties

De
la mendicité

De la guerre
du pauvre
contre le riche.

les plus légitimes, et s'ils perpétuent sans relâche
cette guerre de la pauvreté contre la richesse, qui
date de l'origine des peuples les plus anciens et qui
se renouvelle de notre temps avec encore plus de violence qu'autrefois, il faut qu'ils sachent qu'ils seront
toujours vaincus et qu'ils ne triompheront jamais.
S'il fallait absolument que, dans une lutte à mort et
sans merci, les pauvres tuassent tous les riches ou que
les riches tuassent tous les pauvres, il est certain que
la richesse l'emporterait toujours sur la pauvreté et
ne pourrait jamais périr. Souvent les pauvres et les
esclaves se révoltèrent, dans les républiques anciennes, les firent longtemps trembler et les précipitèrent
même quelquefois jusqu'à deux doigts de leur perte;
mais ils n'ont jamais pu triompher, chez aucune
nation, depuis le commencement du monde jusqu'à
nos jours. Jamais ils n'ont subjugué leur patrie d'une
façon durable; et toujours, au contraire, les efforts et
les sacrifices des nobles et des familles aristocratiques
et patriciennes parvinrent à surmonter les plus grands
dangers et à comprimer les troubles et les révoltes des
masses serviles ou plébéiennes. Les riches auront
toujours l'avantage, non-seulement de pouvoir obtenir des alliés et des secours étrangers, en les payant,
s'ils ne sont point assez forts pour résister à eux seuls,
mais encore de pouvoir gagner facilement et de
prendre à leur solde, pour leur défense, la majeure
partie des pauvres eux-mêmes, qui préféreront s'en-
rôler sous leurs drapeaux, pour vivre en *travaillant*,

plutôt que de *mourir en combattant*, et qui deviendront aussitôt les ennemis les plus acharnés et les plus terribles de leurs anciens amis et de leurs frères. C'est ce qui se verra toujours ; et c'est ce qui s'est encore vu dernièrement en France, après la révolution de 1848, lorsque des bataillons de garde nationale mobile, tirés des combattants qui avaient fait cette révolution, devinrent immédiatement les plus fermes soutiens du nouveau gouvernement provisoire, qui se trouvait obligé de résister à ceux qui voulaient encore combattre pour achever de détruire la société. C'est ce qui se voit également en Afrique parmi les Arabes, quoique leur civilisation soit moins avancée que celle des Européens. Ceux qui ne sont point soumis à la France n'ont pas de plus dangereux ennemis à redouter que ceux qui lui sont soumis, et qui sont mille fois plus impitoyables pour leurs coreligionnaires et leurs parents que ne pourraient l'être les Français eux-mêmes. Ainsi, toujours le riche a écrasé le pauvre, et il l'écrasera toujours jusqu'à la fin du monde, s'ils veulent lutter l'un contre l'autre, au lieu de s'aider et de se soutenir mutuellement comme ils doivent le faire, puisque, grâce au bienfait de l'inégalité, dont Dieu a fait une condition indispensable à l'existence de l'humanité, le riche et l'homme de génie ont besoin du pauvre et de l'idiot pour les servir, de même que ceux-ci ont encore plus besoin du riche et de l'homme de génie pour secourir leur misère ou leur défaut d'intelligence. Ainsi, toujours le pauvre, révolté contre

le riche, sera comme un pot de terre se heurtant
contre un pot de fer; et chacun sait qu'il est absolument impossible à l'argile de résister au métal.
Ainsi, après chaque nouvelle révolution, le peuple
sera toujours obligé de reconnaître qu'il a été trompé
dans ses espérances, et que le bonheur auquel il
croyait pouvoir atteindre n'a fait que s'éloigner davantage de lui, au lieu de s'en rapprocher.

Les pauvres
ont besoin
des riches.

Il faut donc qu'il sache rendre à Dieu ce qui appartient à Dieu, et qu'il rende à César ce qui appartient
à César, c'est-à-dire qu'il se soumette à l'autorité des
grands et des puissants de ce monde. Il faut qu'il
comprenne que son véritable intérêt consiste à éviter
les révolutions, à aimer les riches, au lieu de les
détester sans motif, et à s'adresser à eux avec confiance, en leur découvrant sans crainte toutes ses
misères, et en conservant toujours la sagesse, la
modération, le calme, et surtout la soumission envers
Dieu. Les riches ne manqueront alors jamais d'aider
et de secourir le peuple et d'améliorer son sort, autant
qu'ils pourront le faire, car les bons sentiments et les
bons procédés excitent toujours les nobles et généreuses pensées, et font toujours vibrer les cordes sensibles du cœur. Ils seront bientôt attendris et se
trouveront heureux de pouvoir donner volontairement
aux pauvres et de se dépouiller pour eux d'une partie
de leurs richesses; et s'ils hésitaient d'abord un peu,
la réflexion et le sang-froid leur feraient promptement
comprendre que leur intérêt bien entendu exige

d'eux des sacrifices, pour s'assurer la libre possession et la paisible jouissance de ce qu'ils tiennent à conserver, et pour éviter les maux affreux des guerres civiles. Mais nul ne peut volontiers consentir à donner malgré lui et avec contrainte; et il refuse tout ordinairement, plutôt que de céder devant des injonctions menaçantes et tyranniques, et de fléchir devant l'injustice, la violence, la rapine et le vol.

La prostitution est presque toujours fille de la pauvreté et de la misère; et c'est surtout par l'immoralité que s'accroît le malheur du peuple. Mais en diminuant la pauvreté et la misère par des émigrations utiles et par de sages institutions, conservatrices de la société et nécessaires au bonheur de l'espèce humaine, en rendant à la religion le lustre de la dévotion, que la révolution de 1789 lui a fait perdre, en éclairant surtout les basses classes du peuple, il est certain que la vertu sera mieux pratiquée et que la prostitution diminuera. Cependant, quelques moralistes ont semblé croire que cette malheureuse licence du vice était nécessaire, parce que si les hommes ne trouvaient pas sous la main des occasions faciles de satisfaire leurs brutales passions, les femmes honnêtes et vertueuses se verraient peut-être exposées à leurs insultes et à leurs offenses. Mais il n'est point douteux que c'est la tentation qui séduit et qui perd la plupart des hommes, et que le plus grand nombre ne songerait point à se livrer à de tels désordres de conduite, s'ils n'y étaient entraînés par la facilité et l'excitation

De la prostitution.

des femmes de mauvaise vie ; et de même que l'on dit souvent que *s'il n'y avait point de receleurs, il n'y aurait point de voleurs*, on pourrait dire également que *s'il n'y avait point de femmes prostituées, il n'y aurait point d'hommes débauchés*. Si, quels que soient les soins que l'on puisse prendre de la morale, on ne peut empêcher que quelques femmes égarées ou séduites ne se donnent illégitimement à quelques hommes, il sera toujours plus sage et plus prudent d'interdire les provocations publiques des femmes déshonnêtes, qui entretiennent parmi beaucoup d'hommes des habitudes de dépravation, d'où proviennent ensuite tant d'enfants trouvés et abandonnés. D'après les documents officiels recueillis à Paris en 1840, sur une population de 1,053,897 habitants, il y a eu 33,587 naissances, dont 22,833 enfants légitimes et 10,554 enfants naturels. 10 enfants naturels sur 33 naissances, c'est-à-dire environ un tiers d'enfants naturels ! quelle honte pour une nation civilisée et éclairée ! Et combien il importe à la société d'arrêter enfin une telle immoralité toujours croissante, et un tel débordement de population, vouée à la misère et au malheur ! Combien il est nécessaire de remettre en honneur, à tout prix, le culte de la religion et la pratique de la vertu !

CHAPITRE VI.

DE L'AGRICULTURE, DU COMMERCE ET DE L'INDUSTRIE.

De l'utilité de l'agriculture. — Difficulté des défrichements. — Suppression de l'impôt foncier et développement des contributions indirectes. — De la division et du morcellement des terres. — D'une caisse hypothécaire de l'agriculture. — De l'indivision des biens communaux. — Des dessèchements, des irrigations et des reboisements de montagnes. — Du cadastre. — Importance d'un code rural. — Du commerce. — De la probité du commerce. — Des lois de douane. — Du libre échange. — De la prohibition absolue. — De l'industrie et de l'association de l'industrie. — Des concessions de mines, de ponts et de canaux. — Des grandes routes et des chemins de fer. — Des voies intermédiaires de communication.

———————————

L'agriculture, on l'a déjà répété souvent, doit être la première et la principale occupation des hommes, car c'est incontestablement la plus utile et la plus importante, puisque tout, absolument tout, provient de la terre, et qu'elle seule peut nous donner la nourriture, le vêtement et toutes les choses nécessaires à la vie. On ne saurait donc lui donner trop de relief et d'éclat, et l'entourer de trop de priviléges et d'honneurs. Cependant les agriculteurs et les propriétaires fonciers se trouvent presque partout aujourd'hui accablés d'impôts extrêmement lourds et onéreux, qui

Utilité
de
l'agriculture.

11

les réduisent à la gêne ou à la misère; et l'on ne comprend point suffisamment combien il importe, au contraire, d'alléger les charges qui pèsent sur eux. L'agriculture ne peut s'améliorer, se perfectionner et augmenter continuellement ses produits, en proportion de l'accroissement de la population, qu'en affectant spécialement à des défrichements ou à des travaux utiles le bénéfice et le profit qu'elle doit retirer de ses récoltes. Quels que soient les progrès déjà réalisés chez toutes les nations de l'Europe, il n'en est pas une seule qui ne pût laisser s'accroître encore sa population, si toutes les terres qui se trouvent incultes dans le pays étaient défrichées et rendues productives, et si l'agriculture employait une masse de bras qui la négligent, et qui préfèrent se livrer à l'industrie et au commerce, parce que ces occupations secondaires n'exigent point d'aussi grandes fatigues et offrent plus de bien-être matériel, ou un salaire plus considérable. Mais les grands propriétaires seuls peuvent s'attacher à la culture de la terre et supporter les inconvénients qui en résultent, parce qu'il leur reste encore un peu d'aisance, malgré l'élévation de leurs impôts, et parce qu'ils ont des fermiers, ou des serviteurs à gages, qui exécutent pour eux les travaux pénibles. Malheureusement ils sont trop peu nombreux ; et les petits propriétaires sont trop pauvres, surtout depuis la division à l'infini des biens qui existe maintenant dans quelques pays, et particulièrement en France, et qui est la principale

cause de l'abandon des champs et de l'encombrement
des villes. Cependant le bonheur véritable n'existe
guère qu'à la campagne, et il est rare de le trouver
ailleurs. L'agglomération des hommes excite en général leurs mauvaises passions ; et la rivalité ou la jalousie que l'on a de ceux qui sont plus riches amène
la corruption des mœurs, en étouffant peu à peu
les sentiments honnêtes et vertueux. Quelques commerçants ou quelques industriels parviennent, il est
vrai, de loin en loin, à une fortune inespérée ; mais
tous les autres, en plus grand nombre, ne sont réellement pas plus riches, quoi qu'ils gagnent davantage,
parce que tout leur coûte plus cher à la ville qu'à la campagne, et beaucoup d'ouvriers s'y trouvent plongés
dans une misère encore plus grande que celle des
pauvres paysans. C'est surtout dans les villes qui ren-
ferment une nombreuse population industrielle que
l'homme perd le plus vite son innocence et la pureté
de ses penchants, et s'endurcit insensiblement dès le
plus bas âge dans le vice et dans l'immoralité, qui le
conduisent ensuite souvent au crime. Ceux qui ont
peur du peuple flattent les ouvriers en cherchant à les
tromper pour les adoucir ; mais il vaut mieux leur
dire franchement la vérité, et les obliger à reconnaître
eux-mêmes qu'ils valent généralement beaucoup
moins que les paysans des campagnes, dont les passions sont toujours plus contenues ; il vaut mieux
leur faire comprendre qu'ils sont réellement moins
heureux, car le bonheur vient essentiellement de la

tranquillité de l'âme et de la bonne conscience, en
paix avec soi-même et avec Dieu. Il faut donc conseiller à un grand nombre d'ouvriers des villes de
retourner à la culture des champs, ou du moins d'empêcher, s'ils le peuvent, leurs frères plus jeunes de
l'abandonner comme eux, pour venir se livrer à l'industrie et au commerce.

Difficulté
des
défrichements.

Rien n'est plus coûteux que les défrichements de
la terre. Non-seulement ils demandent toujours des
capitaux considérables, que les propriétaires ne peuvent presque jamais avoir à leur disposition, à cause
du taux trop élevé de leurs impositions ; mais de plus
l'argent employé à de tels travaux ne rapporte absolument rien pendant plusieurs années. Ce n'est qu'à
la longue que la terre défrichée peut donner un
très-faible revenu, qui est loin d'être en rapport avec
l'intérêt de l'argent dépensé pour le défrichement ; et
cette augmentation de nourriture que peut procurer
le sol ne profite le plus souvent qu'à la deuxième ou
à la troisième génération.

Suppression
de
impôt foncier

Il y aurait donc beaucoup à faire, de la part des
gouvernements, pour donner des encouragements
véritables et positifs à l'agriculture. Au lieu de lui
demander sans cesse de nouveaux impôts très-oné-
reux, il faudrait l'en décharger presque entièrement,
si cela était possible, et même lui venir souvent en
aide, en lui fournissant et lui abandonnant des capitaux, moyennant diverses obligations de défrichement, de dessèchement, de reboisement, ou de per-

fectionnement et d'amélioration de culture. Il faudrait que tout le monde pût désirer être cultivateur, tant l'agriculture offrirait d'avantages, tels, avant tout, que cette diminution ou cette exemption complète des impôts, qui était autrefois en France le privilége exclusif des biens nobles, et que l'on aurait dû savoir étendre à tous les autres biens sans exception, plutôt que de le détruire inconsidérément.

Cependant si l'État voulait maintenant supprimer l'impôt foncier, cette branche la plus certaine des revenus publics ; ou si du moins il n'y avait recours que dans les circonstances extraordinaires et dans les cas extrêmes, soit lorsqu'il faudrait soutenir une guerre nationale et se défendre contre les attaques d'un peuple étranger, injuste, ambitieux et déloyal, soit lorsque toutes les autres ressources du pays seraient momentanément épuisées, peut-être supposerait-on que jamais, même en temps de paix et au sein de la plus grande prospérité, les revenus publics ordinaires ne pourraient suffire, et que l'on ne pourrait trouver moyen de faire face à toutes les dépenses obligées et indispensables. Mais il est facile de reconnaître que de toutes les impositions qui peuvent être mises en usage dans un pays, il n'en est pas de plus élastiques et que l'on puisse plus aisément étendre, accroître et multiplier, que celles qui pèsent sur la consommation, et que l'on nomme en France *les contributions indirectes*. Et il en est aussi quelques autres, telles que celles mises sur le luxe et sur la vanité,

Et développement des contributions indirectes.

dont l'importance pourrait s'étendre considérablement, et qui aideraient beaucoup à combler le vide produit par la suppression de l'impôt foncier. En effet, il n'est pas de principe plus juste que celui de demander à ceux qui usent et profitent d'une institution publique d'en payer les frais d'établissement et d'entretien. C'est ce qui a lieu partout, pour la poste aux lettres ; et de même chez plusieurs nations de l'Europe, les routes, les chemins de fer, les canaux, les ponts et les grandes entreprises les plus coûteuses sont laissés à la charge de compagnies ou de particuliers qui, pour s'indemniser de leurs dépenses, sont autorisés à prélever de légères impositions ou des droits de péage sur tous ceux qui veulent en faire usage. Essentiellement facultatives, et toujours faciles à percevoir, au moment même où le consommateur, le pauvre excepté, se trouve avoir entre les mains l'argent nécessaire pour les acquitter, ces contributions indirectes sont celles dont la répartion est la plus équitable, car elles ne pèsent sur les individus qu'en proportion exacte de leurs besoins ou de leurs goûts, et selon qu'ils consentent volontairement ou se refusent à en supporter les charges. Et pourtant en France, lorsque l'État se vit obligé de rétablir l'impôt sur les boissons, que l'on avait trop légèrement supprimé après la révolution de 1848, sans calculer que l'on ne pourrait ensuite ni s'en passer, ni le remplacer, quelques législateurs soutinrent que cet impôt pesait inégalement sur les citoyens, et que les pauvres payaient plus que les riches, parce que ceux-ci avaient les moyens d'acheter leurs provisions en gros, tandis que les autres ne pouvaient les acheter qu'en détail, et que les droits de détail augmentaient de beaucoup les prix d'achat. Mais il a été alors démontré à tous, d'une manière évidente, que précisément dans cette question le pauvre se trouvait complétement désintéressé, attendu que le minime impôt d'un centime, par exemple, sur une bouteille de vin, que percevait le trésor public, ne pouvait jamais faire augmenter le prix de vente de cette bouteille, et que la suppression de ce droit de détail ne pouvait profiter qu'au débitant seul, qui n'en tenait aucun compte à l'acquéreur. La même remarque fut faite à Paris lorsque les droits d'entrée sur la viande de boucherie furent aussi momentanément supprimés, les bouchers seuls en ayant profité et les consommateurs ayant toujours payé la viande le même prix. C'est donc d'après le principe d'économie politique le plus vrai qu'il convient de ne demander un impôt qu'à celui qui possède les moyens de l'acquitter, qui jouit du libre arbitre de s'y soumettre ou de s'y refuser, selon sa volonté, et qui est assuré, s'il y consent, d'en profiter immédiatement et personnellement. Un tel impôt volontaire et facultatif peut toujours s'élever très-haut, parce qu'il est presque insensible pour les particuliers, individuellement et isolément, et que, répété et multiplié indéfiniment sur des masses nombreuses, il offre des ressources

immenses à l'État. Mais il n'en est pas de même des
impôts directs ou forcés, et de la contribution foncière spécialement. Quelque faible qu'elle soit, elle
pèse toujours énormément sur le propriétaire et le
cultivateur, dont elle détruit l'aisance, et elle les empêche de pouvoir faire des dépenses utiles à la société,
en leur enlevant souvent jusqu'au goût même de la
propriété. Si les agriculteurs étaient assez riches, ou
du moins assez aisés, pour pouvoir offrir à tous les
bras inoccupés une rétribution journalière plus considérable et des avantages plus grands que ceux que
leur procurent le commerce et l'industrie des villes,
combien d'ouvriers préféreraient la culture des
champs, et viendraient en aide à cette agriculture, qui
mérite si essentiellement d'être encouragée par tous
les moyens les plus puissants! La suppression de
l'impôt foncier serait en même temps le meilleur
moyen d'obtenir bientôt *la vie à bon marché*, que
réclament ceux qui ne sont point propriétaires, et
qui, sans cet allégement, serait évidemment la ruine
de l'agriculture.

*De la division
et du
morcellement
des terres.*

La division illimitée des fortunes et le trop grand
morcellement des terres nuisent également beaucoup
à ses progrès, et empêchent le pays de pouvoir nourrir
autant d'habitants qu'il en nourrirait s'il était moins
divisé. En effet, les grands propriétaires peuvent seuls
conserver et perfectionner les races d'animaux utiles
ou nécessaires à l'homme, et qui font la principale
richesse de l'agriculture, parce qu'ils ont seuls assez

de terrains et de récoltes pour les nourrir et les élever. Les riches cultivateurs peuvent seuls faire les avances nécessaires pour obtenir de la terre toutes les productions qu'on peut en retirer. C'est pour cela qu'en Angleterre, par exemple, où presque tout le sol appartient aux riches familles aristocratiques, ce sol rapporte trois fois plus qu'il ne rapporterait s'il appartenait, comme en France, à de petits propriétaires moins aisés, qui ne peuvent entreprendre avec succès que les petites cultures, moins importantes et moins utiles; et c'est aussi parce que les terres sont moins divisées en Normandie que dans les autres parties de la France que cette province est la plus riche et la plus productive. Rien n'est épargné par ces grands propriétaires ou ces riches fermiers pour se procurer les meilleures races d'animaux, les meilleures semences et les meilleurs engrais, pour augmenter constamment la fertilité de la terre, et pour donner surtout à la culture des céréales tous les développements et tous les perfectionnements qu'elle peut comporter; tandis que les petits propriétaires, qui sont toujours plus pauvres, ne peuvent point faire autant de sacrifices, quelle que soit la peine plus grande qu'ils se donnent eux-mêmes, en cultivant avec ardeur jusqu'à la moindre parcelle de leur terrain. Dans un pays uni, ou dans les plaines, le même champ doit rapporter davantage s'il est cultivé par un grand propriétaire, riche ou aisé, que s'il est divisé entre plusieurs petits cultivateurs, nécessairement gênés ou malaisés, qui

ne peuvent pas quelquefois acheter les meilleurs
instruments aratoires, ni produire tous les engrais
dont ils auraient besoin, et qui se trouvent presque
toujours obligés de renoncer à la culture des céréales et aux élèves de bestiaux, qui produisent la
principale nourriture de l'homme, puisqu'il lui faut
essentiellement et avant tout de la viande et du
pain [1]. Ce n'est donc que dans les pays coupés et

---

[1] On a beaucoup écrit, en France, sur la reproduction des bestiaux,
et particulièrement sur celle de l'espèce chevaline, si nécessaire et si
importante, surtout pour l'armée. Mais chacun soutient une opinion
différente, et les principes les plus opposés ont des partisans. Cependant il n'est point douteux que c'est le grain qui fait essentiellement le cheval, de même que c'est la viande qui fait l'homme et qui
lui donne la beauté, la force et la santé. Il suffit donc, pour améliorer
et perfectionner une race, de n'accoupler que les plus beaux étalons
et les plus belles juments du pays, et de nourrir leurs produits, dès
l'enfance, avec du grain à satiété. Quant à l'introduction d'une nouvelle race, ou au changement de celle qui existe, le résultat ne peut
en être obtenu qu'au bout de huit générations, ce qui exige près
de cinquante ans de persévérance et d'efforts soutenus. En effet,
c'est au *pur sang*, c'est-à-dire au sang primitif de l'espèce chevaline,
qu'il faut toujours recourir pour y parvenir; et il est reconnu que ce
nouveau sang ne peut être acquis avant ce laps de temps. De même
que l'alliance d'un nègre avec une famille blanche laisserait du sang
noir jusqu'à la huitième génération, de même l'introduction continue
du pur sang dans une race chevaline ne peut changer et renouveler cette
race qu'au bout d'un égal nombre de générations. Jusqu'à cette époque, le but ne peut point être atteint ; et tous les produits seront
toujours plus ou moins défectueux, plus ou moins décousus et plus
ou moins manqués. Le sang arabe est le sang primitif le plus pur ;
mais il est rare de le retrouver parfait aujourd'hui, même en Arabie,
ou en Syrie, car il s'y est abâtardi presque partout par des croise-
ments regrettables. Le pur sang anglais lui a succédé en Europe,
depuis plus de deux siècles, et l'emporte à beaucoup d'égards sur le
pur sang arabe. Depuis quelques années, la France a imité l'exemple

accidentés, tels que les pays de montagnes et les lieux
inégaux qui ne comportent point une grande culture,
qu'il convient d'adopter de petites méthodes d'exploitation de la terre, afin d'en augmenter toujours les
produits et de la fertiliser partout le plus possible.

Déjà maintenant en France, où les terres se trouvent tellement divisées, depuis la révolution de 1789,
par suite du partage égal des biens entre tous les
enfants, chacun reconnaît les inconvénients de ce
morcellement sans limite; et presque tous les petits
propriétaires réclament l'établissement d'une caisse
hypothécaire de l'agriculture, qui pourrait leur prêter
les fonds dont dont ils auraient besoin pour améliorer
leurs propriétés. Mais si cette banque des cultivateurs
était jamais organisée, bien loin de leur venir en aide
et de leur être utile, elle ne pourrait que les ruiner
bientôt complétement, en se substituant peu à peu à
leur place. Presque jamais les petits propriétaires ne
pourraient parvenir à se libérer des intérêts qu'ils
seraient tenus de servir, quelque faibles qu'ils fussent, car les terres rapportent encore moins que les
capitaux les moins productifs; et lorsque les intérêts
et les capitaux accumulés auraient à peu près atteint
la valeur des terres hypothéquées, elles finiraient toujours, un peu plus tôt ou un peu plus tard, par passer

D'une caisse
hypothécaire
de
l'agriculture.

de l'Angleterre; et si elle persévère dans ses essais, sans se laisser
décourager par de vaines critiques, pressées de récolter avant l'époque tardive et reculée de la moisson, le pur sang français viendra
aussi bientôt à son tour rivaliser avec le pur sang arabe et le pur sang
anglais.

dans les mains de leurs créanciers. Si c'était l'État qui
était le prêteur, il deviendrait ainsi un jour, presque à
lui seul, propriétaire de toutes les terres. Alors le
pays serait tombé dans l'excès opposé à celui du trop
grand morcellement, car une exploitation aussi démesurée serait au-dessus des forces de l'État; et, loin
que la nation en profitât, loin que l'agriculture fît des
progrès, la gêne et la misère publique ne feraient
évidemment qu'augmenter. Sans doute les grands
capitaux et les avances considérables ne sont pas moins
indispensables pour l'agriculture que pour le commerce et pour l'industrie, et peuvent seuls augmenter
puissamment la production du sol. Mais ces avances
et ces capitaux ne peuvent se trouver qu'entre les
mains d'un petit nombre de grands propriétaires,
dont les revenus dépassent de beaucoup les dépenses,
sans que l'on doive, toutefois, exagérer ce principe,
et sans arriver non plus à ce point que la terre n'appartienne qu'à un trop petit nombre de privilégiés,
qui seraient obligés d'en négliger beaucoup de parcelles utiles, dont les pauvres savent tirer meilleur
parti. Le trop grand morcellement de la terre ne peut
donc offrir au pays que des inconvénients sans remède;
et l'on peut affirmer qu'en général tout petit propriétaire malaisé qui ne craint pas d'emprunter, en hypothéquant ses biens, doit se considérer comme ruiné
d'avance, et qu'il ne transmettra point à ses enfants
un héritage aussi considérable que celui qu'il avait
reçu de ses pères. Ainsi, si toutes les terres d'un pays

étaient partagées d'une manière égale entre tous les citoyens, et si cette égalité ne devait pas être détruite immédiatement, par suite de la diversité de l'intelligence et du travail de chacun, par la transmission de ces biens à des enfants plus ou moins nombreux, ou par d'autres causes semblables, ce pays se trouverait bientôt réduit à la pauvreté et à la misère, précisément à cause de cette division extrême, et la ruine générale des particuliers deviendrait en même temps celle de la nation tout entière. Quelle que soit la richesse qu'un peuple puisse retirer de son agriculture ou de son commerce et de son industrie, la répartition inégale de cette richesse, qui est la conséquence nécessaire de toute organisation sociale, est le seul moyen de nourrir le plus grand nombre d'habitants possible; et une répartition égale, si elle pouvait exister, serait, au contraire, le moyen qui permettrait de nourrir le moins d'habitants.

L'indivision des biens communaux peut aussi paraître, à certains égards, nuisible aux progrès de l'agriculture, parce qu'elle empêche de cultiver convenablement la plupart de ces biens, et de leur faire rapporter autant qu'ils pourraient le faire. Ainsi, dans certains pays, d'excellentes terres sont abandonnées à la jouissance commune de tous les habitants ; et l'on regrette involontairement de ne les point voir aussi bien cultivées que celles qui les avoisinent. Cependant, les biens communaux ne sont point absolument inutiles à l'agriculture, et ils font essentiellement la richesse des pauvres, qui ne pourraient, s'ils en

De l'indivision des biens communaux.

étaient privés, élever la vache, le cheval, la mule, ou la chèvre, dont ils ont un si grand besoin pour se nourrir, ou pour gagner leur vie en travaillant. Ce serait donc, avant tout, une mauvaise action et une mesure impolitique que de les dépouiller de ces précieuses ressources, et de ne plus permettre aux riches propriétaires qui seraient encore tentés d'imiter les nobles exemples de bienfaisance et de générosité des anciens seigneurs d'autrefois de léguer, comme eux, une partie de leurs biens à leurs concitoyens, à la condition d'en jouir toujours tous en commun. Toutefois, les lois pourraient accorder aux communes la faculté d'affermer ou de défricher, dans certains cas particuliers, quelques-uns de ces biens indivis, et même de les aliéner au besoin pour fonder des établissements publics non moins utiles, des hospices ou des maisons de charité, où tous les pauvres et les malheureux trouveraient au moins un asile assuré. Mais, en général, ce serait un grand malheur pour les générations pauvres à venir que d'être privées des avantages que doit leur garantir à jamais la jouissance des biens communaux; et il n'est point permis à un homme sage et à un père de famille de ruiner en quelque sorte d'avance les enfants qui doivent un jour naître de lui.

Des dessèchements des irrigations et des reboisements de montagne.

Les défrichements, les dessèchements et même les irrigations, doivent recevoir des encouragements du gouvernement, selon leur importance et leur utilité pour l'agriculture. Mais ce sont surtout les reboisements de montagne qui réclament les secours les

plus efficaces, car rien n'est devenu plus nécessaire
et même plus urgent. Les montagnes élevées, qui
étaient jadis presque partout couvertes de bois, et qui
aujourd'hui apparaissent pelées, incultes et arides,
ne peuvent généralement produire aucune espèce de
récoltes, et ne conviennent guère à l'agriculture.
Lorsqu'elles étaient boisées, les racines des arbres
retenaient la terre qui les couvrait et s'alimentaient du
détritus de leurs feuilles. Mais lorsque les arbres ont
été arrachés, les pluies ont peu à peu entraîné la terre,
et elles se sont ensuite dépouillées complétement,
n'offrant plus désormais que leur squelette nu et des
rochers sauvages. Maintenant il est pour ainsi dire
impossible d'y porter de la terre végétale et de
les reboiser; et ce ne serait qu'en commençant par
la base, dans quelques endroits moins difficiles,
que l'on pourrait peut-être, à grands frais et à la
longue, parvenir un jour jusqu'au sommet. Mais
c'est précisément à cause de cette difficulté que l'État
doit encourager d'autant plus les efforts des particuliers tentés dans les lieux les moins abruptes, car il est
constant que le déboisement des montagnes occasionne d'immenses inconvénients de plus d'un genre.
Les nuages n'étant plus attirés et retenus par les
cimes des arbres, les vents impétueux se déchaînent
avec plus de fureur; et la température du pays en
devient plus froide, plus inégale et moins salubre[1].

---

[1] Dans certaines contrées, jadis renommées pour l'excellence de

Les pluies, ne pouvant plus s'infiltrer et s'absorber dans la terre, ne font que glisser avec rapidité sur le flanc des montagnes, et se réunissent à leurs pieds comme dans des entonnoirs, d'où elles se précipitent immédiatement dans les rivières et les fleuves, dont le lit se trouve trop étroit pour les contenir, et qui se répandent nécessairement en débordements affreux et de plus en plus terribles, portant la terreur et la désolation parmi les populations des plaines, surprises de ces fléaux inouïs et de ces ravages autrefois inconnus.

Du cadastre. Le cadastre et le recensement de toutes les propriétés ont été renouvelés en France sous les derniers gouvernements. Cette opération remarquable a été un bienfait pour les propriétaires, dont les charges se trouvent maintenant réparties plus équitablement, suivant la qualité et la valeur réelle de leurs terres. Cependant, il est une seconde opération plus difficile qu'il n'importe pas moins de voir réaliser, et qui consisterait à établir une péréquation entre tous les départements, semblable à celle qui a été faite entre les communes de chaque département, car les terres de première classe d'un département ne rapportent quelquefois pas davantage que celle de troisième classe d'un autre ; et dans les uns, les propriétaires sont généralement imposés au cinquième de leur revenu,

leur huile, à Montferrier, par exemple, auprès de Montpellier, l'on ne peut plus aujourd'hui conserver ni élever d'oliviers.

tandis que dans quelques autres ils n'ont à payer que le dixième.

La France réclame encore un code rural, dont l'importance et la nécessité sont reconnues depuis longtemps. La législation actuelle est incomplète à cet égard; et l'agriculture a beaucoup à souffrir d'un grand nombre de servitudes et d'entraves, dont il serait temps de la débarrasser, ou de lui permettre au moins de se racheter.

Importance d'un code rural.

Nul ne peut ignorer que les climats et les pays ne diffèrent sur presque tous les points du globe, et qu'il n'en soit de la terre comme de l'humanité, dont la diversité est infinie. C'est pour cela que tous les produits d'un pays ne pouvant être les mêmes que ceux d'un autre pays, chacun éprouve le besoin de se procurer ceux qui lui manquent, en donnant en échange ceux dont il a une trop grande abondance, et qu'il ne peut tous consommer. Telle est l'origine du commerce, lequel commence d'abord d'individu à individu, de famille à famille, ou de tribu à tribu, et s'étend ensuite plus tard de nation à nation. Il n'est donc point d'occupation plus utile et plus nécessaire à l'homme après celle de l'agriculture.

Du commerce.

Mais la probité et la bonne foi doivent être les principales sources de la prospérité du commerce, et les négociants ou les marchands ne sauraient trop se pénétrer de cette vérité incontestable. Sans bonne foi, plus de confiance durable, et sans confiance plus de crédit, plus de vente, plus d'échange des produits. On préfère

De la probité du commerce.

15

toujours acheter à ceux que l'on croit les plus honnêtes et les plus incapables de tromper, plutôt qu'à ceux
qui veulent acquérir promptement, et par des gains illicites, une richesse prématurée et déshonorante, qui ne
devrait être la récompense que d'une longue vie de travail, d'économie et de patience. Il est quelques nations
en Europe dont la probité est généralement reconnue
sur toute la surface du globe. La nation anglaise est
de ce nombre ; et ses produits sont recherchés partout,
quelque élevés qu'en soient les prix, parce qu'ils sont
toujours bien faits et de bonne qualité. Malheureusement il n'en est pas de même de la nation française,
dont le commerce semble avoir perdu de nos jours la
vieille réputation de loyauté qui le distinguait anciennement. Rarement ses marchandises sont telles qu'il
les annonce ; rarement les draps et les étoffes qui proviennent de ses manufactures les plus en renom
ont exactement les dimensions et les qualités qu'ils
devraient avoir ; rarement, en un mot, l'on peut se
confier entièrement à un commerçant français, sans
crainte d'être plus ou moins trompé. Ce désir immodéré de s'enrichir promptement invente journellement mille moyens pour attirer, séduire et surpren-
dre les acheteurs ; mais la réputation de probité et
d'honnêteté diminue aussi chaque jour. L'intérêt
et l'honneur du pays exigent impérieusement une
réforme générale, et le retour à des principes plus
estimables et plus sévères.

Des lois
de douane.

Le commerce intérieur d'un pays est le lien prin-

cipal qui forme l'union de tous les citoyens, et qui les
maintient dans une dépendance réciproque les uns des
autres. Mais le commerce extérieur est surtout celui
dont l'importance est la plus grande, car c'est lui qui
peut enrichir plus particulièrement la nation, en lui
procurant des bénéfices considérables par la vente de
ses produits aux peuples étrangers. Toutes les lois de
douane doivent donc avoir pour but de faciliter l'expor-
tation des objets fabriqués à l'intérieur et de s'opposer en même temps à l'importation de ceux fabriqués
chez les peuples étrangers, en les frappant de droits
élevés, et en n'accordant cette libre faculté d'importation qu'aux matières premières seules que le pays ne
possède point en assez grande quantité. Si tous les
traités de commerce ne procurent pas toujours de tels
avantages, c'est que les peuples étrangers ont naturellement des prétentions semblables pour eux-mêmes,
et qu'il n'est pas possible ordinairement d'en exiger
ainsi des sacrifices, sans compensation ou sans réci-
procité. Si une nation avancée en civilisation peut
trouver de grands bénéfices à vendre ses produits
aux nations éloignées, dont l'industrie et les arts
sont encore à l'état d'enfance, chez les nations dont
la civilisation se trouve à peu près la même, telles
que les nations européennes, chacune veut recevoir autant d'avantages qu'elle en concède ; et il en
résulte que peu à peu elles se trouvent obligées
d'agrandir de plus en plus le champ des importations
étrangères, et d'adopter un jour, à la longue, le prin-

cipe absolu du libre échange, qui est la dernière expression possible du commerce.

Ce principe fut hautement proclamé en France, après la révolution de 1789, qui attaqua tous les monopoles et sembla détruire à jamais toutes les prohibitions. Mais, depuis, le peuple a cru y trouver des inconvénients encore plus grands que ceux dont il avait eu autrefois à souffrir, du temps de l'ancienne monarchie ; et il s'est plaint de cette liberté illimitée, dont les conséquences étaient de donner aux maîtres la possibilité de faire la loi aux ouvriers, obligés de souscrire à leurs conditions pour trouver de l'ouvrage et du pain, et qui permettait *d'exploiter l'homme par l'homme*, suivant leur expression. Cependant, si la liberté amène toujours nécessairement quelques abus très-regrettables, car toute chose est imparfaite en ce bas monde, on ne peut disconvenir que le principe absolu du libre échange ne soit un véritable progrès de la civilisation, et qu'il n'offre de grands avantages qui l'emportent de beaucoup sur ses inconvénients. En effet, la liberté du commerce, en excitant la concurrence, produit le bon marché, et améliore incontestablement le bien-être matériel des classes les plus pauvres. Chaque peuple se trouve aussi amené peu à peu à ne produire principalement que ce qu'il peut produire mieux que les autres, afin de l'emporter toujours par sa perfection et sa supériorité évidentes. De plus, il est certain que la liberté et la facilité des échanges font augmenter la

production et accroissent ainsi le travail, puisque cette
production illimitée et sans bornes ne peut se trouver
suspendue que momentanément, par un excès d'encombrement qui l'avertit aussitôt de s'arrêter ou de
tourner ses bras et ses efforts vers des produits moins
répandus. En même temps, la dépendance réciproque
à laquelle tous les peuples se trouvent réduits les
uns vis-à-vis des autres est un lien puissant qui les
unit entre eux, et n'en forme, en quelque sorte,
qu'un seul peuple et une seule grande famille, pour
qui les guerres et les dissensions deviennent chaque
jour de plus en plus rares. Néanmoins, il faut aussi
reconnaître qu'en attendant que tous les peuples
soient arrivés à admettre cette liberté absolue des
échanges, il importe de ne point laisser appauvrir les
industries du pays par la concurrence étrangère, et
de ne point supprimer ni détruire tout-à-coup, et sans
transition, les droits protecteurs qui alimentent le
travail et la production de la nation.

Si un peuple pouvait résister aux progrès de la
civilisation et se suffire toujours entièrement à lui seul
en prohibant tout commerce extérieur, et en n'ayant
qu'un commerce intérieur pour ne produire et ne fa-
briquer que ce qui serait nécessaire à ses besoins et
ce dont la consommation lui serait assurée par lui-
même, ce peuple serait assurément plus heureux que
ceux qui sont obligés de lutter sans cesse contre la
concurrence étrangère, ingénieuse à inventer chaque
jour mille procédés nouveaux de fabrication plus facile,

De
la prohibition
absolue.

plus économique et plus prompte. Cependant, le commerce intérieur suffirait seul à la longue pour faire naître aussi une concurrence plus ou moins redoutable, suivant les progrès de la civilisation ; et les prohibitions absolues exciteraient nécessairement la contrebande. Ainsi, souvent dans le pays même, les bras se trouvent remplacés par des machines et des inventions nouvelles, qui font ordinairement la fortune des premiers qui les mettent en usage, mais qui malheureusement nuisent momentanément à un grand nombre d'ouvriers en les réduisant à la gêne, jusqu'à ce qu'ils puissent trouver d'autres travaux. Toutefois, la consommation augmente par le bon marché, qui résulte toujours de ces perfectionnements ; et en somme, le bien-être de la société s'accroît, malgré les sacrifices douloureux de quelques intérêts lésés.

De l'industrie et de l'association de l'industrie.

L'industrie, qui est la sœur du commerce, n'a donc pas le droit non plus de s'opposer à la concurrence et à la liberté des échanges, soit au sein du pays, soit avec les peuples étrangers. Mais comme il n'existe point de principe absolu que l'on puisse toujours appliquer partout sans restriction et sans mesure, il faut que les inconvénients dont les meilleures institutions ne peuvent jamais se trouver complétement exemptes soient corrigés autant que possible par l'association des ouvriers de chaque industrie et même de toutes les industries ensemble. L'association, en effet, peut seule entreprendre de très-grands travaux, empêcher l'encombrement des industries, et procurer de l'ou-

vrage à tous ceux qui en manquent. Ainsi, jadis
toutes les corporations de métiers se soutenaient l'une
par l'autre, et se prêtaient un mutuel appui que
plusieurs institutions utiles rendaient encore plus
efficace.

Aujourd'hui, il est vrai, les concessions de mines, Des
concessions
de mines,
de ponts
et de canaux.
de ponts et de canaux, sont généralement données à
des associations de capitalistes qui les exploitent en
commun, et dont aucun ne serait assez riche pour
pouvoir supporter à lui seul une entreprise aussi considérable. Mais ces diverses concessions diffèrent essentiellement des autres industries; et il est du devoir
de l'État de réserver pour lui les plus considérables
et les plus importantes, qui seraient au-dessus des
forces des associations particulières, ou qui ne pourraient leur être abandonnées, sans de graves inconvénients politiques.

L'exécution de ces grandes entreprises, des routes Des
grandes routes
et
des chemins
de fer.
les plus importantes, des canaux et des chemins de
fer les plus étendus, exige des garanties de tout genre
envers la société; et lorsque d'aussi vastes travaux sont
abandonnés aux industries privées, celles-ci peuvent
rarement les terminer par elles-mêmes, surtout dans
des pays tels que la France, où les grandes fortunes
sont si rares, et où la division des biens est infinie.
Ces associations nationales sont ordinairement obligées d'avoir recours aux associations étrangères; et ne
pouvant en obtenir un simple prêt d'argent, dont elles
pourraient cependant presque toujours se rembourser

facilement sur leurs bénéfices futurs, elles se voient
contraintes de les associer à l'égal d'elles-mêmes, et de
partager avec elles l'adjudication de ces entreprises
et les profits qu'elles doivent donner. Rien n'est plus
contraire aux intérêts d'un peuple ; et la France
l'a déjà éprouvé plusieurs fois, sans qu'aucune loi
soit encore venue interdire d'une manière expresse
toute concession d'actions industrielles à des étrangers. Dans le premier moment pourtant, il semble que
l'affluence des capitaux d'une autre nation soit une circonstance heureuse pour le pays, parce qu'elle lui permet d'accomplir par ce moyen une entreprise considérable, à laquelle il devrait sans cela renoncer, et qui,
indépendamment des avantages immenses que la
société en retirera après son exécution, peut donner
immédiatement du pain à des masses nombreuses
de travailleurs en proie à la détresse ou à la misère.
Mais bientôt on est forcé de reconnaître que le profit
de cette association n'a été qu'un leurre et un faux
espoir ; et que, loin d'enrichir le pays, elle n'a servi
qu'à l'appauvrir, en lui enlevant sa propre richesse.
Presque tous les capitalistes étrangers qui avaient
souscrit un certain nombre d'actions en faveur de la
compagnie associée à qui la concession a été dévolue,
n'en effectuent seulement pas les premiers verse-
ments ; et, profitant des premiers mouvements de
hausse qui accompagnent toujours l'espoir donné par
les nouvelles entreprises, ils vendent toutes ces actions
avec un profit assuré, en les cédant à ceux qui n'ont

pu les obtenir au pair avant l'adjudication. Ils réalisent toujours ainsi d'énormes bénéfices et des sommes immenses qu'ils remportent ensuite dans leur pays, et qu'ils savent tenir en réserve pour venir plus tard, lorsque se présentera une autre occasion semblable, enlever encore la richesse de leurs voisins mal avisés, et ignorants des vrais principes économiques qui doivent soutenir l'industrie.

Il est évident que dans une situation telle, et lorsque les capitaux non employés par l'industrie du pays ne peuvent suffire pour entreprendre à eux seuls d'aussi vastes travaux, nécessaires à la prospérité et au bien-être de la nation, c'est à l'État qu'il appartient de s'en charger lui-même, et d'y appliquer toutes les ressources que peuvent lui procurer des économies annuelles, ou des impositions modérées. Et quoique rien ne soit plus regrettable pour un État que d'avoir recours à des emprunts, mieux vaudrait encore qu'il empruntât lui-même les capitaux qui lui sont nécessaires, moyennant un intérêt raisonnable et déterminé jusqu'à l'époque où il devrait les rembourser, si des circonstances exceptionnelles et urgentes exigeaient absolument qu'il entreprît immédiatement tous ces travaux importants. Mais en aucun cas, on le répète, il ne doit être permis aux capitalistes étrangers d'être associés dans les industries nationales; et les capitalistes du pays ne doivent par conséquent appliquer leurs fonds qu'à des entreprises moins considérables, qui ne dépassent point leurs ressources, ou pour les quelles il leur suffit de s'associer avec leurs propres concitoyens.

C'est ainsi qu'en France les grandes routes nationales qui sillonnent le pays d'une extrémité à l'autre, et qui se joignent à celles des pays étrangers, sont toujours établies, entretenues et rectifiées aux frais de l'État, qui seul peut embrasser l'ensemble d'un aussi vaste réseau, et le surveiller dans tous ses détails. Mais à côté de ces principales artères du pays, si nécessaires à la libre circulation du commerce et des produits de l'industrie, il existe beaucoup d'autres routes, dites *départementales*, parce qu'elles sont spécialement à la charge des départements; et l'on compte une masse encore plus considérable de chemins cantonaux et communaux, de moyenne et de petite vicinalité. Ces dernières voies de communication sont loin encore d'être parvenues à un degré satisfaisant d'achèvement et d'entretien; et il est à regretter que les plus importantes d'entre elles ne soient point mises exclusivement à la charge des conseils d'arrondissement, sous le nom de routes *arrondissementales*, et que les autres ne soient point classées et établies par les conseils cantonaux et municipaux. Toutes ces voies de communication ne peuvent être convenablement entretenues, après leur achèvement, que par des cantonniers permanents, ou stationnaires, obligés de réparer chaque dégradation à l'instant même où elle est produite, afin de l'empê-

cher de devenir plus considérable, et afin d'éviter de
plus grands travaux et de plus grandes dépenses,
qui deviennent ensuite trop souvent nécessaires,
lorsque les communications ont pu être inter-
ceptées.

CHAPITRE VII

DES ARMÉES DE TERRE ET DE MER, ET DES RAPPORTS AVEC LES PEUPLES ÉTRANGERS.

Des armées de terre et de mer. — De leur composition. — Des officiers. — Des sous-officiers. — Des simples soldats. — Du remplacement militaire. — De l'uniformité des commandements de l'armée. — Des ordres de Saint-Louis et de la Légion-d'Honneur. — Des aumôniers de l'armée. — Revision du service des places et du code pénal militaire. — Des troupes d'élite. — D'une garde royale. — Du travail de l'armée. — Inconvénients de faire voter l'armée. — De la milice ou garde nationale. — De la marine militaire. — De la marine marchande. — De la traite des nègres. — Des rapports avec les peuples étrangers. — Des frontières naturelles.

L'entretien des armées a pour but de veiller à la sécurité intérieure et extérieure du pays; et le précepte ancien : *Si vis pacem, para bellum*, s'applique en même temps aux dissensions civiles et aux guerres étrangères. L'organisation de l'armée en France semble parvenue à un degré de perfection qui ne laisse presque rien à désirer. Cependant, sa composition n'est point à l'abri de tout reproche, puisqu'elle est loin de jouir de la considération qui devrait lui appartenir, et qui entoure la carrière militaire chez

les autres nations de l'Europe. La loi actuelle de
recrutement, en appelant tous les citoyens indistinctement au service de la patrie, a eu principalement
pour but de les obliger à se courber sous le niveau
d'une égalité absolue. Mais c'est précisément l'abus
de ce principe d'égalité qui éloigne de l'armée l'élite
de la nation française, de sorte que la plupart de
ses généraux et de ses chefs sortent des classes inférieures de la société, et manquent généralement de
l'éclat d'un nom et d'une fortune capables de soutenir leur haute position. Autrefois, la noblesse seule
avait le privilège de porter l'épée et de commander
les armées; et quelque injuste que cela pût paraître
aux yeux de la bourgeoisie et du peuple, il est certain
que l'état militaire en recevait un lustre plus grand,
et que la discipline même y trouvait de nombreux
avantages. Tous ceux qui ont longtemps servi et qui
ont étudié les mœurs des soldats savent que jamais
les officiers obscurs, sortis des derniers rangs de
l'armée, et presque toujours sans éducation et sans
instruction, ne jouissent d'une considération et d'une
autorité égales à celles que possèdent ceux qui sont
sortis des écoles militaires, ou qui appartiennent à des
familles plus considérables dans le pays. L'élévation
de ceux qui n'occupent point par eux-mêmes un rang
distingué dans la société inspire toujours aux subordonnés plus de jalousie et d'envie que de respect; et
ces supérieurs, dont le grade paraît souvent le seul
mérite, sont obligés, pour établir et maintenir sans

contestation leur autorité, de se livrer à des excès de
sévérité, de morgue et de fierté déplacées, dont les
autres n'ont pas besoin, et qui les font souvent
détester, au point de leur nuire quelquefois dans
des occasions graves et importantes. Se sentant eux-
mêmes inférieurs à ceux qui ont reçu une éducation
plus brillante, beaucoup d'anciens soldats, parvenus
au grade d'officier, ne peuvent se lier et marcher de
pair avec ceux de leurs nouveaux camarades qui
sont plus riches, plus instruits et mieux élevés, quelques prévenances que ceux-ci puissent avoir pour
eux, et quelque bonne amitié ou fraternité d'armes
qu'ils puissent d'ailleurs leur offrir cordialement.
Bientôt la jalousie et l'envie viennent les exciter en
secret contre ces camarades plus distingués qu'eux,
tandis qu'ils ont en même temps à supporter les
oppositions de leurs anciens égaux, devenus leurs
subordonnés. Ne se trouvant point alors à leur place,
ni d'un côté ni de l'autre, ils préfèrent encore se
rapprocher de ces derniers, auprès desquels leur
amour-propre n'a du moins rien à souffrir, et qu'ils
ne peuvent gagner que par des concessions contraires
à la bonne discipline et à la hiérarchie militaire. Ils
conspirent ensuite ensemble contre leurs chefs et
même contre ceux qui ont le même grade qu'eux; et
toujours prêts à profiter des circonstances, ils attendent qu'une occasion favorable, une révolution ou
une émeute populaire, leur serve de prétexte pour
chasser, s'ils peuvent, de l'armée ceux dont ils sont

jaloux, et pour s'emparer de leurs places et de leurs positions. Telle est l'image fidèle de ce qui s'est passé en France, depuis que les bienfaits de la paix ont succédé aux maux des guerres de la Révolution et de l'Empire, qui décimaient trop vite les rangs de l'armée pour permettre de si honteuses et si coupables menées.

Des officiers. Dans une république quelle qu'elle soit, et quelque démocratique qu'elle puisse être, il est impossible, à la longue, de se passer d'une aristocratie; et toutes les républiques ont toujours eu des sénateurs ou des archontes, des familles nobles et patriciennes. Mais dans l'état militaire surtout, l'esprit aristocratique est essentiellement une condition de son existence ; et il est indispensable que les chefs de l'armée et que les officiers qui la commandent soient choisis parmi l'élite de la nation, et parmi ceux qui, par leur position sociale, leur capacité, leurs moyens, leur instruction, leur éducation et leur mérite, offrent le plus de garantie et le plus de confiance à leurs subordonnés, non-seulement en temps de guerre, où la discipline militaire a plus de force, mais même en temps de paix, où elle se relâche toujours. Le commandement des troupes, comme le gouvernement des peuples, ne peut être abandonné indifféremment à tous les citoyens; et il importe à la grandeur et à la dignité du pays de savoir profiter des avantages qu'il peut trouver dans l'appui des plus grandes familles, en attirant ses plus nobles enfants au service de la patrie et en leur réser-

vant au moins, de préférence à mérite égal, les grades
supérieurs et les positions élevées. Et si l'on pouvait
supposer que les officiers sans fortune, sans famille et
sans éducation première, sortant de la classe des
sous-officiers et ayant tout à acquérir par eux mêmes,
doivent se dévouer avec plus d'ardeur à leur état, être
plus braves et plus audacieux que les autres, il suffirait, pour réfuter cette étrange erreur, d'ouvrir les
pages de l'histoire de France, si remplies de guerres
et de combats célèbres, dans lesquels la noblesse s'est
toujours signalée par sa vaillance et n'a jamais cédé
à ses inférieurs la gloire de se faire tuer aux champs
d'honneur. Si cette noblesse a jamais pu mériter un
seul reproche, c'est précisément celui d'avoir toujours
combattu comme de simples soldats, et non comme
doivent combattre des officiers, des généraux ou des
chefs, dont la conservation importe essentiellement
aux armées, et qui doivent peut-être s'exposer moins
que les autres, si ce n'est pour électriser et entraîner
leurs troupes, par leur exemple, dans des occasions
rares et difficiles. Les officiers qui ne tiennent pas à
l'ancienne aristocratie du pays peuvent paraître, il est
vrai, plus dévoués et plus disciplinés, parce qu'ils
sont moins indépendants par eux-mêmes; et c'est
pour cela, sans doute, que sous le dernier gouvernement de la France toutes les faveurs et tous les grades
les plus élevés leur étaient spécialement dévolus, le
roi et les princes voulant se les attacher personnellement d'une manière plus intime, et croyant pouvoir

16

compter plus particulièrement sur eux pour leur défense et pour le maintien de leur dynastie. Mais l'expérience des siècles a toujours prouvé que les dévouements fondés sur l'intérêt des hommes ne peuvent
jamais être durables, parce que les intérêts changent
continuellement, et que celui qui n'était ami que par
intérêt personnel devient bien vite ennemi quand il
peut y être conduit par un autre intérêt contraire.
L'honneur et la vertu seuls peuvent résister aux séductions perfides de cet intérêt égoïste et coupable;
et c'est surtout chez ceux qui se trouvent retenus par
de tels sentiments, par leur nom, leur position sociale
et par le dévouement héréditaire de leur famille, que
l'on peut espérer trouver toujours l'accomplissement
des devoirs les plus difficiles et les plus indispensables
à remplir.

Des
sous-officiers.

Quant aux sous-officiers, cette classe intermédiaire
si importante et si utile, et que l'on pourrait presque
considérer comme l'âme des régiments, il faut également satisfaire dans une juste mesure leur amour
propre et leur ambition légitimes. Il faut surtout les
entourer d'une considération plus grande, et leur
donner une aisance et un bien-être dont ils soient
heureux et contents, et qui permettent de laisser le
plus grand nombre d'entre eux dans cette position
secondaire, assez honorable et assez belle pour borner leurs vœux et leurs désirs. C'est ainsi qu'il serait
convenable en France d'augmenter la solde de tous
les sous-officiers, d'élever principalement l'allocation

de leur masse de linge et chaussure, beaucoup trop insuffisante pour leurs besoins, et de leur donner, à la fin de leur carrière, la retraite et peut-être même le grade honorifique d'officier. C'est ainsi qu'il faudrait encore les breveter comme les officiers, ou leur donner des garanties assez positives pour empêcher que leur carrière ou leur existence ne soit jamais brisée injustement. Par là on en attacherait le plus grand nombre à leur drapeau et à leur régiment, condition si essentielle pour affermir et maintenir l'esprit de corps et la bonne discipline de l'armée.

Suivant les principes d'une égalité sociale absolue, rien n'est plus juste, rien n'est plus beau, en apparence, que d'obliger tous les citoyens sans distinction à servir sous les drapeaux, et à payer personnellement ce que l'on appelle quelquefois *l'impôt du sang*. Mais, dans l'application, rien n'est plus contraire aux véritables intérêts du pays que d'exercer tous les citoyens au métier des armes, de les libérer du service dès qu'ils sont instruits, et de ne conserver sous les drapeaux que des armées de recrues, sur lesquelles on ne peut assez compter, ni pour une guerre étrangère et pour une défense énergique du territoire, ni pour la sécurité intérieure de la société. Les meilleures troupes sont incontestablement celles qui comptent le plus d'années de service, et qui sont le mieux rompues aux fatigues du métier des armes et à la discipline militaire. Aussi convient-il de conserver toujours sous les drapeaux le plus grand nombre possible d'anciens soldats, en les retenant au service par des primes ou des hautes payes de rengagement, des retraites suffisantes pour leur vieux jours, et par d'autres avantages certains, pouvant exciter leur devouement à la carrière militaire. On peut par ce moyen diminuer le nombre des troupes entretenues chèrement par l'État, et suppléer ainsi en quelque sorte à la quantité par la qualité.

Du
remplacement
militaire.

Il faut donc encourager les remplacements des citoyens qui n'ont point le goût ni la vocation de cette carrière, et qui, ne s'y soumettant qu'avec répugnance, sont presque toujours de mauvais soldats. Mais il est plusieurs modes de remplacement militaire; et rien n'est plus important que de savoir reconnaître et de choisir celui qui se concilie le mieux avec les intérêts de l'armée et avec les usages et les mœurs de la société, auxquels il faut toujours nécessairement se conformer. Or, de tous les modes que l'on ait pu imaginer jusqu'ici, celui qui paraît réunir le plus d'avantages et le moins d'inconvénients est celui d'après lequel l'État se trouve lui même chargé de remplacer ceux qui ne peuvent ou ne veulent point servir, en exemptant gratuitement les premiers et en exigeant des autres un impôt plus ou moins élevé, suivant leur fortune ou le taux de leurs contributions. Cet impôt peut lui procurer des ressources suffisantes pour améliorer considérablement le sort des soldats, et leur assurer surtout une retraite honorable et des avantages particuliers, au

terme de leur carrière, de manière à obtenir autant
d'engagements volontaires et de rengagements qu'il
peut en avoir besoin en toute circonstance. Par ce
moyen il n'y aurait plus, à proprement parler, de rem-
plaçants dans l'armée ; et l'on verrait même disparaître cette qualification réprouvée, devenue presque
injurieuse aux yeux de ceux dont les préjugés ont
conservé le plus de force, et qui croient que celui qui
se vend se déshonore toujours, quels que soient d'ailleurs les motifs les plus excusables et même quelquefois les plus louables qui puissent l'y déterminer.

Une des améliorations les plus utiles et les plus
urgentes à introduire dans l'armée serait d'établir
une uniformité complète dans les commandements
de toutes les armes, et particulièrement de l'infanterie
et de la cavalerie. Sans être exactement les mêmes,
les mouvements ont une ressemblance frappante et
positive ; et rien ne serait assurément plus facile que
de les exécuter tous par des commandements semblables. Déjà, dans la cavalerie, un officier supérieur
distingué [1] a fait un pas immense dans cette voie, en
simplifiant les manœuvres les plus difficiles et en
faisant exécuter toutes les évolutions sans inversion,
ce qui offre des avantages nombreux et incontestables,
quoique l'on puisse aussi y trouver quelques légers
et faibles inconvénients, qui ont suffi jusqu'ici pour
en faire retarder l'adoption générale, mais qui ne

De l'uniformité des commande- ments de l'armée.

---

[1] Le lieutenant-colonel Ytier.

doivent cependant point l'empêcher dans un avenir plus ou moins éloigné. Cet officier supérieur lui-même, ou tout autre, s'il y était encouragé, parviendrait aisément à formuler cette concordance des commandements de toutes les armes si importante et si nécessaire, car il n'est pas un seul officier qui n'en reconnaisse l'utilité et ne doive souvent en éprouver le besoin. Que de fois en effet d'habiles généraux d'infanterie n'ont pu commander ni faire manœuvrer des troupes de cavalerie, de même que les officiers de cavalerie n'osent guère commander des troupes d'infanterie lorsqu'elles se trouvent placées sous leurs ordres! C'est principalement dans les grades supérieurs, et dans les grades les plus élevés, que les commandements comportent la réunion de troupes de différentes armes; et il est nécessaire qu'un général connaisse parfaitement l'organisation et la tactique de toutes les troupes qui peuvent se trouver sous ses ordres. Mais ce serait déjà beaucoup pour lui, assurément, si les commandements étaient partout uniformes pour l'exécution de tous les mouvements semblables.

Des ordres le Saint-Louis et de la Légion-d'Honneur.

Depuis longtemps l'armée réclame la création ou plutôt le rétablissement d'un ordre de chevalerie purement militaire, qui lui appartienne exclusivement à elle seule, et qui ne puisse jamais appartenir à d'autres. Lorsque Napoléon institua l'ordre civil et militaire de la Légion-d'Honneur, il croyait sans doute se populariser, en récompensant également, par une décoration unique, tous les services rendus au pays,

dans toutes les conditions et dans tous les rangs de la
société. Mais les meilleures institutions ont aussi leurs
inconvénients; et l'abus s'est introduit à un tel point
dans la distribution de cette distinction honorifique,
qu'il n'est plus possible de trouver désormais dans
cet ordre unique les avantages que l'on pouvait peut-
être en espérer dans le principe. Les services civils
les plus minimes devant toujours être récompensés
par la décoration de la Légion-d'Honneur, puisqu'il
n'existe pas d'autre récompense de ce genre qu'on
puisse leur accorder, on ne peut apporter, dans la
distribution qui leur en est faite, une réserve et une
sévérité semblables à celles qui sont établies pour
l'armée, parce que si la balance était égale, presque
personne alors ne pourrait l'obtenir comme récompense civile. En effet, dans l'armée l'on exige une
action d'éclat, ou une blessure grave, en temps de
guerre, pour pouvoir être décoré; et en temps de paix,
il faut au moins vingt ans de service pour pouvoir
être proposé. Et même combien peu d'officiers et de
soldats obtiennent la croix après ce temps, et combien
en est-il d'autres qui, parvenus à leur retraite au bout
de trente ans de service effectif, se sont retirés dans
leurs foyers sans avoir pu obtenir cette décoration !
Mais un préfet, un maire, ou tout autre employé civil
du gouvernement; ne peuvent point attendre d'aussi
longues années de service pour obtenir une décoration honorifique, car presque jamais ils ne remplissent
aussi longtemps leurs emplois; et il est, par conséquent,

nécessaire de les récompenser plus promptement.

Il est encore un autre vice fâcheux attaché à cette institution, mais particulier à l'état militaire, et qui empêche trop souvent de donner la décoration aux sous-officiers ou soldats qui se distinguent sur les champs de bataille : c'est que l'État doit accorder une pension viagère de 250 francs par an à tous les militaires décorés, qui ne sont point officiers. La seule obligation de cette pension est cause que la plupart des sous-officiers et soldats ne peuvent jamais obtenir la croix; et dans nos braves régiments d'Afrique, par exemple, où l'on peut signaler journellement les plus beaux faits d'armes, aucun soldat, aucun chasseur, ne doit guère nourrir l'espoir d'être décoré, même après les expéditions les plus longues et les plus meurtrières, telles que furent celles de Zaatcha et beaucoup d'autres, car l'on n'accorde ordinairement cette faveur qu'à un petit nombre d'officiers seulement. Il faut donc modifier l'ordre de la Légion-d'Honneur, et le réserver entièrement comme récompense des services civils, en changeant la couleur de son ruban, qui pourrait devenir vert ou bleu. Mais il faut en même temps instituer un nouvel ordre, purement militaire, qui soit la récompense de tous ceux que leur bravoure et de beaux faits d'armes font distinguer dans tous les grades devant l'ennemi, qui soit souvent donné, en temps de paix, après vingt ans de bons et loyaux services, et qui appartienne de plein droit à tous ceux qui sont mis à la retraite et se

retirent dans leurs foyers, au terme d'une carrière de
trente ans. L'ordre de Saint-Louis, qui n'a point été
expressément aboli en France, mais qui s'est trouvé
tacitement supprimé depuis la révolation de 1830,
était un ordre essentiellement militaire, et qui jadis
équivalait presque à des lettres de noblesse. Nulle
mesure n'a autant déplu à l'armée française que la
suppression de cet ordre ; et elle n'a cessé jusqu'ici de
réclamer énergiquement son rétablissement. Cependant il conviendrait aujourd'hui d'introduire quelques
modifications dans les statuts de cet ordre, pour le
mettre plus complétement à la portée des sous-officiers
et soldats; et au lieu de la pension viagère de 250 fr.
que leur accorde l'ordre de la Légion-d'Honneur, il
suffirait de leur donner une haute paye mensuelle,
pour couvrir les dépenses minimes occasionnées par
l'entretien de la décoration et du ruban.

L'armée réclame aussi le rétablissement d'une
institution dans laquelle quelques abus s'étaient introduits, il est vrai, avant sa suppression, et dont elle
pourrait, à la rigueur, se passer en temps de paix et
dans ses garnisons ordinaires, mais dont l'utilité est
incontestable en temps de guerre. C'est celle des
aumôniers militaires, qui suivent les régiments dans
les expéditions et sur les champs de bataille, et qui
viennent porter aux troupes et aux malheureux soldats
fatigués, blessés, ou mourants, les précieuses consolations de la religion chrétienne. Ces consolations leur
font supporter avec résignation les peines et les pri-

Des aumôniers de l'armée.

vations de leur noble et terrible métier, doublent leur
courage devant le danger et en face de l'ennemi, et
adoucissent enfin leurs derniers moments. Déjà, en
Afrique, de braves et dignes prêtres accompagnent
volontairement les expéditions, et sont les meilleurs
amis des militaires de tout grade; car celui qui se
trouve obligé de faire toujours d'avance le sacrifice
de sa vie est naturellement disposé à reporter ses
pensées vers l'Être-Suprême, auquel il doit son existence, et à qui il doit tôt ou tard rendre compte de
ses actions en ce monde. Aussi, la religion est-elle
beaucoup plus honorée et respectée dans l'armée
d'Afrique qu'elle ne l'est dans les régiments de France;
et les autorités militaires elles-mêmes sont les premières à donner un bon exemple à leurs subordonnés,
en assistant régulièrement et officiellement à la messe
et aux offices divins, suivant les préceptes de l'Église.
Il serait convenable qu'il en fût de même en France;
et si le nombreux clergé répandu partout, jusque dans
toutes les plus petites garnisons, suffisait pour dire
exactement la messe aux militaires les dimanches et les
jours de fête, et pour leur administrer tous les secours
spirituels qu'ils peuvent réclamer, il faudrait au moins
que des ecclésiastiques ou des aumôniers fussent toujours attachés aux troupes qui seraient mises sur le
pied de guerre, et qui devraient courir les chances
meurtrières des combats ou des batailles.

Révision
du service
des places
et du
Code pénal
militaire

L'ordonnance royale qui régit le service des places,
en France, remonte à l'année 1768. Depuis cette

époque, l'organisation de l'armée a été modifiée plusieurs fois; mais aucun changement n'a été apporté à
cette ordonnance surannée, devenue aujourd'hui
presque intièrement inapplicable. On est donc étonné
qu'une nouvelle ordonnance n'ait point encore été
mise en harmonie avec les nécessités actuelles du
service, car cette amélioration est on ne peut plus
importante. Il en est de même de la révision des lois
militaires ; et les conseils de guerre attendent encore
un nouveau code pénal plus conforme aux institutions
et aux mœurs françaises. Quelque rigoureuses que
doivent être les peines nécessaires à la bonne discipline
des armées, il faudrait au moins donner aux juges la
faculté d'admettre des circonstances atténuantes,
toutes les fois que leur conscience le réclame, et leur
permettre de prononcer alors une peine moins forte.

Presque tous les écrivains militaires ont établi de
longues controverses sur l'utilité ou sur les inconvénients des troupes d'élite; et cependant l'opinion publique ne parait point encore parfaitement fixée à cet
égard. Si l'on ne peut contester que des hommes choisis
parmi les plus braves, les plus expérimentés et les
mieux disciplinés, ne soient infiniment supérieurs aux
autres, il n'est point douteux, non plus, que ce choix
privilégié ne tourne nécessairement au détriment des
autres troupes, et que les faveurs et les avantages
nombreux accordés toujours aux régiments d'élite
n'excitent la jalousie de ceux qui se voient moins
bien traités. En outre, les chefs d'armée ne doivent

*Des troupes
d'élite.*

presque jamais exposer ces troupes d'élite, dont le recrutement et l'entretien exigent des sacrifices trop considérables; de sorte que, de fait, ce sont toujours les moins bonnes troupes qui combattent le plus, et qui supportent presque à elles seules tous les dangers et toutes les fatigues de la guerre. Toutefois, il faut également convenir que le moral d'une armée se trouve toujours énergiquement soutenu par l'appui d'une réserve formidable; et que tant que cette réserve n'est point engagée, le succès des combats ne lui parait jamais douteux. Mais quelle que soit l'utilité incontestable des réserves, il n'est point nécessaire qu'elles soient composées de troupes d'élite ou privilégiées; puisqu'il est évident que si ces troupes d'élite sont trop nombreuses, les autres troupes doivent se trouver moins fortes, étant privées de leurs meilleurs et de leurs plus braves soldats. Il y a donc, militairement parlant, plus d'inconvénients que d'avantages à créer des troupes d'élite au sein d'une armée, à moins que le nombre de ces troupes d'élite ne soit très-restreint; et il est infiniment préférable que les soldats les plus expérimentés, et ceux dont la bravoure et l'honneur méritent le plus d'encouragements et de récompenses, ne soient jamais enlevés aux corps auxquels ils appartiennent, et dont ils font la principale force, excitant et entraînant, par leur exemple, les plus timides et les plus inexpérimentés de leurs camarades.

Et d'une garde royale.

Il n'est point nécessaire, non plus, que sous les gouvernements monarchiques non absolus, les rois

soient entourés d'une garde particulière, qu'ils sup-
posent, il est vrai, plus dévouée à leur personne que
les autres régiments de l'armée, mais qui, le plus souvent, ne peut absolument rien pour leur défense,
parce que son infériorité numérique ne lui permet
jamais de résister à la volonté du reste de la nation et
à la masse du peuple. Mieux vaudrait encore pour
eux que leur autorité fût soutenue par quelques
régiments non privilégiés, dont l'appui paraîtrait
plus désintéressé et aurait plus de force aux yeux du
pays[1].

[1] Tous les divers corps de l'armée croient naturellement que leur
utilité est incontestable ; et il n'est pas un seul régiment qui doive
penser que sa suppression soit possible. Cependant, dans la cavalerie,
il n'est véritablement que trois armes qui soient absolument nécessaires : la cavalerie légère, la cavalerie de ligne et la cavalerie de
réserve. Il suffirait donc de n'avoir en France que des régiments de
hussards, de lanciers et de cuirassiers ; et l'on pourrait supprimer
les régiments de chasseurs et de dragons. Les chasseurs n'ont point
une tenue très-gracieuse ; et les épaulettes, incommodes pour coucher au bivouac, ne conviennent point à des troupes d'avant-postes.
Les dragons sont spécialement destinés à combattre à pied et à
cheval ; mais jamais ils ne peuvent remplacer de bonnes troupes
d'infanterie ; et d'ailleurs tous les régiments de cavalerie, armés de
carabines perfectionnées, peuvent également mettre pied à terre,
si les circonstances de guerre l'exigent. La tenue des régiments
de hussards est, il est vrai, beaucoup plus dispendieuse que celle
des régiments de chasseurs ; mais il est extrêmement facile de
modifier très-économiquement cette tenue, en supprimant complétement la pelisse, qui est inutile en toute saison et très-fatigante à
porter, et en remplaçant les tresses d'or et d'argent des officiers par
des tresses de laine ou de soie. Cet uniforme simplifié serait certainement celui qui conviendrait le mieux à toutes les troupes de cavalerie légère ; et il serait en même temps à propos de donner le phéey
d'Afrique à toutes les troupes, et le manteau bl u de roi à tous les
officiers de l'armée. La lance est la meilleure arme offensive pour la

Le travail de l'armée est-il déshonorant, et une sage politique doit-elle éviter soigneusement d'employer les bras des soldats à des exercices étrangers à la tactique militaire? Quelques officiers éminents ont exprimé cette opinion. Cependant, si l'on examine à fond cette question, et si on la médite sans se laisser égarer par un amour-propre exagéré ou par un faux point d'honneur, on ne peut rien trouver de blessant ni d'humiliant dans les travaux exécutés par les troupes; et de plus, on ne peut disconvenir que ces travaux ne soient extrêmement utiles et avantageux au pays. Presque tous les peuples anciens employaient les bras de leurs soldats, en temps de paix ou en pays conquis; et les Égyptiens et les Romains ne sont parvenus à terminer de si grandes entreprises, et à exécuter les monuments éternels qu'ils nous ont laissés et qui seront toujours un sujet d'admiration pour les siècles à venir, que par l'emploi sage et judicieux de ces moyens immenses dont ils savaient ainsi disposer. Après la révolution de 1830, en France, quelques régiments ont été employés dans les départements de l'Ouest à exécuter des routes stratégiques, aussi remarquables par leur bonne confection que par le peu de frais et de dépenses qu'elles ont occasionnés au pays. Aujourd'hui encore, en

cavalerie de ligne : et la cuirasse et le casque sont des armes défensives, nécessaires à la cavalerie de réserve. Enfin il conviendrait encore de faire manger tous les soldats à part, dans de petites gamelles de fer-blanc.

Algérie, toutes les routes et tous les grands travaux d'utilité publique sont exécutés par les soldats du génie, auxquels sont adjoints quelques hommes des divers régiments d'infanterie. Grâce à cette sage et utile mesure, ce pays est arrivé en peu d'années à un degré de civilisation et de colonisation auquel il n'aurait jamais pu parvenir aussi promptement, sans d'énormes dépenses et sans des sacrifices immenses. En effet, s'il eût fallu faire exécuter de tels travaux par des ouvriers civils, ou par des colons étrangers à l'armée, la main-d'œuvre seule se serait élevée à des prix exagérés et ruineux pour la France. Il n'est donc point douteux qu'il importe extrêmement à une nation de savoir utiliser les bras de ses soldats en temps de paix, et de les employer à de grands travaux qui font sa gloire, ou accroissent son bien-être, tels que les routes, les chemins de fer, les canaux et tous les monuments publics.

Cependant toutes les armes ne peuvent convenir également pour l'exécution de ces travaux ; et parmi celles dont les loisirs peuvent s'en accommoder le mieux, tous les soldats, sans distinction, ne doivent pas y être contraints malgré eux. L'on ne doit y employer uniquement que des hommes de bonne volonté, en les déterminant par l'appas d'une légère augmentation de solde, toujours considérable à leurs yeux, quelque économique qu'elle soit pour l'État, et en ne mettant de même à leur tête, pour les surveiller et les diriger, que des sous-officiers ou des officiers qui le désirent, et auxquels on peut également offrir certains avantages de solde. En général, le génie et l'infanterie sont essentiellement les armes qui peuvent le plus convenablement être employées à l'exécution des grands travaux de l'État; et, à quelques exceptions près, les autres armes ne pourront presque jamais lui fournir de travailleurs. L'artillerie, et la cavalerie surtout, étant trop continuellement occupées par les nombreux détails du service qu'exigent les soins et l'entretien de leurs chevaux, ne doivent point être distraites de ces occupations, trop importantes pour être jamais négligées.

Inconvénients de faire voter l'armée.

Quels que soient les avantages incontestables du suffrage universel, qui seul peut être la véritable expression de l'opinion générale du pays, il n'est point nécessaire que l'armée soit appelée à voter, parce que, formant une classe à part dans l'État, à la disposition du gouvernement, elle doit essentiellement rester étrangère à toutes les agitations politiques. Rien n'est plus contraire à la discipline que la liberté accordée aux soldats de délibérer entre eux, de contrôler ou controverser l'opinion de leurs officiers, de voter contrairement à eux, et d'exprimer même dans certains cas des sentiments hostiles au gouvernement. Si les chefs ont assez d'influence pour pouvoir disposer à leur gré des votes de leurs subordonnés, le suffrage universel devient alors un mensonge; et si les soldats ne votent pas de même que leurs chefs, la discipline militaire en reçoit toujours

une atteinte très-grave. L'armée doit être une force
agissante et ne doit jamais être une force délibé-
rante.

Une garde nationale, ou milice, est-elle nécessaire
en temps de paix, et convient-il de donner des armes
à tous les citoyens indistinctement, lorsque la patrie
n'est point menacée par une invasion étrangère, et
lorsque l'armée active n'est point occupée à repousser
l'ennemi loin des frontières ? Cette institution moderne est-elle constamment utile au pays, et la sécurité publique dépend-elle essentiellement de la bonne
organisation de cette milice? Évidemment non ; et
quels que soient les avantages que l'on puisse trouver
à donner des armes à des citoyens sages, honnêtes et
dévoués au maintien de l'ordre et des lois, il ne peut
exister que des inconvénients trop grands et des
dangers trop menaçants à armer des ouvriers et des
artisans qui ne vivent qu'au jour le jour, et qui sont
toujours disposés à sacrifier leur repos et même leur
vie pour courir après un changement impossible de
leur existence, et après un bien-être imaginaire
auquel ils ne peuvent jamais atteindre. Si l'on n'arme
que la bourgeoisie seulement, comme sous le règne
de Louis-Philippe, cela n'empêchera pas un jour le
peuple, sans armes, mais ayant toujours à sa disposition des pelles, des pioches et des couteaux, d'être
plus fort et plus redoutable par sa masse que cette bourgeoisie, généralement timide et toujours alarmée pour
la conservation de son existence. Et une révolution

éclatera inévitablement dans le pays, si les régiments de l'armée se séparent de la garde nationale et l'abandonnent seule à elle-même. Mais si l'on arme tous les citoyens sans exception, non-seulement les bourgeois, mais aussi les ouvriers, l'audace de ces derniers en deviendra d'autant plus redoutable et plus terrible, puisque jamais l'autorité morale de la bourgeoisie ne peut suffire pour la protéger, si elle n'est en même temps soutenue par une force matérielle considérable, et puisque c'est l'armée seule, et toujours l'armée, qui défend véritablement et énergiquement le pays, et qui empêche la destruction de la société. Il faut donc renoncer à la garde nationale en temps de paix, et ne point habituer inutilement tous les citoyens au métier de soldat, qui ne doit appartenir qu'à des hommes de choix, complétement dévoués au repos de l'État. Ce n'est qu'exceptionnellement, en cas de guerre étrangère malheureuse, et lorsque l'on peut avoir à redouter l'envahissement du territoire, qu'il convient d'organiser des milices de citoyens, et de mobiliser les plus jeunes et les plus valides pour la défense des frontières. Aussi l'armée doit-elle être toujours répartie en forces imposantes, près des grands centres de population ouvrière; et de nombreuses brigades de gendarmerie, faciles à réunir promptement, au besoin, doivent en même temps suffire pour maintenir la tranquillité du reste du pays et la sécurité des campagnes.

De la marine militaire

De même que l'armée de terre, la marine militaire

a un double but, et n'est pas seulement nécessaire pour garantir et défendre les côtes des pays
baignés par la mer, et pour s'opposer en temps de
guerre aux attaques des autres puissances maritimes;
elle doit encore, en temps de paix, protéger le commerce extérieur du pays avec les contrées les plus
lointaines, et faire respecter le pavillon national sur
tous les points du globe. Depuis la découverte de la
vapeur et depuis son application à la marine, le système des bâtiments à voiles a beaucoup perdu de
valeur, et semble encore destiné à subir de nouvelles
et importantes transformations. Cependant la cherté
du combustible et la nécessité d'en renouveler souvent les provisions empêchent de pouvoir donner à
la navigation par la vapeur tout le développement que
ses avantages incontestables sembleraient devoir
exiger; et jusqu'ici l'on peut penser qu'un système
mixte de frégates et de bâtiments légers, pourvus à
la fois de voiles et de machines à hélices, qui sont
bien préférables, sous tous les rapports, aux
anciennes machines [1], et pouvant à volonté, suivant
les vents et les circonstances, employer les unes et
les autres, soit successivement, soit simultanément,

---

[1] Rien n'est plus désagréable, sur les bâtiments à vapeur, que
l'odeur forte et nauséabonde des cheminées de fonte, enduites de
matières grasses nécessaires pour les protéger contre l'action du feu.
Les plus vieux marins eux-mêmes en souffrent beaucoup, quelque
habitués qu'ils soient d'ailleurs à toutes les secousses de la mer. Il
serait donc extrêmement à désirer que l'on pût découvrir d'autres
préparations exemptes de ces inconvénients.

doit remplacer désormais l'emploi des anciens vaisseaux de ligne, trop lourds et trop difficiles à manœuvrer.

De la marine marchande.

La marine marchande est l'âme du commerce extérieur dans les parties du globe les plus éloignées, et son importance manifeste n'a pas besoin d'être démontrée. Mais elle mérite d'autant plus d'intérêt et de protection de la part de l'État, qu'elle doit au besoin, en temps de guerre, venir en aide à la marine militaire, heureuse alors de pouvoir se recruter promptement de matelots et de capitaines expérimentés, accoutumés aux rudes fatigues de la mer. Malheureusement en France, la décadence de la marine marchande, loin de s'arrêter, fait chaque jour de nouveaux progrès ; tandis que d'autres nations, telles que l'Angleterre et les États-Unis d'Amérique, ne cessent d'augmenter toujours de plus en plus leur commerce maritime. Deux causes principales produisent cette décadence : premièrement la division et la diminution des fortunes, insuffisantes pour pouvoir équiper de grands navires, et pour entreprendre un commerce considérable ; et deuxièmement le dégoût des marins, privés de l'espoir d'obtenir une retraite suffisante pour vivre, au terme de leur pénible carrière. Les institutions politiques du pays et un changement dans le mode du partage des biens entre les enfants peuvent seuls perpétuer les grandes fortunes, indispensables pour les grandes entreprises, et qu'il est trop difficile, sinon impossible, de rempla-

cer par de vastes associations. Mais rien ne serait plus
facile que de donner satisfaction aux justes réclamations des marins du commerce ; et il suffirait pour
cela de leur retenir, ainsi qu'ils le demandent, 20
pour 100 sur leur solde mensuelle, au lieu de la faible
retenue de 3 pour 100 qu'ils ont à supporter aujour-
d'hui, afin de pouvoir leur assurer au moins une
retraitre de 500 francs par an, après vingt-cinq ans
de mer.

Autrefois la marine française était la première
marine du monde. Sous Louis XIV, Louis XV et
Louis XVI, la France dominait sur toutes les mers,
et sa puissance était incontestablement supérieure
à celle des autres nations. Mais depuis la fatale
révolution de 1789, qui souleva contre elle tous les
peuples de l'Europe, et qui produisit tant de guerres
interminables, dont la gloire de l'Empereur Napoléon
ne put racheter les malheurs, et dont le résultat a été
d'humilier et de subjuguer entièrement le pays, ce
qui n'avait jamais eu lieu depuis la conquête des
Francs, et de le rendre enfin plus petit qu'il n'était
précédemment, la marine a été complétement négli-
gée, et n'a jamais pu se relever des coups funestes
qu'elle a reçus. Aujourd'hui, l'Angleterre est la reine
des mers, et d'autres puissances jadis secondaires
pourraient aussi peut-être l'emporter sur la France.
Elle doit donc, pour son honneur et sa gloire, encourager de tous ses efforts le développement progressif
de sa marine, jusqu'à ce qu'elle ait repris le rang

qu'elle a malheureusement perdu, et qui devrait encore lui appartenir.

L'Angleterre et la France ont, dans ces derniers temps, émancipé de concert tous les esclaves de leurs colonies, et se sont ensuite associées pour interdire partout la traite des nègres. Sans doute, au point de vue de l'humanité, l'esclavage doit être flétri et proscrit par les nations civilisées ; et l'on ne peut l'excuser en disant que les nègres qui habitent près de l'équateur, de même que les Lapons qui vivent près du pôle, ont généralement moins d'intelligence et de facultés morales que les habitants des climats tempérés. Le christianisme n'a peut-être obtenu le prompt succès de sa propagation, au temps des apôtres, que parce qu'il prêchait à tous les peuples l'abolition de la servitude et l'égalité de tous les hommes devant Dieu, bienfaits précieux dont les persécutions les plus odieuses n'ont pu arrêter le progrès. Ainsi, tous les chrétiens sont libres, par cela seul qu'ils sont chrétiens ; et en France particulièrement, la liberté doit être d'autant plus sacrée aux yeux de tous les citoyens, que les anciens Francs, qui ont conquis le pays et qui s'y sont toujours perpétués depuis tant de siècles, étaient tous des hommes libres ou nobles, ayant importé avec eux dans les Gaules des habitudes et des mœurs indépendantes et fières, qui malheureusement rendent aujourd'hui la nation française la plus difficile à gouverner de toutes les nations de la terre. Cependant, l'esclavage des nègres de l'Afrique, qui ne sont point chrétiens, n'a jamais été proscrit par la religion catholique, parce qu'il résulte de circonstances exceptionnelles, qui ne détruisent point les grands principes et les dogmes fondamentaux de l'Église, et qui n'ont jamais eu d'inconvénients pour les nations européennes. Les colonies lointaines sont évidemment indispensables pour exercer la marine en temps de paix par des voyages de longs cours, et pour entretenir en action des forces considérables qui ne peuvent se borner à la simple protection du commerce autour des côtes. Et l'on a déjà vu également que les émigrations dans des colonies étaient indispensables aux nations dont la population est devenue trop nombreuse ou qui se trouve réunie sur un trop petit espace du globe. Mais les colons européens ne peuvent guère se soumettre et s'acclimater à cultiver eux-mêmes les terres d'Amérique, ni celles d'Afrique; et ils ne peuvent prospérer qu'en utilisant les bras des indigènes, ou des hommes de race plus dure, capables de supporter les brûlantes ardeurs de ces climats. Il faut donc importer des nègres dans les colonies d'Amérique, et des Arabes dans les colonies du nord de l'Afrique, pour travailler et ensemencer la terre et pour recueillir les récoltes. Et si l'on ne veut pas que ces travailleurs soient esclaves, il faut au moins encourager et favoriser leur travail libre et facultatif, pour empêcher la ruine des propriétaires et la destruction complète des colonies. Il faut que, moyennant des engagements volontaires et suivant

des contrats authentiques et sacrés, garantis par les
lois du pays et par la protection du gouvernement, il
soit permis aux colons français d'Amérique de louer
en Afrique des domestiques noirs à gages, qui con-
sentiront à leur consacrer le travail de leurs bras pendant un certain nombre d'années, au bout desquelles
ils auront la faculté soit de renouveler leurs engagements, soit de se louer à d'autres colons, soit enfin
de se faire reconduire dans leur patrie, aux frais de
leurs maîtres, et d'y rapporter le fruit de leur travail. Si l'on n'admet aucune mesure de ce genre, les
colonies anglaises et françaises périront infailliblement ; et déjà, dans plusieurs îles d'Amérique, les
esclaves affranchis et révoltés ont chassé les colons,
leurs anciens maîtres, dont ils ont violemment usurpé
la place, et qui se trouvent aujourd'hui réduits à im-
plorer la charité d'une mère-patrie imprévoyante,
pour laquelle ils deviennent une charge onéreuse, au
lieu d'être un allégement utile et une source féconde
de richesse.

Des rapports avec les peuples étrangers.

De même que chaque particulier a le droit de posséder librement le bien qu'il a légitimement acquis
par son travail et son intelligence, ou qui lui a été
transmis par ses pères, de même chaque peuple peut
conserver le territoire qui appartient à la nation, sans
que nulle autre puisse venir le lui disputer et chercher à s'en emparer violemment. La loi de la propriété n'est donc pas seulement la sauvegarde de la
paix intérieure et de la sécurité de tous les citoyens ;

elle protège également la nationalité de tous les peuples. Sans cette loi sacrée, nulle nation n'existerait ; et tous les hommes s'entre-détruiraient continuellement par des guerres sans fin. Il est donc indispensable que les peuples respectent toujours le territoire et le droit de propriété de leurs voisins ; et ce n'est qu'en cas de violation de ces principes, qui ont été admis par toutes les nations depuis la création du monde jusqu'à nos jours, et qui se perpétueront nécessairement jusqu'à la fin des siècles, qu'il est permis de leur déclarer la guerre et de se défendre contre des attaques injustes, ou d'odieuses spoliations. Quelquefois, il est vrai, la force l'emporte sur l'équité, de même que dans les dissensions privées. Cependant, ordinairement, le bon droit et la justice finissent toujours par triompher, parce que les citoyens les plus sages, ou les peuples les plus pacifiques, ne manquent pas de se réunir et de se coaliser pour combattre et écraser les méchants et les ravisseurs. Ainsi la paix, le calme et la tranquillité doivent être l'état normal de tous les peuples civilisés ; et ce n'est même que par cette douce harmonie de tous les hommes entre eux qu'ils peuvent espérer améliorer leur condition sur la terre et vivre toujours heureux. Malheureusement la prudence et la sagesse ne permettent point de compter sans réserve sur la justice et l'équité des peuples étrangers et des voisins trop puissants, qui peuvent quelquefois se laisser égarer et entraîner par leur ambition; et par ce qu'ils appel-

lent leur intérêt. C'est surtout pour se préserver de
ce danger que tous les peuples entretiennent des
armées de terre et de mer, capables de les protéger et
de faire respecter leur nationalité. Pourtant il leur
importe aussi d'éviter des sacrifices trop considérables et la plupart du temps inutiles; et ils doivent
généralement les proportionner aux chances hostiles
qu'ils ont à redouter, ou aux bonnes dispositions de
leurs voisins. Il leur suffit de conserver des cadres de
troupes assez nombreux pour pouvoir au besoin passer facilement du pied de paix au pied de guerre, en
augmentant promptement leurs forces, selon les circonstances et les événements.

Des frontières
naturelles.

Mais quoique chaque peuple puisse à la rigueur se
contenter d'un territoire plus ou moins restreint et y
vivre heureux et en paix, si le sol peut suffire pour
nourrir toute sa population, il semble quelquefois
que son bonheur ne puisse être complet, si ses frontières ne s'étendent point jusqu'à certaines limites
que Dieu lui a en quelque sorte assignées; et c'est ce
que l'on appelle les *frontières naturelles*. En effet,
il n'est point douteux que ces limites ne servent à
faire respecter davantage, aux yeux de tous les
peuples, le territoire et la nationalité de leurs voisins,
et ne soient de puissants obstacles aux guerres et aux
conquêtes injustes que les plus forts pourraient souvent entreprendre contre les plus faibles. Il est donc
fâcheux que la plupart des peuples ne possèdent
point aujourd'hui leurs limites naturelles; car si l'on

considère seulement l'état actuel de l'Europe, on ne peut manquer de reconnaître que le Portugal devrait appartenir à l'Espagne ; que l'Italie devrait être réunie sous un seul sceptre, ou du moins ne former qu'une seule confédération ; que la France devrait posséder la rive gauche du Rhin et la Belgique ; que l'Autriche, la Prusse et la Confédération Germanique ne sont point non plus circonscrites dans les justes bornes qui leur conviennent ; que la Pologne manque à l'équilibre général, et enfin que le colosse immense de la Russie doit être divisé en plusieurs états indépendants. Sans doute un jour tous les peuples parviendront à conquérir leurs limites naturelles ; et il suffirait même peut-être d'un congrès européen, dont l'autorité souveraine serait reconnue par tous, d'un commun accord, pour changer la face de l'Europe, et pour donner à chaque nation de nouveaux gages de stabilité et de durée ; mais jusqu'à ce qu'un tel résultat puisse être obtenu, il faut encore s'attendre, de loin en loin, à de nouveaux déchirements et à de nouvelles guerres.

CHAPITRE VIII.

DE L'ÉDUCATION DE LA JEUNESSE, ET DU SYSTÈME PÉNITENCIER.

Importance de l'éducation.—La vertu seule peut rendre l'homme heureux.—De l'éducation privée et de l'éducation publique.—Nécessité d'étendre les connaissances utiles et de restreindre les autres.—Différence de l'éducation des femmes et de celle des hommes.—Du régime pénitencier.—De la peine de mort.—Du régime cellulaire des prisonniers.—Des forçats libérés.

———————

De toutes les institutions et de toutes les lois qui peuvent le plus influer sur bonheur des peuples, il n'en est point de plus importantes que celles qui ont rapport à l'instruction et à l'éducation de la jeunesse. Le passé n'appartient pour ainsi dire plus à l'homme, en ce sens qu'il ne peut dépendre de lui de le changer, ni de le modifier en rien. Mais le présent et surtout l'avenir sont entre ses mains; et ce n'est que par l'éducation seule que l'on peut former des générations meilleures et plus heureuses. Il faut donc que les législateurs ou les sages des temps modernes fassent de cette éducation de la jeunesse l'objet de leurs méditations les plus

approfondies, et y apportent constamment tous les
perfectionnements et toutes les améliorations dont
elle peut-être susceptible.

La vertu seule
peut rendre
l'homme
heureux.

L'homme ne doit point seulement être heureux
dans une autre vie, et il peut l'être également sur
cette terre jusqu'à un certain point. Mais la vertu
seule peut lui faire atteindre cette double félicité, car
ce n'est pas uniquement pour la société que la vertu
est nécessaire ; c'est d'elle aussi que dépend surtout
le bien-être particulier et matériel de l'homme. Toutes
les lois doivent donc avoir essentiellement pour but
de le rendre vertueux. Or, de tous les moyens qui
peuvent le mieux inspirer la vertu, il n'en est pas
qui puisse l'emporter sur la pratique de la religion,
dont l'autorité seule peut atteindre beaucoup de
crimes ou de délits qui échappent facilement aux
lois. C'est donc principalement vers la religion, et
vers l'exercice consciencieux de ses devoirs, qu'il
importe de diriger l'esprit de la jeunesse, afin de lui
inspirer avant tout les sentiments nobles et vertueux
sans lesquels nul ne peut jamais être heureux.

De
l'éducation
privée
et
de l'éducation
publique.

L'éducation de la jeunesse peut être publique ou
privée ; et l'un et l'autre de ces deux modes d'éducation offre des avantages différents. Cependant on ne
peut nier non plus qu'ils n'aient aussi tous deux des
inconvénients opposés ; et il n'est point sage par conséquent d'en adopter un seul exclusivement, en pros-
crivant complétement l'autre. L'éducation privée de
la famille est la première et la plus naturelle de toutes

les éducations ; et rien ne peut la remplacer lorsque
les parents sont bien élevés eux-mêmes et lorsqu'ils
ont les moyens et le temps de s'occuper convenablement de leurs enfants. Mais cette éducation privée
ne suffit peut-être point pour former des hommes
destinés à la vie publique, et auxquels il importe de
donner de bonne heure l'habitude de supporter les
contradictions et les attaques de camarades sévères
ou malintentionnés, de leur résister et de leur répondre, de se défendre, de se faire respecter, et de savoir
se maintenir toujours en bonne intelligence avec
tous par une conduite à la fois ferme et modérée, et
par une douceur et une bienveillance soutenues. Tous
les parents n'ont point reçu eux-mêmes une éducation assez parfaite pour pouvoir faire ensuite celle
de leurs enfants ; et si quelques-uns peuvent le tenter avec succès, le plus grand nombre n'en a ni les
loisirs, ni les moyens. D'ailleurs, l'émulation et le
zèle ne sont point aussi puissamment excités par
l'éducation privée ; et les études doivent être souvent
moins fortes et moins assidues. L'éducation publique
peut donc seule convenir à la plupart des hommes ; et
c'est en effet par ce mode d'éducation que presque
tous les citoyens sont élevés. Mais malheureusement
cette éducation est loin aussi d'être à l'abri de tout
reproche ; et son plus grand inconvénient pour la
société est précisément ce que beaucoup d'esprits considèrent comme un avantage. Au collége et sur les
bancs des écoles, il n'est plus de distinction sociale,

de noblesse, de richesse, ni d'illustration ou d'autorité de famille. L'égalité la plus parfaite est la loi suprême de tous les camarades, quels qu'ils soient ; et le droit du plus fort est le seul qui puisse jouir de quelques priviléges, l'emportant même souvent sur la vertu, le mérite et l'instruction. Par suite, les enfants s'habituent à des mœurs dont l'application est impossible dans la vie, et surtout chez un peuple nombreux, qui ne peut exister que par l'inégalité dont Dieu a fait la première condition de la société humaine. Ceux qui étaient les plus instruits dans leur classe et ceux qui étaient les plus habiles et les plus forts dans tous leurs jeux se trouvent souvent obligés, après avoir terminé leurs études, de réclamer la protection et de reconnaître la supériorité sociale de ceux qu'ils dominaient autrefois, et dont les familles plus riches ou plus puissantes sont plus considérées et plus influentes dans le pays. Cet inconvénient blesse profondément l'amour-propre et le cœur de ceux qui se voient ainsi déchoir de leur ancienne supériorité, et les rend le plus souvent malheureux et disposés à se révolter contre les institutions et les lois fondamentales de la société, qu'ils accusent alors d'être injustes à leur égard et contraires au bonheur de l'humanité. De là, tant de désordre moral dans les esprits, tant d'inquiétudes et d'agitation irréfléchies, causes premières et lointaines des révolutions violentes qui affligent les peuples et désolent les nations, en rendant leur sort encore plus affreux et plus déplorable.

Quant à ceux que leur position sociale doit nécessairement faire distinguer un jour, et qui se trouvent
mêlés et confondus dans leur enfance avec des
camarades destinés à vivre ensuite au-dessous d'eux,
il n'est pas non plus sans inconvénient de les obliger
à se familiariser pendant plusieurs années avec ces
camarades, qui ne sont véritablement point leurs
égaux, et qui ne peuvent les dominer que momentanément. Et ce n'est pas que ces jeunes gens, instruits
dès l'enfance de leur supériorité future, puissent
acquérir des sentiments de fierté et de vanité déplacées, parce que leurs camarades en feraient promptement justice, et parce que, d'ailleurs, la vanité et la
fierté n'existent guère que chez les parvenus, qui savent que Dieu ne les a point fait naître pour la position
élevée à laquelle ils sont arrivés trop brusquement.
Mais les idées de ces enfants et de ces jeunes gens
s'empreignent malheureusement de celles de la masse
des autres jeunes gens, qui sont ennemis de toute
supériorité sociale, et dont l'influence funeste agit
toujours plus ou moins sur eux. Et plus tard, lorsque ces jeunes gens entrent dans le monde et se
voient entourés de l'éclat d'une position brillante, ils
ne se trouvent point à sa hauteur, en sont déconcer-
tés et embarrassés, et remplissent mal le plus souvent
le rôle que Dieu leur avait tracé en les créant. Ils sont
moins capables alors de commander et de gouverner
les autres hommes, et de leur donner les exemples
de vertu et de sagesse qui peuvent seuls rendre les

18

peuples heureux. Sans doute, cependant, l'égalité de
l'enfance offre certains avantages en formant le caractère des hommes et en les habituant de bonne heure
au choc ou au frottement de leurs semblables. Mais
pour que cette égalité soit profitable, il faut qu'elle
soit réelle autant que possible, c'est-à-dire que ceux
qui se trouvent dans des conditions à peu près semblables soient seuls élevés avec leurs pareils. Ainsi
jadis la noblesse avait des écoles pour elle, où elle
seule pouvait être admise, où elle puisait dès l'enfance les sentiments d'honneur et de générosité qui la
faisaient aimer autant que respecter, et où on lui
enseignait essentiellement les devoirs des grands
envers les petits. La bourgeoisie avait aussi d'autres
écoles, plus nombreuses, où l'on devait surtout la
prémunir contre une jalousie injuste et mal fondée,
source des plus grands malheurs dans la société,
et où l'on savait lui persuader qu'une condition
moyenne en ce monde entre les classes élevées et les
dernières classes du peuple est peut-être la plus heureuse de toutes les conditions et celle dont on doit se
trouver le plus satisfait. Quant aux classes inférieures, elles trouvaient de même facilement les
moyens d'acquérir toutes les connaissances qui pouvaient leur être utiles ou nécessaires. Mais depuis
soixante ans, la France a vainement essayé de con-
fondre tous les hommes entre eux ; et il s'en faut de
beaucoup qu'ils soient plus heureux, car depuis les
plus petits jusqu'aux plus grands, nul ne peut main-

tenant se trouver satisfait de son sort. L'enseignement public et gratuit se trouvant à la portée de tous les citoyens, chacun se persuade qu'en acquérant des connaissances étendues, il parviendra aisément à sortir de sa sphère et à s'élever jusqu'aux derniers échelons de l'échelle sociale. Effectivement, quelques-uns, en petit nombre, atteignent de hautes positions pour lesquelles ils n'étaient point nés et dont leurs parents et eux-mêmes doivent être les premiers à s'étonner. Mais des masses immenses de citoyens instruits ne peuvent trouver dans la société une place convenable pour leurs talents et leur mérite; et loin d'être satisfaits du succès des quelques heureux dont l'élévation ne profite qu'à eux seuls et est inutile à tout le pays, ils n'ont d'autres ressources que de conspirer contre la société, de bouleverser l'État et de susciter des révolutions, pour trouver ensuite à leur tour de nouvelles places et de nouvelles positions dignes d'eux. Bientôt après, d'autres citoyens aussi entreprenants et aussi capables viendront encore les renverser eux-mêmes et s'emparer de biens et d'honneurs auxquels chacun peut toujours prétendre avec un droit égal et un mérite incontestable. C'est ainsi qu'un État où personne ne veut rester à sa place ni se contenter de la condition dans laquelle Dieu l'a fait naître, marche continuellement de révolution en révolution, et ne peut jamais assurer à ses citoyens une sécurité durable et une existence calme et heureuse.

Mais l'éducation publique, même avec de véritables égaux, nuit beaucoup au développement des sentiments vertueux et des bons principes, que les exhortations et les exemples de la famille peuvent seuls inculquer profondément dans le cœur des enfants. Les filles, surtout, sont presque toujours moins bien élevées dans des pensionnats ou des couvents qu'elles ne peuvent l'être auprès de leurs mères, dont la conduite vertueuse a tant d'influence sur elles. Et les jeunes gens, lorsqu'ils sont réunis en grand nombre, s'excitent et s'encouragent les uns les autres à s'écarter des préceptes et des devoirs de la sagesse. Ils perdent plus vite leur première innocence et s'habituent plus aisément au mal. La perfection de l'éducation paraît donc consister dans un système mixte, réunissant les avantages de l'éducation privée et de l'éducation publique, et pouvant en même temps éviter les inconvénients de l'une et de l'autre. Ainsi, le mieux est de conserver longtemps les enfants sous le toit paternel et sous l'autorité de la famille, lorsque leurs parents ont les moyens et les loisirs de les élever convenablement auprès d'eux, et de ne les livrer que plus tard à la vie publique, en les y conduisant par degrés, et lorsque leurs bons principes sont bien affermis dans leur cœur et y ont poussé de profondes racines.

Quel que soit, du reste, le mode d'éducation de la jeunesse, ses études sont généralement poussées trop loin aujourd'hui dans les sciences exactes et ardues, dont la plupart des jeunes gens n'ont jamais l'occasion

Nécessité d'étendre les connaissances utiles et de restreindre les autres.

de faire usage pendant tout le reste de leur vie. Les
connaissances utiles ou nécessaires ne sont point d'une
étendue immense ; et beaucoup de celles dont les
hommes ont souvent besoin, telles que les langues des
peuples voisins ou étrangers, ne sont point enseignées
avec autant de soin qu'elles devraient l'être. Même le
grec et le latin s'apprennent trop lentement dans les
colléges ; et beaucoup de temps perdu à répéter ou
à entendre répéter ce que l'on sait déjà suffisamment
pourrait évidemment servir à apprendre davantage.
Aussi l'éducation privée peut-elle souvent en profiter
pour s'avancer, l'emportant encore, sous ce rapport,
sur l'éducation publique. L'excès des connaissances
généralement inutiles provient des concours publics,
auxquels se présentent des masses toujours croissantes
de jeunes gens ambitieux et avides d'obtenir des places
rétribuées par l'État. Pour écarter le plus grand
nombre possible de ces candidats ou de ces aspirants,
les examens deviennent toujours de plus en plus difficiles, et exigent chaque année davantage. Mais les
difficultés n'arrêtent presque jamais personne, parce
que la jeunesse est essentiellement présomptueuse,
et ne sait point douter de ses succès, quelque difficiles
qu'ils puissent être à obtenir. Cependant tous les
candidats ne peuvent point réussir ; un petit nombre
seulement atteignent le but auquel ils aspiraient, et
les autres vont grossir la masse des mécontents et des
malheureux, qui deviennent ennemis de la société
parce qu'elle n'a point assez de places à leur donner,

et parce qu'ils rougiraient, pour la plupart, d'embrasser la profession de leurs parents et de redescendre à l'humble condition dans laquelle ils sont nés.

Différence
de l'éducation
des femmes
et de celle
des hommes.

L'éducation des femmes, on le comprend facilement, ne doit jamais être semblable à celle des hommes; et quoique quelques-unes aient paru parfois égaler le génie des hommes et atteindre un vol aussi élevé dans les sciences et dans les arts, ce ne sont là que des exceptions rares, et Dieu a voulu que chaque sexe ait un rôle différent à remplir dans la société. D'ailleurs, à la rigueur, le mâle l'emporte toujours sur la femelle chez toutes les races d'animaux; et comme cette supériorité incontestable s'étend à la fois aux facultés physiques et morales, il en résulte que les vices et les vertus peuvent parvenir à un plus haut degré de force chez les hommes que chez les femmes. Aussi, généralement, celles-ci se maintiennent-elles toujours dans une modération plus grande, plus convenable et plus conforme à la faiblesse de leur sexe, et qui ne fait en même temps qu'en augmenter le charme aux yeux des hommes [1].

[1] L'amour, le vin, le jeu, sont les passions dominantes de la jeunesse; et l'on ne saurait trop la prémunir contre les malheurs certains qui en résultent toujours. Toute passion, quelle qu'elle soit, est condamnable par cela seul qu'elle est un excès; car même la vertu ne doit point franchir les bornes d'une certaine modération et d'une juste mesure. Mais rien ne trouble davantage le repos de l'esprit et le bonheur que l'on doit savoir trouver en cette vie, que de s'abandonner à ces passions coupables et indignes, qui déchirent ensuite la conscience et laissent après elles tant de regrets cuisants. Les jeunes

Mais il ne suffit point de s'occuper soigneusement de l'éducation de la jeunesse et d'employer les meil- Du régime pénitencier.

gens ne croient point assez à l'expérience de leurs parents ou de leurs maîtres ; et ce n'est, la plupart du temps, qu'à leurs propres dépens qu'ils finissent par acquérir une sagesse trop tardive. Cependant il n'est point douteux que la vertu ne rende plus heureux que le vice ; et si l'on éprouve quelquefois de la difficulté ou de la peine à résister à ses passions, cette peine n'est rien en comparaison de celles plus grandes que l'on sait ainsi éviter. Souvent même cette peine légère se change en une satisfaction intime et devient un plaisir extrêmement doux, qu'une bonne conscience seule peut faire éprouver, par la pensée d'un sacrifice ou d'un devoir rigoureusement accompli. La pluralité des femmes ou des hommes émousse les plaisirs des sens, et les diminue au lieu de les augmenter. La débauche produit toujours une irritation secrète, d'où résultent tant de maladies honteuses, qui désolent l'espèce humaine en se transmettant dans le sang des familles, et dont il est toujours impossible de se guérir complètement lorsqu'elles ont atteint une certaine gravité. Il vaut donc infiniment mieux réserver tout son amour et tout son cœur pour une seule femme, ou pour un seul homme, et s'appliquer seulement à bien faire son choix, en ne se pressant point de se marier, et en gardant toujours précieusement sa pureté et sa vertu. C'est là que se trouve la première et la plus sûre garantie du bonheur de la vie ; et si la religion ne prêchait point la vertu, la raison et le bon sens devraient suffire pour la faire pratiquer.

Quant aux deux autres passions, celle du vin est rare parmi les classes supérieures de la société, et n'appartient guère qu'à des personnes de bas étage, qu'elle abrutit et qu'elle conduit trop souvent aux plus grands délits et même quelquefois au crime. Mais celle du jeu est plus répandue et produit aussi, malheureusement, les résultats les plus déplorables. En général, les individus pauvres, ou ceux dont les affaires sont dérangées, ont seuls le goût du jeu, ou plutôt le désir du gain. Un homme riche n'a pas besoin d'argent, puisqu'il est riche, et un homme sage sait se borner et réduire ses dépenses, pour que ce qu'il a lui suffise toujours. Pour eux, le gain est chose sans importance, et ne leur fait aucun plaisir ; mais la perte de ce qu'ils doivent dépenser pourrait les gêner extrêmement, et leur ferait beaucoup de peine. Ils ne peuvent donc point aimer le jeu, et ils ne s'y livrent presque jamais. On doit recommander encore à la jeunesse d'éviter de prêter de l'argent, si elle ne peut s'en

leurs moyens pour rendre les hommes vertueux et
heureux. Il faut encore réprimer les fautes, qui sont
toujours inséparables de la fragilité humaine, et
adopter en même temps les corrections les plus utiles
à la société et les plus propres à la protéger contre le
débordement des vices. Il faut savoir punir les crimes
et les délits, lorsqu'on n'a pu les prévenir ; car le
bonheur et la sécurité d'une nation dépendent aussi
beaucoup de ses lois pénales et de son système pénitencier. En général, les lois pénales doivent être peu
sévères, et éviter toujours d'employer une rigueur inutile, empreinte de haine ou de vengeance, et hors
de proportion avec les fautes qu'elle doit réprimer.
Leur but doit être seulement d'empêcher les attaques
contre la société, par la crainte de la répression; et il
suffit, par conséquent, que les corrections soient
presque tou.... douces et paternelles.

De la peine
de mort.

Cependant, il est quelques natures ingrates et
rebelles que l'on ne peut jamais dompter par la douceur, et que la crainte des plus grands châtiments
peut seule retenir et effrayer. C'est pour cela que la
peine de mort ne peut point être abolie, et doit rester comme une épée suspendue sur la tête des assas-
sins et des criminels qui se jouent de la vie de leurs

passer complétement. Elle doit toujours être généreuse et savoir
donner avec à propos, toutes les fois qu'elle peut le faire ; mais
il faut qu'en prêtant, elle sache faire d'avance le sacrifice de ce
qu'elle prête, qu'elle ne le demande jamais, et qu'elle considère
tacitement ce prêt comme un véritable don volontaire, qu'une circonstance rare et exceptionnelle pourra seule lui faire restituer.

semblables, et qui ne peuvent être justement punis que par la peine du talion; mais en même temps la clémence du chef de l'État doit toujours pouvoir la commuer, s'il y a lieu, selon les circonstances. Sans cette triste nécessité, nul ne saurait avoir le droit d'ôter la vie à d'autres hommes; et la société devrait se contenter de retrancher de son sein les criminels, en les enfermant ou en les transportant au loin, pour les empêcher de commettre de nouveaux crimes et de nouveaux forfaits [1].

Depuis quelques années, plusieurs peuples ont fait l'essai d'un nouveau système pénitencier cellulaire, d'après lequel tous les prisonniers sont complètement isolés les uns des autres, et ne peuvent communiquer qu'avec des surveillants et des religieux, dont les sages conseils et les bienveillantes exhortations doivent les amender et les ramener peu à peu au bien. Évidemment, ce régime cellulaire offre des avantages incontestables, surtout pour les jeunes gens non encore endurcis dans le vice, qui ne manqueraient point de se pervertir entièrement par le contact des autres condamnés. C'est donc une louable

Du régime cellulaire dans les prisons.

---

[1] Parmi les différents genres de mort adoptés en Europe à l'égard des criminels, la décapitation, ou séparation de la tête du corps, paraît un reste de barbarie indigne des peuples civilisés. La condamnation la plus noble consiste à être fusillé; mais elle est spécialement réservée aux militaires. Le supplice de la potence, ou de la strangulation, a l'avantage de laisser le corps entier, sans le mutiler, et doit être préféré, par cette raison, à la guillotine, inventée en France, pour des exécutions en masse, dans des temps de terreur révolutionnaire à jamais proscrits.

et utile pensée que celle qui porte aujourd'hui les
États de l'Europe à construire des prisons cellulaires
à l'instar de celles d'Amérique, les premières de ce
genre ; et quelque considérables que soient les
dépenses qu'exige leur construction, les peuples
doivent savoir reconnaître dans ce système un véritable progrès de la civilisation.

Des
forçats libérés.

Mais de toutes les plaies les plus affreuses qui
désolent la société, il n'en est peut-être pas une seule
qui réclame un plus prompt remède que celle des
forçats libérés. On a déjà dit précédemment que le
gouvernement français devait encourager l'émigration en Afrique des condamnés sortis de prison et des
hommes tarés et déshonorés que la société est obligée
de conserver dans son sein. Mais il est nécessaire de
traiter autrement les criminels, et particulièrement
ces forçats libérés. Profondément humiliés et avilis
à leurs propres yeux, ils ne peuvent jamais se relever
de la dégradation qui les a frappés; et ils deviennent nécessairement les ennemis mortels de la
société, qui les a proscrits et qui ne doit plus ensuite
les recevoir dans son sein. Et de même il convient
également de ne point renvoyer dans les régiments
de l'armée les militaires sortant des compagnies de
discipline et des bataillons légers d'Afrique, mais de
les maintenir dans ces corps de troupe jusqu'à leur
libération du service. La plupart des forçats libérés
ne tardent point à se souiller de nouveaux crimes, peu
de temps après l'expiration de leur peine; et ils

retournent bientôt dans les bagnes, qu'ils n'avaient quittés que momentanément et où ils se corrompent et se pervertissent de plus en plus, ne redoutant désormais que la peine de mort, seule capable de les effrayer et de prévenir l'exécution des forfaits les plus horribles. Il importe donc extrêmement à la sécurité des peuples et des honnêtes citoyens, de ne laisser jamais reparaître dans la société ces criminels dangereux, qui ne peuvent mériter son indulgence. Les gouvernements doivent savoir adopter de sages mesures pour pouvoir les transporter, après l'expiration de leur peine, sur des terres éloignées et réservées expressément pour eux dans quelque coin isolé du globe ; car ce n'est que dans une autre patrie qu'ils peuvent encore espérer retrouver le calme et l'oubli de leur conscience, et redevenir quelquefois meilleurs, en recommençant pour ainsi dire une nouvelle vie.

CONCLUSION

CONCLUSION

Influence de la forme du gouvernement sur le bonheur des peuples. — Des différentes formes de gouvernement. — Du gouvernement républicain ou démocratique. — Du gouvernement monarchique. — Du gouvernement aristocratique. — Du gouvernement féodal. — Charte féodale constitutionnelle.

Ce n'est pas seulement par l'éducation de la jeunesse, ni par des moyens de résistance ou de répression, qu'une nation peut affermir son existence et soutenir les institutions et les lois qui la régissent ; il faut encore que la forme de son gouvernement soit celle qui assure le mieux la tranquillité, la force et la prospérité du pays, qui s'approprie plus que les autres aux progrès continuels de la civilisation, et qui contribue le plus au bonheur de tous les citoyens de tous les rangs et de toutes les classes de la société, et surtout de celles qui sont les plus pauvres et les plus nombreuses.

Influence de la forme du gouvernement sur le bonheur des peuples.

C'est donc l'application de la meilleure forme de gouvernement qui est pour l'humanité la plus importante de toutes les questions sociales, puisqu'elle est la base de toutes les autres, qui n'en sont, en quelque sorte, que des corollaires. Toutes les améliorations de détail, tous les perfectionnements, tous les expédients ne peuvent suffire, si le gouvernement n'est point établi sur les bases les plus solides, s'il n'est pas celui que l'expérience des hommes a fait reconnaître comme le meilleur et le plus en rapport avec les lois fondamentales et protectrices du genre humain.

Des différentes formes de gouvernement

L'antiquité avait compris, avant nous, cette vérité importante; et tous les législateurs et les sages des temps les plus reculés ont appliqué à l'étude des diverses formes de gouvernement toutes les facultés de leur esprit et de leur intelligence. Tout a été mûrement examiné, tout a été dit à ce sujet par les anciens; et vainement pourrait-on chercher aujourd'hui des idées neuves qui leur aient été étrangères. Semblables, en quelque sorte, à ces jardiniers expérimentateurs qui semblent découvrir de nouvelles espèces de fleurs ou de fruits, mais dont les découvertes sont toujours, au fond, des variétés de la même famille, les législateurs modernes ne pourraient point trouver une forme de gouvernement dont l'application ne se rapporte à des expériences déjà faites par l'antiquité, et qui n'ait été l'objet des méditations des penseurs et des génies les plus sublimes. Jamais l'esprit humain ne pourra dépasser la portée de Lycurgue, de Solon, de Numa Pompilius, de Platon, d'Aristote, etc., etc. Peut-être même nul ne pourra atteindre à la hauteur de ces hommes célèbres, qui ont tout calculé et tout pesé chacun différemment; car si l'espèce humaine dégénère au lieu de s'améliorer, malgré les progrès de la civilisation, et si la durée de la vie de l'homme diminue toujours de plus en plus, ses facultés morales doivent naturellement suivre la même marche décroissante.

De tous les modes de gouvernement possibles, il n'en existe aucun qui ne puise son existence dans l'un des trois principes ou éléments suivants : *Le principe démocratique, le principe monarchique et le principe aristocratique.* Toutes les républiques anciennes et modernes, tous les gouvernements, soit absolus, soit constitutionnels et représentatifs, n'ont été et ne peuvent être qu'une application plus ou moins parfaite et variée de ces trois principes ou éléments.

Le principe démocratique s'exprime ordinairement

Du gouvernemen

19

républic
ou
démocratique.

par le gouvernement républicain ; mais sa puissance
peut être plus ou moins étendue, et une république peut
être plus ou moins démocratique. De toutes les diverses
formes de gouvernement, la république est celle qui
se présente la première à l'esprit des législateurs,
parce que c'est celle qui paraît, dès l'abord, réunir au
plus haut degré tous les avantages désirables pour
assurer le bonheur des hommes. L'égalité absolue
de tous les citoyens, la liberté illimitée et la fraternité
universelle sont des dogmes politiques dont il semble
que rien ne puisse surpasser la force et la puissance.
Et rien, en effet, ne paraît plus digne d'admiration, en
théorie, que cette égalité de chaque citoyen, libre de
sa personne et de ses actions, et frère de son semblable; exempt de vices et de mauvais penchants, et
vivant au milieu d'une société parfaite. Mais, malheureusement, l'imperfection humaine rend impossible
une application durable de cette théorie si sublime.
L'égalité sociale des hommes ne peut absolument
point exister, on l'a déjà démontré, parce que Dieu
ne le permet pas, et parce que la volonté humaine est
impuissante contre la sienne. Rien n'est égal dans la
nature; et un homme se distingue toujours d'un autre,
quelle que puisse être leur ressemblance. De même

qu'il n'existe point deux feuilles exactement égales
sur un même arbre, et qu'elles ne peuvent être que
semblables; de même deux hommes ne peuvent jamais
être égaux, ni au physique ni au moral, et peuvent
aussi seulement être semblables l'un à l'autre. C'est
cette inégalité physique et morale, créée par Dieu, qui
est la cause inévitable de l'inégalité sociale; et un
homme doué d'intelligence et de facultés heureuses
sera toujours supérieur à celui que la nature aura
privé de tous ces dons. Quelques-uns se distingue-
ront bientôt parmi leurs semblables et acquerront
la considération, la richesse et l'autorité que les
autres ne pourront jamais posséder; et peu à peu les
familles de ces hommes supérieurs obtiendront un
renom et une influence qui achèveront de détruire
même le droit, commun à tous les citoyens, de parvenir aussi à leur tour au commandement de la société. En effet, ceux à qui leur position déjà élevée
donne les moyens d'acquérir plus facilement toutes
les connaissances nécessaires pour pouvoir diriger les
affaires publiques doivent toujours obtenir une juste
préférence sur ceux qui ne peuvent guère posséder
toutes ces qualités au même degré. Même à mérite
égal, les plus connus, les plus anciens l'emportent

encore; et ce ne serait qu'à défaut d'eux que l'on choi-
sirait des hommes nouveaux et inconnus, parce que
l'éducation des pères transmet toujours héréditairement aux enfants ces connaissances et cette pratique
avec les traditions du pouvoir. L'inégalité sociale devient ainsi de plus en plus marquée; et enfin l'aristocratie finit par s'établir au sein des gouvernements les
plus démocratiques, comme elle s'est établie autrefois
dans toutes les anciennes républiques de la Grèce,
et surtout dans la république romaine, où les familles
patriciennes étaient tellement élevées au-dessus des
familles plébéiennes, des affranchis et des esclaves.

Alors les plébéiens se voient complètement privés
du droit qu'ils possèdent, en vertu des principes
démocratiques, de parvenir également au pouvoir;
et se trouvant naturellement mécontents, ils se révoltent contre les aristocrates ou les patriciens. Mais les
plus jaloux et les plus ambitieux sont toujours ceux
de la bourgeoisie ou de la classe moyenne, placés entre
cette aristocratie et les derniers rangs de la société,
parce qu'ils ont reçu les éléments d'une éducation imparfaite, qui leur donne une confiance déplacée en eux-
mêmes ou une présomption aveugle, et parce qu'ils
se persuadent toujours faussement qu'ils sont supé-

rieurs à ceux dont l'éducation est beaucoup plus distinguée et plus complète. Ainsi tous ceux qui ne sont
point patriciens et qui ne peuvent supporter que d'autres soient élevés au-dessus d'eux emploient toute sorte
de moyens d'intrigue, d'agitation et de trouble, pour
renverser ceux qui possèdent le pouvoir, et pour s'en
emparer eux-mêmes. Le désordre se répand promptement dans l'État et augmente toujours de plus en
plus, portant partout l'anarchie et la désorganisation,
et détruisant toutes les idées morales et saines. Ainsi
chacun veut s'élever au-dessus de sa position et
abaisser ceux qui le dominent, jusqu'à ce que des
révolutions successives et de plus en plus fréquentes
finissent par amener la ruine complète du gouvernement tombé en décadence, et quelquefois incapable
de résister aux attaques étrangères et à la destruction
fondamentale de la société tout entière.

Le gouvernement républicain est donc celui qui
peut donner le moins de calme et de tranquillité à la
société, parce qu'il repose essentiellement sur le
faux principe de l'égalité sociale, qui ne peut jamais
exister, et dont l'application réelle est absolument
impossible. La fraternité est un vain mot qui ne
retient personne, car l'égoïsme étroit étouffe tous les

sentiments nobles et généreux ; et l'on n'hésite point
à sacrifier même son frère pour augmenter sa fortune
ou pour s'élever à ses dépens. Et la liberté, ce principe sacré qui devrait rehausser la dignité de l'homme,
franchit bientôt elle-même les bornes de la modération, et dégénère promptement en licence.

Ce mode de gouvernement ne peut convenir momentanément qu'à des peuples nouveaux, tels que les
peuples des États-Unis d'Amérique, où l'inégalité sociale n'a point encore eu le temps de pousser de profondes racines, et où la terre peut nourrir beaucoup
plus d'habitants que le pays n'en possède, puisque
son territoire a une étendue égale à celle de toute
l'Europe pour vingt-deux millions d'habitants seulement. Toutes les sociétés naissantes débutent donc
presque toujours par la république. Mais les peuples
vieillissent comme les hommes ; et dès qu'ils ont
atteint un certain âge et une certaine durée, la forme
républicaine cesse de leur convenir, et finit même un
jour par devenir complétement impraticable. Ainsi
les États-Unis d'Amérique ne pourront certainement
pas conserver toujours un gouvernement républicain;
et lorsque ce peuple sera parvenu à un degré déterminé de son existence, lorsque sa population se sera

accrue avec le temps, et lorsque quelques citoyens se seront élevés très-haut par leur fortune et par leur puissance, tandis que beaucoup d'autres n'auront en partage que la gêne et la misère, les agitations intérieures troubleront aussi son gouvernement, parce que le principe de l'égalité, de droit, sera alors complétement détruit, de fait. Il faudra donc un jour, pour prolonger l'existence de ce peuple, d'autres institutions sociales et une autre forme de gouvernement.

Mais les anciens États de l'Europe peuvent moins que les autres être gouvernés par des formes entièrement républicaines et démocratiques. La civilisation est arrivée pour eux à un degré trop avancé pour pouvoir reculer; et le passé ne peut être détruit, car il n'est au pouvoir de personne de l'empêcher d'avoir existé, et de vivre en quelque sorte éternellement par les souvenirs et par la mémoire des hommes. L'histoire et les actions des peuples ne peuvent jamais s'effacer; et l'on ne peut redevenir jeune lorsque l'on est parvenu à la vieillesse. Ce n'est donc pas la même forme de gouvernement qui peut convenir à un peuple nouveau ou dans l'enfance et à un peuple ancien; et en France particulièrement, où la république a déjà tenté vainement tous les essais d'existence et toutes les formes de constitution, il est impossible de réduire la population au chiffre qu'elle avait, il y a seulement trois siècles, lorsque le pays produisait encore assez pour nourrir tous ses habitants; il est impossible de détruire le passé de la nation, ses hauts faits, ses exploits, sa gloire, ses habitudes, ses mœurs, son caractère même; il est impossible d'y établir une république durable, qui puisse résister aux révolutions pendant plusieurs siècles, ni même peut-être pendant plusieurs générations.

Du gouvernement monarchique.

Ordinairement, lorsqu'un gouvernement républicain ne peut plus exister chez un peuple devenu trop vieux, un gouvernement monarchique et absolu lui succède s'élevant sur les ruines de l'anarchie et du désordre public. Fatigués de leurs dissensions et de leurs troubles sans cesse renaissants, tous les citoyens semblent, d'un commun accord, préférer l'autorité d'un seul homme à celle de tous les ambitieux qui se déchiraient à la fois le pouvoir de la république, se combattant et se renversant tour à tour, et couvrant le pays de désolation et de deuil. L'avénement de cette nouvelle autorité paraît un bienfait pour la nation, qui lui prête aussitôt un concours unanime, heureuse de lui devoir la paix et la sécurité, et de pouvoir enfin

respirer, à l'abri d'un sceptre ferme et vigoureux.
Telle est presque toujours l'origine du gouvernement
monarchique.

Si les rois étaient parfaits, et s'ils étaient toujours
doués d'une élévation d'esprit supérieure à celle des
autres hommes, le gouvernement absolu d'un seul serait le meilleur de tous les gouvernements; de même
que si les hommes étaient parfaits, et surtout réellement égaux, ce serait le gouvernement républicain.
L'unité d'action et d'impulsion, dirigée constamment
vers le but du bien public, donne nécessairement au
gouvernement monarchique une force, une puissance et un éclat, que les autres gouvernements ne
peuvent posséder. Certains règnes de monarques
absolus, tels que ceux d'Alexandre, d'Auguste, de
Louis XIV et de Napoléon, ont élevé leurs nations au
plus haut degré de splendeur dont elles aient jamais
joui. Du temps du grand roi, il ne se tirait pas un
seul coup de canon en Europe sans son ordre ou sans
sa permission; et les glorieux faits d'armes de Napoléon l'ont égalé aux plus grands capitaines du monde.
Il a fallu que l'Europe entière se coalisât contre ces
deux souverains, pour parvenir à les abattre et à les
vaincre.

Mais malheureusement tous les monarques absolus
ne sont pas des génies transcendants. Souvent ils
n'ont que la capacité ordinaire du vulgaire des
hommes; et quelquefois même, ils leur sont inférieurs. Dans l'un et l'autre cas, leur gouvernement
est une calamité pour le pays ; car rien n'est si difficile que de bien gouverner les hommes, et il n'y a
réellement que les intelligences supérieures qui puissent y parvenir. Il faut connaître à fond le cœur
humain; il faut être doué de sagesse, de prudence,
de courage, de patience, de modération, de fermeté,
de calme, de douceur, d'adresse, de tact, d'affabi-
lité, de bienveillance, de bienfaisance, de beauté
même et de modestie. Il faut enfin réunir presque
toutes les vertus, car ceux que l'on commande, et
principalement les Français, les exigent impérieusement de leurs chefs, quand bien même ils n'en
auraient aucune eux-mêmes; et ils ne leur pardon-
nent point la moindre faute, si elle n'est promp tement réparée, ou rachetée par les actions les plus
glorieuses. Les usurpateurs ou les premiers qui se
trouvent revêtus d'un pouvoir souverain dans l'État
sont presque toujours des hommes supérieurs, capables de supporter le poids de la couronne qui pèse

sur leur tête ; et leur tâche leur est ordinairement
rendue facile par l'appui et le concours presque
universel qu'ils trouvent dans le pays. Mais une position trop élevée corrompt souvent le cœur des
hommes ; et dès qu'ils ont atteint le faîte de la puissance, ils s'endorment facilement dans leur grandeur. Les illusions et la flatterie s'emparent promptement de leur esprit ; et rarement ils savent transmettre à leurs descendants la tradition des vertus et
des qualités éminentes nécessaires pour savoir gouverner. Des rois dépravés, ou méprisables, montent
quelquefois sur le trône ; des enfants mêmes peuvent
y être appelés. Et aussitôt les abus les plus odieux
résultent d'une autorité aussi exagérée et aussi mal
placée. Leurs règnes sont une calamité pour les
peuples ; et leurs vices ou leur faiblesse leur enlèvent
le prestige et la majesté qui faisaient leur principale
force, excitent les troubles, les séditions et les
révoltes, et entraînent enfin la chute du trône après
de nombreuses secousses, et par des révolutions non
moins violentes que celles d'un gouvernement républicain.

C'est alors que l'aristocratie doit sauver la patrie
des dangers qui la menacent, en montant courageuse-

Du
gouvernement
aristocratique.

ment sur la brèche et en revendiquant sans crainte le
rang qui lui appartient dans l'Etat. Plus rapprochés
du trône que les autres hommes, les grands seigneurs connaissent mieux les faiblesses des rois, leur
fainéantise, leur mollesse ou leur incapacité ; et indignés, plus encore que le peuple, de la dégradation de
l'autorité royale, et de la honte et du désordre qui ont
rejailli sur la nation, ils doivent prouver qu'ils sont les
plus capables de supporter le fardeau de l'Etat et de
tenir les rênes du gouvernement, en employant toute
leur influence et leur autorité pour rétablir la paix
publique, et en consolidant eux-mêmes le bonheur
du pays. C'est donc par leur influence que se forme
le gouvernement aristocratique, gouvernement *meilleur* que les autres, ainsi que l'explique son nom,
provenant du mot grec *aristos* (ἄριστος), le meilleur,
superlatif de l'adjectif *agathos* (ἀγαθός), bon[1]. Ce
gouvernement, en effet, est meilleur que le gouvernement démocratique ou républicain et que le gouvernement monarchique. Sa force et sa puissance
l'emportent sur celles de la démocratie, qui ne peut
l'égaler et qu'elle commande ; et si ses qualités ne

---

[1] L'étymologie du mot démocratique est δῆμος κρατεῖν, gouvernement du peuple ; et celle du mot monarchique est μόνος ἄρχη, commandement d'un seul.

peuvent atteindre le degré d'unité d'action, le prestige et l'éclat d'une monarchie gouvernée par un génie rare, cependant elles ont l'avantage de conserver toujours la même grandeur, qui se transmet facilement de génération en génération, parce que la faiblesse ou l'incapacité de quelques-uns, parmi ceux en qui réside le pouvoir, ne peut ébranler la fermeté ni amoindrir le mérite de tous les autres. L'expérience de l'histoire est là pour démontrer, d'une manière évidente, que c'est l'aristocratie qui fait la force la plus durable et la plus constante d'un pays et celle de son gouvernement; et que sans aristocratie, un État manque toujours de stabilité, ne pouvant résister aux attaques continuelles de la démocratie, et aux révolutions sociales si malheureuses pour les peuples et principalement pour les pauvres, qui en sont toujours les soldats insensés. La république romaine n'a dû sa puissance qu'à l'autorité de ses familles patriciennes et à son noble Sénat, dont la fierté et le courage ne pouvaient jamais se laisser abattre. Carthage ne put elle-même résister aux Romains que par le dévouement et l'énergie de ses familles aristocratiques. Gênes et Venise ne devinrent également si puissantes que par la force de leur aristocratie; et aujourd'hui

encore, c'est par l'influence légitime de son aristocratie que l'Angleterre est devenue la première
nation du monde, et brave fièrement toutes les
révolutions qui ébranlent l'Europe sans pouvoir
lui porter la moindre atteinte. La France a pos-
sédé ce premier rang pendant plusieurs siècles, tant
que son aristocratie a pu y maintenir sa puissance;
mais elle l'a malheureusement perdu aujourd'hui,
parce qu'elle a détruit follement elle-même la force
qui la maintenait au-dessus des autres nations.
La misère et la faim viennent bientôt à bout de la
démocratie, qui, après avoir poussé ses fureurs
à l'extrême, s'adoucit et fléchit tout à coup lorsqu'elle voit que ses fureurs n'ont servi qu'à augmenter sa faim et sa misère. La monarchie, que rien
n'arrête et ne retient lorsqu'elle est le partage d'un
homme de génie, et lorsqu'elle se voit soutenue par
le peuple, se trouve également obligée de céder, et
souvent même de consentir au sacrifice de son existence, lorsqu'elle est abandonnée de tous et livrée
seule à elle-même. Mais l'aristocratie riche, puissante,
et répandue partout dans le pays, ne cède point aussi
facilement, et peut toujours prolonger la lutte bien
plus longtemps. Elle est donc l'expression de la con-

servation et de la durée des nations ; et par elle les traditions et l'expérience du passé se maintiennent et se
perpétuent. Par elle, les grandes pensées se transmettent de génération en génération ; et les travaux
entrepris par les pères peuvent profiter aux fils qui
les achèvent, les perfectionnent et les lèguent sans
secousse à leurs arrière-petits enfants. Ainsi les
monuments publics, les églises du moyen-âge et tous
ces édifices magnifiques qui font encore aujourd'hui
notre admiration n'auraient jamais pu être terminés,
si le principe de la transmission héréditaire de ces
grandes pensées n'avait reçu son application par une
organisation aristocratique et conservatrice. Sans ce
principe, chaque génération est obligée de ne travailler
que pour elle seule, et de recommencer sans cesse
un travail nouveau, perdu d'avance pour la famille, et
destiné à passer en des mains étrangères, qui ne
pourront non plus le conserver, ni le transmettre.

Sous un gouvernement aristocratique, le bonheur
d'une nation est aussi plus grand que sous tout autre
gouvernement, soit démocratique, soit monarchique,
parce que tous les citoyens sont obligés de rester à
la place que Dieu leur a fixée en les mettant au
monde. Les grands commandent aux petits, sans que

ceux-ci puissent en être offensés ni mécontents, puisque telle est l'expression la plus parfaite de la volonté divine ; et cette déférence sans contestation envers les chefs de l'Etat donne à ce gouvernement une force immense, inconnue aux autres gouvernements. Les révolutions, les secousses politiques sont alors extrêmement rares, sinon impossibles ; et en même temps la durée des institutions en augmente le respect et la force, et ajoute à la puissance de l'Etat. Les jambes et les pieds ne cherchent point à diriger la tête, comme il arrive continuellement dans les gouvernements républicains, et surtout dans ceux qui sont les plus démocratiques. *A chacun son métier*, dit un ancien proverbe vulgaire, *pour que les peuples soient bien gouvernés.* Rien n'est plus absurde, et même plus ridicule, que d'admettre que des artisans ou des ouvriers, sans instruction et sans éducation, doivent gouverner des hommes doués d'un bon sens au moins égal au leur, qui possèdent de plus des connaissances toutes spéciales et indispensables pour savoir commander ; tandis que les travaux journaliers et les diverses occupations des ouvriers les empêcheraient d'acquérir ces connaissances, si elles pouvaient s'acquérir facilement, et si elles n'étaient principa-

lement le résultat de cette éducation que donnent
une pratique et une transmission héréditaires. Sous
certains gouvernements constitutionnels, et particulièrement en France, depuis la révolution de 1830
jusqu'à celle de 1848, la bourgeoisie, rofitant du
renversement de la noblesse et de la destruction de
ses priviléges, s'est emparée du gouvernement du
pays, et a cru que c'était à elle qu'il appartenait de
commander au peuple et aux débris de ce qui survi-
vait encore de cette ancienne noblesse. Mais s'il vaut
mieux évidemment confier le pouvoir et le gouvernement du pays à des bourgeois plutôt qu'à des
ouvriers ou à des gens du peuple sans instruction et
sans éducation, parce que la bourgeoisie peut au
moins posséder à moitié les qualités qui ajoutent au
bon sens naturel d'   us les hommes, il n'en reste
pas moins constant qu'il est encore préférable que
ce soient les familles aristocratiques les plus considérables et les plus puissantes qui gouvernent non-
seulement le peuple, mais encore la bourgeoisie elle-
même. Si les occupations des ouvriers ne leur
permettent jamais d'acquérir les talents nécessaires
pour gouverner les États, la bourgeoisie ne peut non
plus y parvenir complétement ; et les négociants et

les commerçants, ou tous ceux qui sont obligés de
s'occuper continuellement de leurs affaires particulières, ne peuvent offrir autant d'avantages que
les familles entièrement libres et indépendantes,
pouvant se consacrer exclusivement au service
du pays, sans ménagement d'aucune sorte et sans
complication d'intérêts divers, souvent inconci-
liables. Et pour les bourgeois, comme pour les
ouvriers, l'éducation spéciale que donne seule la
transmission héréditaire, et sans laquelle l'expérience
et la sagesse ne peuvent s'acquérir qu'après avoir
commis des fautes nombreuses, ne devient presque
jamais leur partage, et ne peut leur révéler tous les
secrets de l'art si difficile de gouverner les autres
hommes. Sans doute, cependant, il est pénible pour
les bourgeois et pour les artisans de se voir exclus
des dignités, des honneurs et des emplois élevés auxquels chacun voudrait pouvoir prétendre également.
Mais les intérêts privés et particuliers des quelques
individus en petit nombre qui pourraient parvenir à
ces dignités si importantes ne sont rien en comparaison de l'intérêt général de l'État et du pays ; et
une seule chose est réellement à désirer au fond,
c'est que le pouvoir soit toujours confié à ceux qui

peuvent le mieux en faire usage pour le bonheur de la masse de la nation. Tant qu'il existera dans un pays des familles nobles, riches et puissantes, elles devront toujours être préférées aux autres dans l'intérêt réel du peuple; et la bourgeoisie ne pourra leur être égalée, que lorsqu'elle sera parvenue elle-même par ses richesses et par ses connaissances à faire partie de l'aristocratie.

Les positions sociales élevées et indépendantes jouissent seules d'une véritable considération, inspirent du respect et donnent de l'autorité, car elles n'empêchent point d'avoir, en outre, chacune des vertus qui peuvent être communes à tous les hommes; et même elles les produisent presque toujours à un plus haut degré, puisque *noblesse oblige*, selon le vieux dicton des nobles. Depuis les plus hautes dignités et les charges les plus considérables de l'État jusqu'aux plus simples fonctions de maire de village, les affaires publiques seront donc généralement beaucoup mieux faites par l'aristocratie que par la bourgeoisie ou par le peuple. La noblesse s'y consacrera avec plus de dévouement, plus de capacité et plus de talent, et rendra plus de services au pays, à la bourgeoisie et au peuple. La vertu et la

morale deviennent plus faciles et sont mieux prati-
quées lorsque l'intrigue et la corruption ne peuvent
les remplacer et ne sont d'aucune utilité pour s'élever. D'ailleurs, c'est toujours par l'autorité et par
l'exemple des grands que les petits se laissent guider
et diriger; tandis que ces derniers résistent ordinairement à ceux qui ne sont pas beaucoup plus que leurs
égaux, et qui par conséquent ne sont guères faits pour
les commander, quels que puissent être leurs efforts
pour se grandir et pour paraître plus qu'ils ne sont
réellement. La véritable aristocratie surtout ne peut
jamais se plier volontiers à obéir à ceux auxquels elle
sent qu'elle devrait elle-même commander, et qu'elle
surpasse en talents, en lumières et de toutes les autres
façons. Si elle se soumet par patriotisme, et pour ne
point susciter d'agitations dans le pays, à un rôle
secondaire et indigne d'elle, le dégoût, les humilia-
tions de toute sorte et les déceptions les plus cruelles
l'accablent immédiatement. Elle se voit repoussée de
partout, parce qu'elle ne se trouve nulle part à sa
place; et alors elle se retire à l'écart, et préfère le
repos et l'obscurité. Mais, malheureusement, l'oisiveté lui fait perdre la vivacité de ses sentiments
élevés et généreux; et dans l'excès de son décou-

ragement elle finit quelquefois par oublier sa haute
origine, et par s'abandonner à des excès semblables
à ceux des dernières classes du peuple, ce qui achève
de la déconsidérer entièrement, et ce qui nuit essentiellement à la grandeur, à la prospérité et au bonheur
du peuple.

Cependant, s'il était permis aux hommes de vivre
dans l'oisiveté, nulle position ne paraîtrait plus heureuse et plus digne d'envie que celle de l'aristocratie,
renonçant aux fatigues et aux peines du gouvernement
du pays, et laissant à d'autres, soit de la bourgeoisie,
soit du peuple, la lourde charge de diriger et de conduire l'État. Celui qui, libre de soins et d'obligations
envers les autres, peut vivre en paix loin du tumulte
de la politique, au milieu de sa famille et de ses amis,
ne se livrant qu'à des occupations douces et tran-
quilles, et répandant l'aisance et le bien-être sur tous
ceux qui l'entourent, et dont il est le père et le bien-
faiteur, celui-là seul goûte une félicité sans mélange,
qu'il appartient essentiellement à l'aristocratie de pouvoir se procurer facilement. Mais Dieu n'a pas ordonné
seulement aux ouvriers et aux pauvres de travailler;
il en a fait aussi une loi aux riches, pour qui l'oisiveté serait un fardeau pesant, et qui, s'ils n'étaient

plus sérieusement occupés, ne pourraient supporter
longtemps leur bonheur même. Si les pauvres sont réduits à un travail manuel et à une fatigue de corps de
toute la journée, les riches doivent occuper leur intelligence par un travail non moins pénible, et étendre
leurs facultés morales pour être utiles à leurs semblables et à la société tout entière. Or, les classes les
plus élevées se doivent à leur pays et au gouvernement
de l'État, parce qu'elles sont celles qui peuvent le mieux
s'acquitter de cette tâche pénible et difficile, dans
l'intérêt de tous. Il n'est donc pas permis à l'aristocratie
de se tenir à l'écart, et de vivre dans une oisiveté et
une mollesse qui seraient nuisibles au pays ; et qui,
amenant bientôt la déconsidération croissante de la
noblesse, finiraient par entraîner ensuite sa ruine
complète. Toutefois, elle ne doit jamais s'imposer au
peuple malgré lui, non plus que la monarchie, car
c'est le temps qui produit sa force. Elle doit savoir
attendre que la nation ait compris combien il lui importe d'utiliser la puissance des grands à son profit,
et vienne réclamer leur protection en leur confiant
d'elle-même le pouvoir et l'autorité,

Avec une aristocratie forte et puissante, toutes les
questions sociales les plus difficiles se simplifient et

reçoivent la solution la plus rationnelle et la plus parfaite. L'organisation du travail et le paupérisme, ces deux grandes plaies des nations modernes avancées en civilisation, cessent aussitôt d'être des questions de vie ou de mort, suscitant le désordre et la guerre civile, et pouvant renverser toute la société. En effet, plus il y a de richesse chez les particuliers, plus l'État est riche; mais rien ne peut augmenter davantage la richesse des particuliers que des institutions aristocratiques et conservatrices. Le droit d'aînesse est la source principale de cette richesse des familles et des particuliers, qui ne peuvent jamais succomber sous une ruine fatale; et la richesse publique s'accroissant constamment, parce que celle des particuliers ne cesse de s'augmenter, la misère diminue toujours et doit finir à la longue par n'exister nulle part. Dans un État démocratique, c'est le contraire qui a lieu. La fortune publique diminue nécessairement, parce que celle des particuliers ne cesse de décroître; et la misère s'étend chaque jour de plus en plus, finissant par envahir peu à peu tous les citoyens l'un après l'autre. Cette triste situation résulte surtout du partage égal des biens entre tous les enfants, principe démocratique qui n'est juste qu'en apparence, parce qu'un

cadet n'a pas plus le droit au fond de vouloir le bien de
son frère aîné qu'un pauvre n'a le droit de convoiter
le bien d'un riche, et qui est socialement absurde,
parce qu'il est produit par la fausse théorie de l'égalité imaginée par l'homme, contrairement à la volonté
de Dieu. On a déjà dit que les lois de la nature, sur
lesquelles les démocrates s'appuient pour soutenir ce
principe de l'égalité entre tous les enfants du même
père, comme entre tous les citoyens du même pays,
sont des lois qui ne peuvent exister que dans l'état
de nature ou dans l'état sauvage, et que rien ne
peut être plus opposé à cet état de nature que l'état
de société. C'est précisément pour modifier et pour
détruire les lois de la nature que toutes les lois de la
société sont instituées; car les hommes ne pourraient
point vivre réunis dans un même pays et dans une
même patrie, s'ils n'établissaient des lois capables de
protéger la société ou de faire respecter leur nationalité et leur territoire, en faisant taire et en sacrifiant
les lois de la nature, qui ne sont autres que les lois des
animaux, c'est-à-dire celles de la force brutale et
irréfléchie, et qui ne doivent pas avoir plus d'importance pour l'homme qu'il n'en accorde à ces animaux,
dont il se distingue par une supériorité incontestable.

C'est afin que le plus faible puisse résister au plus fort, et que la justice et l'équité l'emportent sur la violence; c'est afin que toutes les mauvaises passions et tous les mauvais instincts de la nature soient dominés par la raison et le bon sens; c'est afin que la société puisse toujours se perpétuer et vivre heureuse, que toutes les lois sociales sont faites et adoptées partout universellement. Ainsi, le droit de propriété avec sa transmission héréditaire, le mariage, la famille, le pouvoir paternel, etc., etc., sont toutes des lois entièrement contraires à la nature, mais nécessaires à la conservation de la société et au bonheur de l'homme; et c'est de ces lois premières et fondamentales que découlent ensuite toutes les autres. S'il est certain que le droit d'aînesse est une loi contraire aux lois de la nature, cela prouve seulement combien elle est indispensable à la société, puisque aussitôt que l'homme cessa de vivre à l'état sauvage, il reconnut la nécessité de l'adopter. Dès le commencement du monde, en effet, les patriarches, les sages et les premiers fondateurs des peuples ont compris que sans cette loi sacrée et organique, nulle société ne pouvait durer longtemps ni prospérer. Dans les États démocratiques, où le principe du droit d'aînesse n'existe

point, les désunions de famille et les guerres intestines de frère à frère se renouvellent à chaque génération pour le partage de la succession des pères, et
l'avidité secrète des enfants les rend presque toujours
ennemis irréconciliables ; tandis que lorsque les
cadets sont obligés de se contenter de la légitime que
leur a donnée leur père, ils ne peuvent trouver aucun
prétexte pour attaquer injustement leur frère aîné, ou
pour se susciter d'odieux procès les uns aux autres.
Lorsque la misère publique augmente par la division des biens, qui empêche l'accroissement de la
richesse des particuliers, et qui arrête la prospérité et
l'essor des pères, les discordes civiles se renouvellent
aussi sans cesse, et désolent constamment la nation.
Vainement l'État cherche-t-il alors à se substituer
aux particuliers, à absorber à lui seul toute la richesse
du pays, à se charger de tous les travaux publics, et
à donner de l'ouvrage à tous les travailleurs, que les
particuliers ne sont plus assez riches pour employer
eux-mêmes, et dont la misère s'accroît sans interrup-
tion. Vainement essaie-t-il de créer une autre soi-
disant organisation du travail, qui ne peut jamais
consister que dans l'association des ouvriers avec les
maîtres ou les entrepreneurs, mais qui ne peut donner

constamment assez de bénéfices pour assurer à tous
des ressources dans leurs vieux jours, et des secours pour les temps ou les événements malheureux.
Vainement chaque département est-il obligé de trouver du pain pour tous ses pauvres, et de subvenir
à leurs besoins les plus pressants. Toutes ces mesures
de détail, excellentes un jour, ne pourront point
suffire le lendemain ; et malgré toutes les tenta-
tives du gouvernement, malgré tous les efforts réunis
et unanimes des particuliers, malgré tous les expédients enfin, la misère renversera successivement
toutes les digues qui lui sont opposées, et s'accroîtra
toujours de plus en plus par la division des héritages
et par le morcellement des propriétés. Les riches
deviendront chaque jour moins riches et moins
nombreux ; les pauvres deviendront plus pauvres, et
leur nombre augmentera sans cesse. Le droit d'aînesse est donc la principale réforme sociale qui puisse
sauver les États démocratiques, en leur donnant une
institution aristocratique, c'est-à-dire forte, durable et meilleure que les autres, qui augmente peu
à peu la richesse des particuliers, et qui détruise
en même temps l'envahissement de la misère. Mais
l'émigration doit aussi venir en aide à cette institu-

tion, car ce n'est que par ce droit d'aînesse et par l'agrandissement continuel du territoire que l'augmentation graduelle de la population peut toujours trouver son existence et sa nourriture. La république romaine ne dura si longtemps que parce qu'elle s'étendait et s'agrandissait constamment, et parce qu'elle était en même temps soutenue par des institutions aristocratiques, par son noble sénat et par ses familles patriciennes; de même qu'aujourd'hui, les États-Unis d'Amérique ne doivent leur prospérité, leur paix intérieure et leur puissance, qu'à l'immensité de leur territoire, non encore peuplé. Et ce fut une des principales causes de la destruction de l'empire romain, que le fameux édit rendu par Auguste, en montant sur le trône, *de coercendo intra fines imperio*, qui fixa des limites et des bornes à ses conquêtes, et qui ferma les débouchés nécessaires à l'accroissement de la population.

Le gouvernement aristocratique est encore celui qui coûte le moins à l'État, parce que les citoyens les plus riches et les plus considérables peuvent facilement se passer des émoluments que reçoivent ordinairement ceux qui remplissent des fonctions publiques. Le peuple profite de cette économie importante;

et elle amène toujours la diminution des impôts. Si
l'État est obligé par diverses causes particulières de
salarier des services moins relevés que l'honneur seul
ne peut récompenser, il le fait alors plus noblement et
plus généreusement, rassuré par l'accroissement constant de la richesse publique. Dans les gouvernements
démocratiques, nulle fonction ne peut se passer de
rétribution, pas même les plus élevées ; parce que les
plus pauvres et les plus petits pouvant y parvenir,
souvent de préférence aux plus grands et aux plus
riches, il est nécessaire de leur donner les moyens de
soutenir un rang et une position pour lesquels Dieu
ne les a point fait naître. Et, en outre, leur manque
de considération, de richesse et d'autorité person-
nelles est toujours nuisible aux peuples ; et souvent
l'on a vu, en France les ambassadeurs ou les représentants de plusieurs puissances de l'Europe traiter
légèrement et du haut de leur grandeur nos ministres
des relations extérieures, qui ne possédaient point
à leurs yeux ces conditions d'autorité et d'influence
personnelle que réclamait leur position élevée.
Comme la richesse des particuliers diminue toujours
de plus en plus lorsque les institutions sont démocratiques, et lorsque le partage égal des biens entre tous

les enfants a remplacé le droit d'aînesse, il s'ensuit
que le salaire des fonctions publiques doit, par compensation, s'augmenter toujours de plus en plus.
Le pays s'épuise promptement, parce qu'il n'existe
bientôt plus de fonctionnaires pour qui l'honneur
seul soit une récompense suffisante; et s'il reste
encore quelque place honorifique dans l'État, et
quelque dignité ou quelque emploi gratuit, peu à peu
il faut y attacher des émoluments pour trouver des
citoyens qui consentent à les accepter. Ce n'est plus
alors la place elle-même que l'on ambitionne, c'est
l'argent seul que l'on recherche. Mais souvent aussi
l'on se soucie peu des devoirs que l'on n'accomplit
que par ce motif; et l'on sacrifie même quelquefois
son honneur à une position plus avantageuse et plus
lucrative. De tels inconvénients ne peuvent point
exister dans un gouvernement aristocratique.

Les Grecs ont donc eu raison de nommer ce gouvernement *aristocratique*, c'est-à-dire *le meilleur*, en
comparaison du gouvernement démocratique et du
gouvernement monarchique. Cependant, ce gouvernement n'est point parfait; ou du moins il n'approche
point encore assez de la perfection, puisque l'homme
ne peut jamais l'atteindre complétement. Bien que

l'aristocratie possède des qualités évidemment supérieures pour assurer le bonheur des peuples, l'amour-
propre froissé ou humilié des masses cherche à
contester cette supériorité; et la jalousie et l'envie
lui font une guerre opiniâtre et sans trêve. Il est
difficile, en effet, à la plupart des hommes d'avoir
assez de modestie et de sagesse pour reconnaître
à d'autres des avantages qu'ils ne possèdent pas;
et l'on préfère presque toujours se faire illusion
à soi-même et se figurer que personne ne peut vous
surpasser, ni même vous égaler en rien. L'ambition
est une passion inhérente au cœur de l'homme; et il
est presque impossible de l'en déraciner. Si elle est
livrée sans frein à elle-même, elle appelle prompt-
tement la présomption à son aide, et cause alors
les plus grands maux dans la société, dont elle peut
quelquefois amener la destruction. Cependant, si elle
est habilement contenue et dirigée, elle se change
souvent en une noble émulation, que l'honneur et
l'amour du bien public parviennent seuls à émouvoir.
Dans ce cas, elle peut produire tout ce qui est grand,
tout ce qui est beau et tout ce qui est utile. Il est donc
nécessaire de ne point l'étouffer complétement, mais
de savoir en profiter. Or, le principe aristocratique,

lorsqu'il est trop développé, arrête et comprime tout
élan généreux et tout essor louable chez les classes
moyennes et inférieures, qui conspirent et se révoltent
contre la main de fer qui les retient et qui leur
refuse trop cruellement l'espoir de pouvoir jamais
s'élever au-dessus de leur condition sociale. D'ailleurs, si Dieu a condamné l'homme au travail, il ne
lui a point dit que son travail consciencieux et une
conduite à l'abri de tout reproche ne devaient point
lui profiter en ce monde, à lui ou à ses enfants.
L'homme a besoin d'espérer sur la terre; et toute
sa vie n'est qu'un long espoir, presque toujours
déçu, à la vérité, mais qui le soutient et qui l'anime
jusqu'au tombeau. Un gouvernement essentiellement
aristocratique étouffe donc trop violemment ce sentiment naturel à l'homme; mais ce qui entraîne le plus
souvent la chute d'un tel gouvernement, c'est l'excès
même de son autorité et de sa puissance, dont les
abus lui sont funestes. Trop confiant en sa force et
en sa supériorité, il ne craint pas de lutter contre tous
ses ennemis à la fois. L'orgueil l'enivre et l'égare
à la fin, comme un simple particulier; et il succombe
par l'excès de sa propre ambition, car cette même
passion exagérée finit toujours par amener la ruine

complète de ceux qui s'y abandonnent aveuglément.

Ce n'est point seulement un gouvernement meilleur que le gouvernement démocratique ou le gouvernement monarchique que les peuples doivent désirer : c'est un gouvernement qui doive essentiellement durer toujours, et que les révolutions sociales ne puissent jamais renverser. Les Grecs et les anciens ne connaissaient, il est vrai, que ces trois gouvernements, démocratique, monarchique et aristocratique, éprouvés par eux, chacun séparément, et qui peuvent seuls, en effet, soutenir les bases de toute société, puisque nulle intelligence humaine ne pourrait inventer une forme quelconque de gouvernement qui ne proviendrait point de ces trois formes, le gouvernement théocratique n'étant qu'une application particulière ou une variété du gouvernement monarchique. Mais la longue expérience de ces divers gouvernements et l'épreuve des inconvénients de tous ont fait naître depuis une nouvelle combinaison, adoptant et réunissant autant que possible tous les avantages de chacun de ces gouvernements, et en évitant tous les inconvénients. Ce gouvernement fédératif est encore et sera toujours le dernier mot de la civilisation.

Du gouvernement fédéral.

21

Les législateurs et les sages qui l'ont conçu et qui l'ont établi, ou ceux qui l'ont perfectionné, lui ont donné le nom de gouvernement *féodal*, du mot latin *feodus*, nœud, liaison, alliance, exprimant l'assemblage ou l'union des trois formes démocratique, monarchique et aristocratique. Ce gouvernement avait déjà pris naissance chez les Germains, le peuple le plus libre, le plus sensé et le plus modéré de tous les peuples de la terre, qui vivait exempt de vices et de passions, sous un climat plus tempéré et plus froid que ceux de la Grèce et de l'Italie, et qui sut toujours résister aux anciens conquérants de l'univers, avec une sagesse et un courage admirables, pendant plusieurs siècles, jusqu'à ce qu'enfin ils aient eux-mêmes conquis et réduit sous leur domination l'empire romain tout entier. Depuis cette époque, il a été adopté par toute l'Europe; et il s'y est toujours perpétué jusqu'ici. Si le raisonnement ne suffisait pas pour démontrer sa supériorité incontestable, l'expérience des hommes et des peuples serait une autorité irrécusable pour le prouver. En effet, depuis la création du monde jusqu'à nos jours, aucun autre gouvernement n'a pu durer autant de siècles, ni rendre les peuples aussi heureux sur la terre, aussi soumis à la volonté de

Dieu et à leur sort, et aussi ennemis des révolutions qui troublent et bouleversent les sociétés. Le gouvernement féodal n'a jamais cessé complétement d'exister depuis son origine; et il se maintient encore intact en Angleterre, dont il fait la force et la puissance. Et c'est encore lui que l'on voudrait retrouver en France sous le nom impropre de gouvernement constitutionnel ou représentatif. Tous les autres gouvernements, formés d'un principe unique, soit républicain plus ou moins démocratique, soit monarchique, soit aristocratique, n'ont pu avoir qu'une durée éphémère, et ne pourront jamais se maintenir aussi longtemps, parce que chacun isolément porte en lui-même des germes de mort.

Le gouvernement féodal seul peut durer toujours, parce que son principe est essentiellement de réunir les avantages de tous les autres, et d'en éviter en même temps les inconvénients. Le principe démocratique y trouve largement sa place pour tout ce qu'il a de bon; et les dernières classes de la société y sont assurées de toutes les garanties, de toutes les libertés et de toutes les protections qui peuvent les satisfaire et les rendre heureuses. Le principe monarchique y reçoit aussi une juste application. Enfin, le prin-

cipe aristocratique, avec toute sa puissance et sa
richesse, y est suffisamment développé. Tous les
vices inhérents à chacun des trois gouvernements en
particulier, et pris isolément, sont donc exclus du
gouvernement féodal, puisque chaque principe y
trouve un juste contrepoids modérateur; et tous les
progrès de la civilisation, loin de lui porter la moindre
atteinte, doivent au contraire augmenter son pouvoir,
et rendre sa durée éternelle jusqu'à la fin du monde.

Mais pour que cette existence puisse se perpétuer de
siècle en siècle, il faut, avant toute chose, qu'un gouvernement féodal soit réellement féodal, et non pas seulement constitutionnel ou représentatif; c'est-à-dire
qu'il réunisse dans un parfait équilibre les trois éléments fondamentaux qui le composent, parce que c'est
cet équilibre seul qui fait sa force et qui assure sa durée.
Dans l'origine, lorsque la féodalité s'établit en Europe,
cet équilibre fut fixé avec une exacte précision; et
chaque citoyen était protégé par le gouvernement,
autant que le comportait la civilisation de l'époque.
Mais malgré les progrès de cette civilisation, l'équilibre cessa bientôt de se maintenir, au lieu de
s'affermir d'autant plus, comme cela devait être;
et c'est ce manque d'équilibre qui a dû entraîner

un jour, en France et en Europe, la ruine de ce gouvernement féodal, le plus parfait de tous les gouvernements possibles, lorsqu'il est bien compris et bien appliqué.

Si les rois ne l'avaient point méconnu, et si l'élément monarchique n'avait point absorbé l'élément aristocratique, la féodalité n'aurait jamais péri; et les peuples, toujours heureux, n'auraient jamais été en proie aux guerres civiles, aux troubles intérieurs, aux révolutions, au désespoir, à la misère, et à toutes les plaies sociales que ces révolutions augmentent toujours, loin de pouvoir les diminuer. Mais l'ambition des rois a détruit l'équilibre du gouvernement féodal, et arrêté sa marche paisible et bienfaisante qui devait s'accorder toujours avec celle des siècles et du temps. L'absolutisme et le despotisme n'ont cessé de combattre l'indépendance du pouvoir aristocratique; et toutes les armes et tous les moyens ont été employés par les rois contre la noblesse de leurs États. Sans doute, il est vrai, le gouvernement monarchique a certains avantages particuliers, ainsi qu'on l'a déjà vu, qui n'appartiennent qu'à lui seul; de même que les deux autres gouvernements, républicain et aristocratique, ont aussi chacun leur mérite différent. Sans

doute, le gouvernement monarchique l'emporte sur
les deux autres, sous le rapport de son unité et de
sa concentration. Mais il ne peut être confié qu'aux
mains les plus habiles; et ses abus sont trop nombreux et trop intolérables, s'il cesse d'appartenir à
un génie supérieur et exceptionnel. On a déjà dit
que le gouvernement monarchique et absolu nais-
sait ordinairement des dissensions intestines et des
guerres civiles, non interrompues, du gouvernement républicain, dont chacun finit par se lasser
à la longue, et que tous les partis terminent, d'un
commun accord, en confiant le pouvoir à un seul
homme, pourvu qu'il soit capable de gouverner avec
talent et surtout avec fermeté. Mais on sait que si
les premiers rois, ou les usurpateurs, ont presque
toujours des facultés supérieures, et sont dignes du
sceptre dont ils se voient armés, la nature méconnait
quelquefois dans leurs successeurs leur rang élevé
et leur grandeur, et peut même les traiter moins bien
que les autres mortels. L'hérédité et la légitimité,
qui sont nécessaires pour assurer la sécurité du trône,
et pour préserver les peuples des troubles et des malheurs qui résulteraient de l'élection de la royauté et
des intrigues des ambitieux, investissent souvent du

sceptre des rois incapables, ou des enfants, dont les mains débiles ne peuvent soutenir un poids si lourd. Un gouvernement absolument monarchique a donc plus d'inconvénients que d'avantages ; et c'est précisément pour ne réunir que ses avantages, ainsi que ceux des autres gouvernements, et pour en éviter les inconvénients, que le gouvernement féodal est institué. D'ailleurs les rois eux-mêmes trouvent dans ce dernier mode de gouvernement la force la plus grande qui puisse soutenir leur trône et maintenir leur autorité, puisque c'est l'aristocratie avec sa puissance qui leur sert de principal appui, et puisqu'ils ne peuvent point sans elle résister à la démocratie. Mais jamais les sages conseillers des rois n'ont pu leur faire comprendre ces vérités si importantes et si utiles pour eux, et dont ils ne supportent guère la manifestation. Les flatteurs qui les entourent les égarent presque toujours, au lieu de les éclairer. On leur fait espérer, par politesse, ce qu'ils désirent et ce qu'ils ambitionnent, quand même on ne partage ni leur désir ni leur espoir. On craint de les blesser et de les heurter; et souvent même le dévouement à leurs personnes, poussé au delà de certaines limites, et séduit par

l'exagération d'un sentiment louable et généreux,
finit par adopter de faux principes et de fausses
maximes, non-seulement nuisibles à l'aristocratie et
au peuple, mais au prince lui-même, que l'on sert
mal parce qu'on le sert trop bien, et parce qu'on
veut le rendre trop puissant.

Sous les deux premières races des rois de France,
le gouvernement féodal ne reçut point d'atteinte
sérieuse; et Charlemagne, le plus admirable génie
qui ait régné sur la nation, et dont le père, Pépin-
le-Bref, avait été porté sur le trône par les grands
vassaux de l'État, indignés de la mollesse des rois
fainéants, perfectionna ce gouvernement et régularisa
sa marche, selon les besoins de l'époque et selon le
degré de civilisation de son temps. C'est ce qui a fait
supposer, par erreur, à quelques historiens que c'était
ce monarque qui en était le fondateur; et quoique ce
fût pendant le moyen-âge que la féodalité brilla du plus
vif éclat, son origine remonte à la naissance du peuple Franc, puisqu'il choisissait lui-même ses rois et
ses chefs dans la noblesse, et puisqu'il leur dictait
en quelque sorte ses volontés dans des assemblées
tenues chaque année, au printemps, dans les mois
de mars ou de mai. Quelque puissant que fût ce

grand roi, qui releva sur sa tête la couronne impériale d'Occident, et qui tenait presque toute l'Europe sous son sceptre, jamais il n'entreprit aucune guerre, jamais il ne promulgua aucune loi, sans qu'elles n'eussent été discutées et adoptées par ses barons. Les capitulaires furent rédigés par les hommes les plus sages et les plus instruits de son siècle, qu'il réunissait à sa cour de tous les points de son vaste empire ; et c'est à lui que l'on dut l'établissement de la *Cour des Pairs de France*, dont le jury moderne est devenu l'imitation, de même que les États généraux, les Assemblées nationales et législatives ont remplacé ces anciens champs de mars et de mai, où se discutaient autrefois tous les intérêts importants de la nation.

Ce furent les rois de la troisième race qui commencèrent à attaquer le gouvernement féodal et à altérer son principe, qui devait constamment se maintenir intact, en se prêtant à tous les progrès de la civilisation et en assurant perpétuellement le bonheur des peuples. Si les champs de mars et de mai avaient encore été convoqués par eux, comme par leurs prédécesseurs, et si plus tard des assemblées nouvelles, représentant toutes les classes de la nation, telles que les

États-Généraux du royaume, avaient eu le droit de
venir exactement chaque année se mêler à la politique
du pays, de rapporter aux rois les plaintes des provinces et de voter tous les subsides, on peut affirmer
hautement que tous les abus reprochés au gouvernement féodal ne se seraient jamais introduits, ou
eussent été immédiatement réformés dans l'intérêt
général de la nation. Ce n'est que par le rapproche-
ment et le contact que les hommes peuvent se communiquer ou échanger leurs pensées, et mettre en
pratique leur expérience. L'isolement de la noblesse,
reléguée au fond de ses terres et privée de participation
réelle au gouvernement de l'État, a été la principale
cause du malheur de la France, et l'a empêchée de
perfectionner, depuis plusieurs siècles et bien avant
l'Angleterre, des institutions véritablement féodales,
c'est-à-dire tout à la fois monarchiques, aristocratiques et démocratiques. Le désir de dominer entièrement l'aristocratie et de parvenir peu à peu à l'absolutisme poussa les rois à s'appuyer sur la démocratie, toujours prête à combattre ceux qui la
dominent, sans s'inquiéter si cette domination de
l'aristocratie est nécessaire à l'État, et si le renversement de cette caste privilégiée ne doit pas

entraîner l'asservissement plus grand du peuple, et même peut-être la ruine de la nation tout entière. Depuis Louis VI, qui affranchit les communes sans la participation de la noblesse, et sans que cet affranchissement, si les progrès du temps et de la civilisation l'avaient rendu nécessaire, fût consenti et régularisé par un accord unanime des trois éléments ou pouvoirs qui devaient gouverner l'État, presque tous les rois de France ont successivement affaibli l'aristocratie, en s'unissant dans ce but à l'élément démocratique ; et Louis XIV enfin osa dire : *L'État, c'est moi*. Mais ce monarque était doué d'un génie supérieur, capable de supporter le poids de ce sceptre absolu. Il consola une partie de la noblesse, en l'attachant à sa cour et à sa personne par des dignités, des honneurs et des richesses qui la corrompirent bientôt malheureusement ; et quelques familles véritablement féodales se confinèrent seules au fond de leur province, gémissant sur leur abaissement et sur leur décadence. Cependant la gloire du règne de Louis XIV égala celle du règne de l'empereur romain Auguste ; et tous les talents, à l'envi, se sont surpassés sous lui et ont immortalisé son nom. Depuis cette époque, personne ne songea plus, pour ainsi dire, à rappeler et à défendre les

principes de l'ancien gouvernement féodal, remplacé
désormais par un gouvernement absolu. Toutes les
histoires de France écrites pour faire ressortir les
avantages de l'unité monarchique et de la centralisation du pouvoir ont comblé d'éloges les rois qui
avaient porté atteinte à la féodalité, et qui avaient
détruit, pour parvenir à l'absolutisme, les barrières
qui arrêtaient la démocratie, qu'ils espéraient toujours
pouvoir contenir à eux seuls, sans le secours de l'aristocratie. C'est ce qui fait que toutes ces histoires de
France manquent d'intérêt, parce qu'elles manquent
de vérité et de philosophie, représentant les événements sous un faux jour, qui déplaît nécessairement
à tous les lecteurs. Et malheureusement les esprits ne
peuvent puiser dans de meilleurs écrits une instruction
plus solide et plus certaine ; et la jeunesse, indécise
entre ces faux principes et ceux opposés qu'elle s'approprie par la traduction des auteurs classiques des républiques grecque et romaine, dont cependant le gouvernement avait le même degré d'imperfection que leur
religion païenne, ne peut asseoir son jugement sur des
bases fixes et solides qui assurent le bonheur des hommes, et n'est point instruite des vrais principes sociaux
et politiques de l'existence des nations. Mais si quel-

qu'un auteur nouveau entreprenait d'écrire l'histoire de
France selon la vérité qui lui appartient ; s'il savait faire
ressortir les avantages de la féodalité, dont les abus
seuls pouvaient être répréhensibles et devaient néces-
siter de sages réformes, selon le temps et selon les progrès de la civilisation ; s'il savait faire paraître l'aristocratie intéressante et digne d'éloges dans sa lutte contre
la royauté, dont elle était le bouclier, en même temps
qu'elle défendait le peuple contre l'arbitraire de la
royauté ; s'il démontrait enfin que le bonheur de
toutes les classes de la société consiste essentiellement
dans l'accord parfait et unanime des trois éléments
constitutifs du gouvernement féodal, une telle histoire,
présentée sous des couleurs nouvelles et inconnues
jusqu'à ce jour, serait infiniment supérieure à toutes
celles déjà publiées, parce qu'elle serait surtout conforme à la vérité, qui peut seule donner du charme
et du mérite à un ouvrage historique. Cette histoire
serait aussi utile que les autres histoires sont dangereuses ou nuisibles ; elle formerait l'esprit et le sens des
générations futures, et elle dédommagerait l'avenir
de la France des malheureuses vicissitudes du passé.

Dès que Louis XIV disparut, nul autre roi ne put
soutenir dignement son sceptre avec son pouvoir ab-

solu. La démocratie, contenue et étouffée sous lui par
la grandeur et l'éclat de sa puissance, ne tarda point à
vouloir se montrer au grand jour; et les philosophes du
xviiiᵉ siècle apparurent bientôt, prêchant des doctrines désorganisatrices de toute autorité et de tout
pouvoir, parce qu'ils ne trouvaient plus de digue insur-
montable dans la résistance de l'aristocratie, que le
peuple avait renversée et détruite en combattant pour
la royauté. Mais le peuple comprit alors que la force
matérielle et brutale résidait en lui; et il attaqua
bientôt la royauté elle-même, qu'il parvint à détruire
à son tour, en lui faisant partager le sort de l'aristocratie, qui ne pouvait plus la défendre ni la protéger
contre ses fureurs.

Tel est le résumé succinct de l'histoire de la féodalité en France. Les révolutions de 1789, de 1830 et
de 1848 ont mis à nu, d'une manière évidente à tous
les yeux, la faiblesse de la royauté en présence de
la démocratie, lorsqu'il n'existe point d'aristocratie
assez forte et assez puissante pour leur résister à
toutes les deux, et pour réparer, avec calme et sans
commotion politique et sociale, les fautes nombreuses
et inévitables que commet toujours la faiblesse
humaine.

La République française de 1793, la plus démocratique de toutes les républiques qui aient jamais existé depuis la création du monde, fut précisément, par l'extension de ce principe démocratique, le plus atroce et le plus affreux gouvernement qui ait jamais pesé sur aucune nation. Rien ne peut se comparer aux horreurs de ces temps, appelés *la Terreur*; et nul Français ne peut en lire le récit sans désirer l'effacer de l'histoire, si cela était possible. En effet il semble que le peuple Français soit destiné à surpasser toujours tous les autres peuples, soit en bien, soit en mal. Heureusement le despotisme militaire et l'autorité d'un guerrier illustre vinrent promptement mettre un terme aux excès de la République et aux fureurs de la démocratie, déchirant elle-même ses propres entrailles et ne pouvant vivre en paix avec nul gouvernement étranger. Napoléon releva glorieusement le sceptre des rois de France. Mais au lieu de leur rendre ensuite une couronne qui ne devait pas lui appartenir ; au lieu d'être le sauveur de son pays, en y établissant un nouveau gouvernement féodal, en rapport avec les progrès de son siècle et capable de marcher toujours à la tête de la civilisation, à l'abri de toutes les révolutions, il préféra garder pour lui ce sceptre auguste, dans l'es-

poir de fonder une nouvelle dynastie ; et il tenta
même, par excès d'ambition, de placer sur son front
la couronne impériale de Charlemagne. Cependant,
il dota la France du code civil, chef-d'œuvre de jurisprudence digne des plus célèbres législateurs de l'antiquité; et ses glorieux exploits ont porté le nom français à un tel degré de grandeur et de célébrité, que
sa dynastie serait, incontestablement, après celle des
Bourbons, la plus digne d'occuper le trône. Mais l'ambition est la plus funeste de toutes les passions, lorsqu'elle dépasse le but du bien public ; et les guerres
sont toujours un fléau pour l'humanité. Celles de Napoléon épuisèrent la France et suscitèrent contre lui
une immense coalition de toute l'Europe, qui parvint
enfin à le vaincre deux fois et à l'écraser. Toute sa gloire
n'a produit, en résultat, qu'une vaine fumée, puisque
la France, qu'il avait d'abord tant agrandie et rendue si
puissante, est devenue, comme on sait, depuis sa dernière défaite, plus petite qu'elle n'était autrefois avant
la révolution de 1789. Ses colonies lui ont été enlevées;
et sa marine a perdu peut-être pour toujours le premier
rang.

Le rétablissement de la branche aînée des Bourbons pouvait encore ramener en France la paix et le

bonheur, en reconstruisant un nouveau gouvernement féodal, dont l'établissement eût été un gage de sécurité pour tous les autres États de l'Europe. Louis XVIII, nourri des principes du gouvernement anglais qu'il avait étudiés longtemps, pendant son émigration, crut atteindre ce but essentiel en promulguant la Charte de 1814. Mais cette charte ne pouvait suffire à la France, parce qu'elle ne donnait point assez de force et de puissance à l'aristocratie ou à la noblesse, pour protéger la royauté contre les idées démocratiques, non-encore suffisamment calmées et assoupies. La Pairie héréditaire devait seule former l'aristocratie ; et la noblesse entière, réduite à de vains titres sans priviléges, n'avait plus d'existence politique dans le pays. En Angleterre, pays moins étendu que la France, et dont la noblesse est moins ancienne et moins nombreuse, la force de l'aristocratie peut résider dans la Chambre des lords, où se sont trouvées appelées dès le principe toutes les familles les plus considérables et les plus influentes, après qu'elles eurent porté elles-mêmes la maison d'Orange sur le trône. Mais en France, la Chambre des pairs ne pouvait former à elle seule une aristocratie dans le pays. Renfermant dans

son sein plusieurs familles sans noblesse, sans fortune et sans considération, qui se trouvaient assises
à côté des plus grands noms de France et des maisons les plus illustres, tandis qu'une foule d'autres
familles des plus anciennes et des plus considérables
s'en trouvaient impolitiquement éloignées, la pairie
Française était sans force à son début, et ne représentait point la véritable aristocratie du pays. Son
nombre d'ailleurs était trop restreint en proportion
de celui de toute la noblesse qui en était écartée, et en
proportion du chiffre de la population de la France.
La véritable aristocratie résidait donc dans la noblesse
elle-même tout entière; et la pairie ne pouvait se
substituer à sa puissance, ni la remplacer comme
pouvoir dans l'État. Il fallait par conséquent rendre
à toute la noblesse une nouvelle existence politique;
et elle ne pouvait être représentée dans le gouvernement que par une pairie élue par elle, comme
pour la convocation des États généraux du royaume.

Charles X, animé des meilleures intentions, et dont
l'avénement au trône fut salué de l'acclamation de
tous les Français, comprit les inconvénients de cette
institution imparfaite, et essaya d'y remédier. Ce
prince essentiellement gentilhomme, et digne de l'a-

mour de ses sujets, eût été le meilleur des rois sous
un gouvernement véritablement féodal, dont il eût
accepté franchement les principes, comme Charlemagne avait su le faire. Mais il n'avait pas assez de
force et de puissance pour organiser par lui-même
cette nouvelle féodalité; et tous ses essais furent
infructueux. Vainement essaya-t-il de rétablir le droit
d'ainesse, qui seul peut résoudre les problèmes de
l'organisation du travail, de l'association, du paupérisme et du bonheur social; vainement augmenta-t-il
considérablement le nombre des pairs de France, dont
il voulait accorder la dignité héréditaire à un grand
nombre d'autres familles, choisies parmi les plus
anciennes et les plus considérables de chaque département; vainement favorisa-t-il la grande propriété,
et voulut-il accroître la richesse de la France par
l'économie de ses finances, en parvenant même à
dégrever l'impôt foncier de plusieurs millions : l'entreprise était au-dessus de ses forces et de celles de ses
ministres, et il n'atteignit point le but. Le temps
seul pouvait l'aider dans son entreprise, ainsi que ses
successeurs, s'il avait su attendre son assistance lente
mais certaine. Il méconnut ce précieux appui du
bénéfice du temps, et il échoua pour avoir voulu aller

trop vite. La démocratie se souleva contre lui, rappelant ses souvenirs révolutionnaires mal éteints;
et elle fit disparaître du trône de France ce noble et
malheureux monarque, ainsi que sa dynastie. La
pairie ne put le défendre ni le protéger, comme elle
aurait dû le faire, après l'avoir obligé à rapporter
ses ordonnances illégales. Elle ne formait point une
aristocratie assez puissante pour résister à la démocratie, et pour faire respecter les principes de l'inviolabilité du trône et de la seule responsabilité des
ministres.

Louis-Philippe-d'Orléans fut institué, en 1830,
lieutenant général du royaume par Charles X, qui
lui confia, en quittant la France, les droits sacrés de
son petit-fils le duc de Bordeaux, en faveur de qui il
abdiquait. Mais ce prince se laissa égarer par son
ambition personnelle et par celle de sa famille. Il
crut devoir s'asseoir lui-même sur le trône, et voulut
substituer sa dynastie à celle de la branche aînée de sa
maison, en s'appuyant sur le suffrage populaire,
comme avait fait Napoléon. Elevé au sein des révolutions de la République, et imbu, en apparence, de
principes démocratiques, il trouva bientôt dans son
cœur, lorsqu'il fut roi, tous les sentiments d'absolu-

tisme des anciens règnes, et même le désir d'égaler,
s'il pouvait, la puissance du grand roi Louis XIV.
Jamais monarque ne témoigna plus d'éloignement
pour l'aristocratie et la noblesse; et nul ne se fit essentiellement comme lui *le roi de la bourgeoisie*, qu'il
considérait à tort comme la seule force de la France,
sur laquelle il s'appuyait exclusivement, tout en
s'associant en même temps aux souvenirs de Napoléon et de l'Empire, et croyant pouvoir mépriser non-
seulement l'opposition des grandes familles, mais
encore celle du bas peuple. Le premier acte important de son règne, qui ne laissa point, nonobstant,
d'être un beau règne pour la France, parce qu'il lui
fit goûter dix-huit années de paix non-interrompue,
fut la suppression de l'hérédité de la pairie, dont il
redoutait même l'ombre d'indépendance, et qu'il voulait tenir entièrement dans la main. L'expérience du
passé et celle de la chute de Charles X n'étaient
malheureusement rien pour lui; et croyant se rendre
plus fort, il ne voyait pas qu'il affaiblissait au contraire les bases de son trône, parce que c'est précisément l'appui de l'aristocratie, c'est-à-dire des
familles les plus anciennes, les plus riches, les plus
considérables et les plus puissantes du pays, qui peut

seul protéger et soutenir les rois contre le peuple, et
non une bourgeoisie beaucoup moins puissante et
moins influente. Ce soutien a manqué à Louis-Philippe encore plus complétement qu'il n'avait manqué
à Charles X ; et la bourgeoisie, sur laquelle il s'appuyait, n'essaya pas même de le défendre. Depuis
quelques années, il est vrai, il avait cessé de la caresser
aussi familièrement ; et il avait refusé à la garde nationale, qui représentait alors particulièrement la bourgeoisie, la réforme électorale qu'elle réclamait pour prix
de son dévouement, et qui devait rendre tout garde
national électeur. Mais puisque Louis-Philippe voulait
être le roi de la bourgeoisie, il devait au moins lui
accorder cette réforme électorale, comme une juste
satisfaction qu'elle méritait. Et de même aujourd'hui,
tout nouveau roi qui voudrait s'appuyer sur la nation
tout entière, sans exclusion d'aucune classe, c'est-à-
dire réellement sur *le vrai peuple Français*, devrait
nécessairement admettre le suffrage universel à plusieurs degrés pour toutes les élections. Devenu roi par
une révolution, en vertu de l'extension du pouvoir démocratique, et en vertu du principe de la souveraineté
du peuple, mal défini et mal appliqué, puisque le vrai
peuple comprend aussi bien les citoyens les plus con-

sidérables et les plus riches que les plus pauvres et les
plus obscurs, Louis-Philippe a été renversé par une
autre révolution, et abandonné non seulement par la
bourgeoisie et la garde nationale, mais encore par
l'armée, dont les chefs n'étaient non plus qu'une éma-
nation de la bourgeoisie. Quoiqu'il n'eût pas rendu
d'ordonnances illégales, comme Charles X, et quoiqu'il n'eût commis que des fautes politiques, sans
porter la moindre atteinte à la constitution du pays,
les partis anarchiques et hostiles à son gouvernement ont profité de ces fautes pour briser sa couronne. Mais tous les rois et tous les ministres
commettront toujours des fautes; et il est malheureusement impossible de n'en pas commettre. Seulement elles leur seront toujours fatales et seront cause
de révolutions continuelles, tant que les bases du
gouvernement ne seront pas assez solides et assez
fortes pour résister à ces épreuves difficiles.

Depuis le 24 février 1848, un gouvernement provisoire a momentanément gouverné la France; et la
République a été proclamée par lui révolutionnaire-
ment, sans que le pays ait été consulté. Mais pourquoi
ce gouvernement républicain et démocratique, s'il est
reconnu que la République ne peut convenir qu'à des

peuples nouveaux, dans l'enfance de leur organisation
sociale, tels que les Etats-Unis d'Amérique, ou à ceux
dont la population n'est point encore en proportion
avec l'étendue du territoire? Pourquoi préférer un gouvernement qui ne peut vivre que d'agitations et de dissensions intestines, et qui suscite toutes les ambitions
dans toutes les classes et dans tous les rangs, parce que
chaque citoyen ayant le droit de prétendre au pouvoir
suprême, il en résulte nécessairement que chacun veut
le posséder à son tour? Pourquoi enfin adopter des
formes républicaines, lorsque l'expérience de l'histoire
apprend à tous que les républiques ne peuvent jamais
durer longtemps, et qu'elles doivent toujours, un peu
plus tôt ou un peu plus tard, amener un gouvernement arbitraire et absolu? Ne vaut-il pas mieux éclairer
franchement le peuple et lui faire comprendre les inconvénients d'un mode de gouvernement unique, soit
républicain, soit monarchique, soit aristocratique, et
les avantages d'un gouvernement féodal, qui peut
seul convenir à un pays avancé en civilisation? Faut-
il marcher sans cesse de révolutions en révolutions,
qui détruisent toujours, sans jamais rien réédifier de
durable, et qui peuvent finir par ramener la société à
la barbarie ou à l'état sauvage? Faut-il regarder avec

impassibilité et indifférence les écarts et les déceptions
d'un peuple digne d'un meilleur sort, courant après
le bonheur dans une direction opposée au but, et que
l'on peut en quelque sorte comparer à un cheval
échappé et sans frein, lancé au milieu d'un désert
sans bornes, où il ne pourra jamais trouver à satisfaire ni sa faim ni sa soif? Les révolutions font toujours le malheur des peuples et les appauvrissent de
plus en plus, en détruisant la confiance et le crédit,
qui font vivre tant de citoyens. Rien n'est donc si important pour toutes les classes du peuple que de savoir
les éviter. Quelques ambitieux ou quelques intrigants
en profitent seuls, dans les premiers moments. Mais
le pays tout entier souffre de leur élévation déplacée;
et bientôt ils sont renversés par ceux qui les avaient
élevés, et qui veulent s'élever à leur tour en prenant
eux-mêmes leur place. Alors l'anarchie déborde partout; et la société est obligée, pour se défendre contre
les attaques de la multitude égarée, dont la misère
et la faim viennent augmenter l'ambition irréfléchie
et exciter la révolte, de recourir contre elle à des
mesures coërcitives ou préventives qui détruisent
successivement toutes les libertés dont elle jouissait
auparavant, et qui conduisent ensuite, on le sait, au

despotisme et à l'arbitraire d'un seul homme. De même
que le lit d'un torrent est toujours de plus en plus
rétréci après chaque débordement, parce qu'on lui
oppose continuellement des digues plus fortes et plus
élevées, de même le peuple voit détruire successivement toutes ses libertés, établir un état de siége redoutable, et augmenter toujours de plus en plus sa com-
pression à la suite de chaque révolution; tandis qu'il
aurait certainement obtenu la réforme des abus contre
lesquels il s'est révolté, s'il avait su la demander avec
calme et avec mesure, et attendre patiemment que le
temps eût démontré avec évidence la nécessité de le
satisfaire.

Le vote universel est la première condition d'un
gouvernement féodal, parce qu'il peut seul exprimer
la volonté de la nation tout entière. Toutes les libertés
publiques et individuelles et toutes les institutions
les plus libérales doivent également entrer dans ce
gouvernement, en vertu du principe démocratique,
qui n'est pas seulement nécessaire aux dernières
classes de la société, mais dont l'aristocratie et la monarchie ont également besoin elles-mêmes. Ainsi, la
liberté de conscience, la liberté de la presse et la
liberté individuelle doivent être essentiellement main-

tenues et garanties. Mais deux chambres législatives et
électives sont aussi indispensables pour formuler les
lois. Enfin, le gouvernement doit choisir les préfets
parmi les membres des conseils-généraux de département, et les sous-préfets parmi les membres des
conseils d'arrondissement, de même qu'il choisit les
maires parmi les conseillers municipaux. Toutes ces
fonctions doivent être gratuites.

La légitimité et l'hérédité du trône sont des dogmes
politiques indispensables avec le principe monarchique, qui fait aussi partie du gouvernement féodal;
et sans ces dogmes fondamentaux, l'ambition de
monter sur le trône, permise à tous les prétendants
et à tous les hommes puissants ou intrigants, serait,
comme dans une république, une source continuelle
de troubles, de dissensions et de malheurs pour la
nation. Il faut donc un roi légitime et héréditaire.
Mais cela ne suffit point; il faut encore qu'il ne puisse
jamais abdiquer. Semblable à un père de famille, il ne
lui est point permis de renoncer à la condition que
Dieu lui a imposée sur la terre; et il faut qu'il sache
mourir au besoin pour défendre son trône et son droit[1].

[1] C'est une chose digne de remarque que les Arabes, qui ont
inventé le jeu d'échecs il y a plusieurs siècles, nous aient alors
donné les vrais principes de stratégie applicables à la défense d'un

Enfin, il faut encore reconnaître les avantages de la loi salique, qui empêche de confier le sceptre à des mains trop faibles pour pouvoir en supporter le poids.

Aujourd'hui, en France, le principe de la légitimité rappellerait au trône le duc de Bordeaux, comte de Chambord, sous le titre de Henri V. Mais il ne doit point vouloir régner avec l'appui d'un seul parti, et encore moins avec celui de l'étranger; car mieux vaudrait adopter une nouvelle dynastie et une quatrième race de rois de France. Il ne peut rentrer dans sa patrie que rappelé par le vœu de la nation, et si, renonçant à jamais, pour lui et ses successeurs, à toute espèce d'ambition d'absolutisme, il sait se soumettre, comme Charlemagne, aux principes plus solides d'un gouvernement véritablement féodal. Avec Henri V reviendrait la famille d'Orléans, dont les Princes ont noblement servi la France pendant longtemps, et qui devraient tous désormais se rallier aux pieds de son trône. Peut-être un jour Dieu rendra-t-il à la branche cadette des Bourbons la couronne de France qu'elle a déjà portée.

roi. Toute son armée doit se faire tuer pour lui, et la reine elle-même peut tomber sacrifiée ; mais le roi ne doit point abdiquer et ne peut jamais être pris. Il faut absolument qu'il meure courageusement en défendant son trône. الشيخ مات *Et cheick mat*, mots arabes qui signifient textuellement *le roi est mort*, et que la langue française prononce, par euphonie ou corruption, *échec et mat*.

Peut-être, à défaut de rejeton direct, le successeur
légitime et l'unique héritier du roi Henri V sera-t-il
le comte de Paris, prince destiné en naissant à devenir
roi, et élevé par une mère éminemment distinguée et
supérieure en toute chose, à qui l'on ne peut adresser
qu'un seul reproche, celui de ne point suivre la religion de l'immense majorité ou de la presque totalité
des Français, celle dans laquelle elle a fait élever ses
fils, et qu'il serait si désirable de lui voir adopter et
pratiquer elle-même avec eux. Mais pour que Henri V
pût remonter sur le trône de ses pères, il faudrait,
avant tout, que le Prince Président Louis-Napoléon
Bonaparte, qui a rendu de si éminents services à la
France et à la société toute entière, ayant su mériter
déjà la reconnaissance de la postérité, se fatiguât un
jour de sa grandeur et de sa position si élevée, et qu'il
désirât lui-même le rétablissement de la vieille monarchie française, dont il serait le plus noble appui.

Quant à la noblesse ou à l'aristocratie, dont l'existence est si nécessaire au peuple, et surtout aux
pauvres et aux malheureux qu'elle fait vivre, un gouvernement féodal doit rétablir sa puissance et son
importance dans l'État. S'il doit exister des peines
contre les crimes et les délits, il faut aussi des récom-

penses pour les belles actions ; et il n'est pas de motif
d'émulation plus grand et plus capable de porter les
hommes aux plus hautes vertus que l'espérance de
devenir noble et d'anoblir soi-même toute sa postérité.
Les Majorats et une pairie héréditaire doivent former
la base de cette puissance aristocratique ; et il faut en
même temps rétablir le droit d'aînesse, institution
aussi ancienne que le monde , et qui est indispensable pour toutes les classes de la société, sans exception, puisqu'elle seule peut conserver et accroître
leur richesse et leur bonheur, mais qui dans un gouvernement féodal doit se trouver réduite à de justes
et sages limites, et laisser aux enfants puinés une existence convenable et un bien-être infiniment plus
considérable que celui qu'ils auraient dans un gouvernement entièrement aristocratique.

La vertu donne de la force et de la splendeur à tous
les gouvernements, et leur est indispensable à tous,
quelle que soit leur forme. Mais la religion est le lien
le plus fort qui unisse l'homme à Dieu, son créateur,
et qui puisse le soutenir et le diriger toute sa vie sur
la terre. Sans la religion il n'est point de bonheur
parfait, car elle seule rend l'homme reconnaissant
de sa création, en lui donnant l'espoir du paradis

éternel, pour lequel il est né, et qu'elle l'oblige de mériter par ses vertus et par sa résignation au sort que Dieu lui a assigné en ce monde. Nulle religion n'est comparable à la religion catholique, apostolique et romaine; et sa doctrine et sa morale parfaites prouvent qu'elle est réellement la seule qui soit vraiment divine. Elle doit donc être la religion de l'État; car l'État doit donner l'exemple de la pratique de la morale et de la vertu, afin que cet exemple soit suivi par tous les citoyens, et surtout par ceux des classes les plus élevées, sur lesquels se modèlent toujours les autres. Si l'État ne reconnaissait point une religion au-dessus des autres, il serait cause de l'indifférence générale, sœur du doute de la foi, et dont les conséquences sont si funestes pour la paix publique et pour le bonheur du pays.

Le gouvernement féodal étant la dernière expression possible de la civilisation, tous les citoyens indistinctement, depuis les plus petits jusqu'aux plus grands, y trouvent ainsi tout ce qui peut les rendre heureux. Le peuple y jouit de toutes les libertés possibles, de tous les droits civiques et de tout le bien-être matériel qu'il peut désirer; et si la résistance de l'aristocratie empêche le débordement de son ambition, la force du principe démocratique, tempérant le principe aristocratique, accorde à tous les citoyens la possibilité de s'élever peu à peu par l'économie, par la sagesse et par la vertu, de parvenir un jour aux positions les plus éminentes dans l'État et de faire eux-mêmes partie de cette aristocratie, qui de son côté a besoin de se recruter constamment parmi les plus grandes élévations ou illustrations modernes, afin de réparer les désastres incessants et inévitables du temps, et afin de pouvoir perpétuer ainsi sa force et sa puissance. Un gouvernement essentiellement aristocratique ne pourrait point offrir cet avantage; et sa noblesse finirait par s'éteindre et périr à la longue, en ne se renouvelant jamais. Le gouvernement féodal peut donc seul rendre l'aristocratie éternelle comme la royauté et comme la société tout entière.

Toutes les nations modernes ont adopté une cocarde et un drapeau qui sont les signes de leur nationalité. La France a porté pendant plusieurs siècles la cocarde blanche; et son drapeau sans tache a brillé d'une gloire sans égale. Cependant la couleur blanche est spécialement la couleur de la royauté et semble ne devoir convenir parfaitement qu'à une monarchie absolue. La couleur rouge est la couleur

du bas peuple, dont la force brutale ne craint pas assez
de répandre le sang et dont les emportements sont
toujours terribles. La couleur bleue est celle de l'aristocratie ou de l'amitié, qui doit protéger la nation
tout entière, ainsi que la royauté, et leur servir toujours de médiateur de paix et d'union. Le véritable
drapeau d'un gouvernement féodal est donc le drapeau tricolore, qui réunit les couleurs des trois grands
principes qui le constituent. Mais ce n'est pas le blanc
qui doit occuper le milieu. Cette place appartient
spécialement au bleu ; et les deux autres couleurs
doivent se trouver aux extrémités, le blanc touchant
la hampe du drapeau.

L'organisation de l'ancien gouvernement féodal
Français était tellement forte et tellement puissante
qu'il a pu vivre au moins quatorze siècles, depuis la
conquête des Gaules par les Francs jusqu'à la révolution de 1789, c'est-à-dire le double de la durée de
tous les autres gouvernements qui ont existé depuis
le commencement du monde. Malgré toutes les luttes
qu'il a eu à supporter, et sous lesquelles il a fini par
succomber après l'établissement de l'absolutisme des
rois, suivi bientôt de la chute de la royauté elle-
même, ses formes se sont toujours maintenues en

France, et ne pourraient jamais disparaître entièrement. Aux anciens seigneurs de chaque village ont
succédé les maires de chaque commune, auxquels la
loi reconnaît un pouvoir pareil et une justice semblable, mais qui malheureusement n'offrent pas toujours à leurs concitoyens toutes les garanties que leur
offrait autrefois l'autorité de la noblesse, indépendante
par sa position sociale et sa fortune, et libre de se consacrer plus complétement au bien public. Ces maires
relèvent aujourd'hui des sous-préfets et des préfets,
qui représentent les grands vassaux de la Couronne ou
de l'État, auxquels le gouvernement accorde un pouvoir encore plus étendu et même plus absolu, et qui ne
relèvent de même que du ministre ou du roi. Les cor-
vées prescrites autrefois par les anciens seigneurs, et
contre lesquelles le peuple des campagnes se révoltait
ou protestait de toute sa force, ont été remplacées par
les prestations en nature, qui ne sont ni moins rigoureuses ni moins vexatoires, et dont il est cependant
impossible de se passer, dans l'intérêt de l'agriculture
et de l'écoulement de ses produits. La taille, enfin, qui
excitait à un si haut degré le mécontentement des
cultivateurs, l'a été par les contributions foncière,
des portes et fenêtres, personnelle, mobilière, cen-

times facultatifs et autres de tout genre. Et s'il était injuste que les biens des nobles fussent seuls exempts de
cette taille; s'il était nécessaire soit d'étendre ce privilége à tous les autres biens, soit de faire contribuer tous
les citoyens sans distinction à toutes les dépenses de
l'État, en proportion de leur fortune, aujourd'hui que
cette dernière réforme a été accomplie, les charges sont
devenues bien plus considérables et bien plus écra-
santes pour ceux qui ne sont point nobles qu'elles ne
l'avaient jamais été anciennement, lorsqu'ils étaient les
seuls à les supporter. Cette taille était donc préférable
pour eux, puisqu'ils ne payaient alors que la dîme seulement, c'est-à-dire la dixième partie de leurs récoltes,
selon les lois de Dieu et de l'Église, tandis que maintenant chacun paie généralement, en France, le cinquième de son revenu. Cependant, des améliorations
réelles et matérielles ont été le résultat de la révolution de 1789. Le système décimal, l'unité des poids
et mesures et beaucoup d'institutions utiles lui
doivent le jour. Mais toutes ces améliorations positives et toutes ces sages institutions étaient récla-
mées depuis longtemps par la noblesse elle-même,
ainsi que l'attestent les instructions et les cahiers
adressés par elle à ses délégués aux États-Généraux ;

car toutes les réformes véritablement utiles ont toujours été encore plus vivement désirées par la plupart
des nobles qu'elles ne pouvaient l'être par le peuple.
Or, c'étaient précisément toutes ces réformes et ces
perfectionnements, rendus nécessaires par le temps
et par les progrès de la civilisation, c'était surtout *la
répression des abus* qu'il importait d'introduire dans
l'Etat. Mais il ne fallait point vouloir détruire entièrement le gouvernement lui-même, quelque vicié et
essentiellement modifié qu'il fût par l'absolutisme de
la royauté.

Habitués à ne considérer les rois que comme les
premiers parmi leurs égaux, les anciens Francs ne re-
connaissaient leurs lois, ainsi qu'il a été déjà dit plusieurs fois, que lorsqu'elles avaient été consenties par
eux-mêmes dans les assemblées des champs de mars
et de mai. A ces assemblées dont les rois redoutaient
les délibérations indépendantes et libres, et qu'ils ces-
sèrent de convoquer dès qu'ils furent devenus plus
puissants, succédèrent la cour des pairs de France et
les Etats-Généraux du royaume, qui suffisaient pour
maintenir et perpétuer le gouvernement féodal. Mais
l'indépendance de la noblesse ne pouvait convenir à
la royauté, qui n'avait d'autre but que l'absolutisme,

et qui, pour détruire la féodalité à son profit, s'opposa toujours à la convocation régulière de ces États-Généraux. Cependant, tant qu'un nouveau gouvernement féodal ne s'unira point franchement au passé de la France, en le restaurant au lieu de le répudier sans raison, et en rétablissant fièrement les belles pages de son histoire au lieu de les détruire follement ; tant que la religion ne sera pas considérée comme la seule source du bonheur véritable de l'homme sur la terre, le pays sera toujours déchiré par des dissensions intestines et par les ambitions débordées de tous ceux qui n'auront d'autre but que de s'élever sur les ruines et sur les débris de leur malheureuse patrie[1].

C'est pour donner un modèle d'une nouvelle constitution féodale, appropriée à la situation présente de la France et aux circonstances actuelles, que la charte suivante a été formulée, rappelant les principes d'un gouvernement qui n'a pu périr que par l'ambition de la monarchie, par la faiblesse de l'aristocratie et par l'ignorance du peuple. Mais avant de transcrire cette nouvelle charte, il importe essentiellement d'en expliquer le but et la portée, et de prémunir surtout les

---

[1] ..... Quæque ipse miserrima vidi.

esprits contre de dangereuses ou de malveillantes
interprétations. Quelle que soit la forme de gouvernement qui régisse un peuple, soit féodale, soit monarchique, soit aristocratique, soit républicaine, elle
doit toujours être respectée tant qu'elle existe légalement. Cependant lorsque toutes les libertés sont essentiellement garanties par les lois, le droit de discussion
calme, loyale et consciencieuse, appartient évidemment à tous les citoyens, puisque c'est du choc des opinions que jaillit la vérité, et puisque ce n'est que par sa
manifestation que la civilisation peut se répandre de
plus en plus et marcher toujours d'un pas progressif.
Ainsi, depuis l'antiquité la plus reculée jusques aux
temps modernes, depuis Platon, Aristote, Plutarque,
etc, tous les sages et tous les législateurs ont toujours pu
étudier librement toutes les formes de gouvernement et
rechercher celle qui convient le mieux au bonheur des
peuples. Mais si une nation était généralement con-
vaincue des vices et des défauts de la constitution qui la
régit, elle ne devrait la réviser ou la modifier que *légalement*, et d'après les règles *fixées et établies par elle*.

La première de toutes les vérités à graver profondément dans les esprits, c'est que les masses nombreuses
du peuple ont besoin d'être dirigées et conduites par un

petit nombre d'hommes d'un mérite éminent, et dont
le mandat spécial doit être de protéger efficacement
les honnêtes gens contre les mauvais citoyens. Il est
donc nécessaire que ces chefs soient choisis de préférence parmi l'élite de la nation, où l'on trouve ceux
qui sont les plus capables et les plus dignes de remplir convenablement ces nobles fonctions, trop difficiles et trop importantes pour être indifféremment
confiées à tous les ambitieux qui pourraient y prétendre. Peut-être, un jour, si le Prince Président de
la République ne devient point la tige d'une quatrième dynastie sur le trône de France; s'il ne laisse
point de postérité pour lui succéder, et si le peuple
Français parvient jamais à un plus haut degré de
maturité et de sagesse, peut-être pourra-t-on revenir
paisiblement et sans secousse aux formes d'un nouveau gouvernement féodal, plus ou moins semblable
à celui dont on donne ici le modèle :

CHARTE FÉODALE ET CONSTITUTIONNELLE.

DROIT PUBLIC DES FRANÇAIS.

ART. 1er.—Les Français sont égaux devant la loi,
quels que soient d'ailleurs leurs titres et leurs rangs.

ART. 2.—Ils contribuent indistinctement, dans la

proportion de leur fortune ; aux charges de l'État.

ART. 3.—Ils sont tous admissibles aux emplois civils et militaires.

ART. 4.—Leur liberté individuelle est également garantie, personne ne pouvant être poursuivi ni arrêté que dans les cas prévus par la loi, et dans les formes qu'elle prescrit.

ART. 5.—Chacun professe sa religion avec une égale liberté, et obtient pour son culte la même protection.

ART. 6.—La religion catholique, apostolique et romaine, professée par l'immense majorité des Français, est la religion de l'État. Ses ministres reçoivent des traitements du trésor public.

ART. 7.—Les Français ont le droit de publier et de faire imprimer leurs opinions, la liberté de la presse étant absolue. La censure et la loi du 9 septembre 1835 sont abolies. Tous les délits en matière de presse, soit contre le gouvernement, soit contre les particuliers, seront jugés par le jury.

ART. 8.— La division de la France, par départements, arrondissements, cantons et communes, est maintenue.

ART. 9.—Toute les propriétés sont inviolables;

mais l'État peut exiger le sacrifice d'une propriété
pour cause d'intérêt public légalement constaté,
moyennant une indemnité préalable.

Art. 10.—Le mode de recrutement de l'armée de
terre et de mer est déterminé par une loi. Tous les
citoyens Français depuis l'âge de 21 ans jusqu'à celui
de 50 ans, qui ne sont point en activité de service
dans les armées de terre ou de mer, font partie de la
garde nationale, à moins de dispenses fixées par la
loi; mais ils ne peuvent être armés que dans les
cas de guerre étrangère.

FORMES DU GOUVERNEMENT DU ROI.

Art. 11.—La légitimité et l'hérédité sont réta-
blies sur le trône de France, conformément à la loi
salique. Tous les princes du sang seront tenus de
prêter serment de fidélité au roi, à l'époque de son
avénement au trône. Ceux qui ne seraient point
encore majeurs prêteront le même serment, dès
qu'ils auront atteint l'âge de 21 ans.

Art. 12.—En cas de minorité de l'héritier de la
couronne, son plus proche parent, âgé de 50 ans au
moins et citoyen Français, sera déclaré régent du

royaume, jusqu'à la majorité du roi, fixée à 18 ans.
S'il n'existe point de parent remplissant les conditions exigées pour être régent, la Chambre des
Représentants des Pairs de France et la Chambre
des Députés, convoquées extraordinairement et réunies dans les vingt-et un jours qui suivront la vacance,
choisiront à la majorité des voix un citoyen Français qui sera investi de la régence, jusqu'à ce qu'un
prince du sang remplisse les conditions, ou, à défaut,
jusqu'à la majorité du roi. Le président du Conseil
des Ministres sera provisoirement investi de l'autorité
royale, jusqu'à la décision des deux Chambres Législatives.

Art. 15.—En cas d'extinction de la maison
régnante et de toutes ses branches Françaises, la
Chambre des Représentants des Pairs de France et la
Chambre des Députés, convoquées extraordinairement
et réunies dans les 21 jours qui suivront la vacance,
choisiront à la majorité des voix une famille qui sera
appelée au trône héréditairement, et qui remplacera
celle qui sera éteinte. Le président du Conseil des
Ministres sera provisoirement investi de l'autorité
royale, jusqu'à la décision des deux Chambres Législatives.

Art. 14.—La personne du roi est inviolable et sacrée, et ses ministres seuls sont responsables de ses actes. C'est au roi qu'appartient la puissance exécutive, sous la seule responsabilité des ministres.

Art. 15.—Le roi est le chef suprême de l'État et dispose des forces de terre et de mer, sans pouvoir jamais les commander en personne. Il ne peut sans le consentement des deux Chambres Législatives déclarer la guerre, ni faire les traités de paix, d'alliance et de commerce. Il nomme à tous les emplois d'administration publique et fait les règlements et ordonnances nécessaires pour l'exécution des lois, sans pouvoir jamais ni suspendre les lois elles-mêmes ni dispenser de leur exécution ; toutefois aucune troupe étrangère ne pourra être admise au service de l'État qu'en vertu d'une loi.

Art. 16.—La puissance législative s'exerce collectivement par le roi, la Chambre des représentants des Pairs de France et la Chambre des Députés. Le roi convoque chaque année les deux Chambres, et leur session annuelle doit durer au moins trois mois consécutifs. Il peut les proroger toutes deux ou les dissoudre simultanément ; mais, dans ce dernier cas, il doit en convoquer de nouvelles dans le délai de trois mois.

Art. 17.—La proposition des lois appartient au roi, à la Chambre des Représentants des Pairs de France et à la Chambre des Députés. Toute loi d'impôt doit être d'abord votée par la Chambre des Députés.

Art. 18.—Toute proposition de loi doit être discutée librement et votée par la majorité de chacune des deux Chambres. Le roi seul sanctionne et promulgue les lois. Si une proposition de loi a été rejetée par l'un des trois pouvoirs, elle ne peut être représentée dans la même session. Si une proposition faite par le roi a été rejetée trois fois par l'une des deux Chambres Législatives, le roi ne peut la renouveler pendant toute la durée de son règne. Si une proposition a été adoptée par les deux Chambres Législatives pendant trois sessions consécutives, le roi ne peut refuser de la sanctionner et de la promulguer. Si une proposition de loi a été adoptée par une seule des deux Chambres, pendant trois sessions consécutives, les deux Chambres se réunissent extraordinairement pour en délibérer en commun, et pour voter ensemble. Si cette proposition de loi est adoptée par la majorité des deux Chambres réunies, le roi ne peut refuser de la sanctionner et de la promulguer. Si elle est rejetée par la majorité, la proposition ne peut être renouvelée par la Chambre qui en avait pris l'initiative, pendant toute la durée du règne.

DES PAIRS DE FRANCE.

ART. 19.—Tout citoyen Français titulaire d'un majorat héréditaire reconnu par l'État, et âgé de 21 ans, est Pair de France.

ART. 20.—La nomination des Pairs de France fondateurs de majorat appartient au roi. Leur nombre est illimité, et leur dignité est héréditaire de mâle en mâle, par ordre de primogéniture. Le roi peut varier les titres qu'il leur accorde, ou leur reconnaît, suivant l'importance des majorats qu'ils peuvent fonder pour soutenir leur rang.

DE LA CHAMBRE DES REPRÉSENTANTS DES PAIRS DE FRANCE.

ART. 21.—La Chambre des représentants des Pairs de France est une portion essentielle de la puissance législative. Elle est composée des représentants élus par tous les Pairs de France dans chaque département. Leur élection a lieu au chef-lieu du dépar-

tement, en même temps que les élections de la
Chambre des Députés. Leur nombre est égal à celui des
Députés du département ; leur mandat a la même du-
rée, et leur renouvellement a lieu de la même manière.

ART. 22.—Nul ne peut être élu représentant des
Pairs de France s'il n'est Pair de France, et s'il n'est
âgé de 40 ans. Le président et le secrétaire du collège
électoral sont élus par les Pairs de France. Leurs
fonctions sont provisoirement remplies : la première,
par le Pair de France le plus âgé, présent à l'ouverture
du collège, et la seconde, par le Pair de France le
plus jeune.

ART. 23.—Si néanmoins il ne se trouve pas dans
le département 50 Pairs de France éligibles, leur
nombre sera complété par les citoyens, non Pairs de
France, les plus imposés et âgés de 40 ans, qui pourront être élus concurremment avec les premiers.
Aucune dotation ni aucun traitement particulier ne
peuvent être affectés aux représentants des Pairs de
France.

ART. 24.—La Chambre des représentants des
Pairs de France est convoquée par le roi, en même
temps que la Chambre des Députés. La session de
l'une commence et finit en même temps que celle de

l'autre. Toute assemblée de la Chambre des représentants des Pairs de France qui serait tenue en dehors du temps de la session de la Chambre des Députés est illicite et nulle de plein droit, sauf le cas où elle est réunie comme cour de justice ; mais alors elle ne peut exercer que des fonctions judiciaires.

Art. 25.—Le président de la Chambre des représentants des Pairs de France et les membres composant son bureau sont élus par elle à l'ouverture de chaque session. Le représentant le plus âgé et les représentants les plus jeunes remplissent provisoirement les fonctions de président et de secrétaires. Les séances de la Chambre des représentants des Pairs de France sont publiques ; mais la demande de vingt-et-un membres suffit pour qu'elle se forme en comité secret. Elle se partage en bureaux pour discuter les projets de loi.

Art. 26. — Les princes du sang royal, jusqu'à quatrième degré inclus, sont représentants des Pairs de France par droit de naissance. Ils ont entrée dans la Chambre des représentants des Pairs de France à vingt-cinq ans, et voix délibérative à trente ans.

Art. 27.—La Cour des représentants des Pairs de France connaît des crimes de haute trahison et des attentats à la sûreté de l'Etat qui peuvent être commis par les ministres, et qui lui sont déférés par la Chambre des Députés.

ART. 28. — Aucun représentant des Pairs de France ne peut, pendant la durée de la session, être poursuivi ni arrêté en matière criminelle, sauf le cas de flagrant délit, sans que la Chambre des représentants des Pairs de France n'ait permis sa poursuite.

DE LA CHAMBRE DES DÉPUTÉS.

ART. 29. — La Chambre des Députés est composée des Députés élus par les électeurs d'arrondissement; chaque arrondissement élit un Député. Les électeurs d'arrondissement sont élus dans chaque commune par tous les citoyens Français âgés de vingt-et-un ans; chaque commune élit un électeur d'arrondissement. Les Députés sont élus pour six ans, et sont répartis en trois séries, déterminées la première fois par le sort, et dont les réélections successives ont lieu tous les deux ans.

ART. 30. — Nul ne peut être élu député s'il n'est citoyen Français, et s'il n'est âgé de trente ans, ou bien s'il est Pair de France. Une indemnité représentative, fixée par la Chambre des Députés, est attachée à la qualité de Député.

ART. 31.—Les présidents et secrétaires des collèges électoraux d'arrondissement sont élus par les électeurs. Leurs fonctions sont provisoirement remplies : la première, par l'électeur le plus âgé présent à l'ouverture du collège, et la seconde, par l'électeur le plus jeune. Les collèges électoraux des communes sont présidés par le maire et par ses adjoints.

ART. 32.—Le président de la Chambre des Députés et les membres composant son bureau sont élus par elle à l'ouverture de chaque session. Le Député le plus âgé et les Députés les plus jeunes remplissent provisoirement les fonctions de président et de secrétaires. Les séances de la Chambre des Députés sont publiques; mais la demande de vingt-et-un membres suffit pour qu'elle se forme en comité secret. Elle se partage en bureaux pour discuter les projets de loi.

ART. 33.—Aucun impôt ne peut être établi ni perçu s'il n'a été voté par les deux Chambres et sanctionné par le roi. L'impôt foncier n'est jamais voté que pour un an; les impositions indirectes peuvent l'être pour plusieurs années.

21

Art. 34.—Aucun Député ne peut, pendant la durée de la session, être poursuivi ni arrêté en matière criminelle, sauf le cas de flagrant délit, sans que la Chambre n'ait permis sa poursuite.

DES MINISTRES.

Art. 35.—Les ministres-secrétaires d'État sont nommés par le roi, ou le régent, qui peut les révoquer et les changer selon sa volonté, à la condition de les remplacer dans le délai de vingt-et-un jours. Ils continuent, dans ce cas, de remplir leurs fonctions, jusqu'à la nomination de leurs successeurs.

Art. 36.—Les ministres sont au nombre de dix, et prennent rang entre eux dans l'ordre suivant : le président du conseil des ministres, ministre sans portefeuille, dont la voix est prépondérante dans le conseil, le ministre des relations extérieures, le ministre de l'intérieur, le ministre de la guerre, le ministre de la marine, le ministre des finances, le ministre de l'agriculture et du commerce, le ministre du travail et de l'industrie, le ministre de la justice et des cultes, et le ministre de l'instruction publique; leur nombre ne peut être augmenté ni réduit qu'en vertu d'une loi.

Art. 37.—Les ministres peuvent être membres

de la Chambre des représentants des Pairs de France ou de la Chambre des Députés. Ils ont, en outre, leur entrée dans l'une ou l'autre Chambre, et doivent être entendus quand ils le demandent.

ART. 58.—La Chambre des Députés seule a le droit d'accuser les ministres pour crime de haute trahison ou pour attentat à la sûreté de l'État ; elle les traduit devant la Cour des représentants des Pairs de France, qui les juge souverainement. La Chambre des Députés prononce leur accusation à la majorité des voix, après la prise en considération préalable, adoptée par ses bureaux, qui ne peuvent en délibérer que si la mise en accusation motivée est demandée et signée par au moins vingt-et-un membres.

ART. 59.—Tout ministre traduit devant la Cour des représentants des Pairs de France est mis à la disposition de cette Cour, et cesse immédiatement de remplir ses fonctions. Le roi lui nomme un successeur, dans le délai de vingt-et un jours, et charge provisoirement un de ses collègues, ou son sous-secrétaire d'État, de l'intérim de son ministère. Il ne peut, même s'il est acquitté, faire de nouveau partie d'un ministère pendant au moins six ans.

Art. 40. — La Chambre des Représentants des Pairs de France et la Chambre des Députés peuvent prononcer elles-mêmes, à la majorité des voix, et après la prise en considération préalable, adoptée par leurs bureaux, qui ne peuvent en délibérer que sur la demande motivée et signée par au moins vingt-et-un membres, le changement du ministère en entier, ou d'un ou plusieurs ministres, pour cause d'incapacité, ou comme ne jouissant pas de la confiance de la Chambre.

Art. 41. — Tout ministre dont le changement a été prononcé par l'une des deux Chambres cesse immédiatement de remplir ses fonctions. Le roi lui nomme un successeur dans le délai de vingt-et-un jours, et charge provisoirement un de ses collègues, ou son sous-secrétaire d'État, de l'intérim de son ministère. Il ne peut faire de nouveau partie d'un ministère pendant au moins six ans.

Art. 42. — Si le roi n'a point pourvu, dans le délai de vingt-et-un jours, au remplacement des ministres dont les emplois sont devenus vacants, les deux Chambres sont convoquées extraordinairement, et les nomment elles-mêmes à la majorité des voix.

DE L'ORDRE JUDICIAIRE.

ART. 43.—Toute justice émane du roi ; elle s'administre en son nom par des juges qu'il nomme et qu'il institue.

ART. 44.—Les juges nommés par le roi sont inamovibles, ainsi que les conseillers de préfecture et les conseillers d'État, qui jugent en première instance et en appel tous les débats administratifs.

ART. 45.—Les cours et tribunaux ordinaires actuellement existants sont maintenus. Il ne peut y être rien changé qu'en vertu d'une loi.

ART. 46.—L'institution actuelle des juges de commerce est conservée.

ART. 47.—La justice de paix est également conservée. Les juges de paix sont élus pour six ans, par tous les citoyens français âgés de vingt-et-un ans, dans chaque canton. L'élection a lieu dans chaque commune, et ils sont toujours rééligibles.

ART. 48.—Nul ne peut être distrait de ses juges naturels.

ART. 49.—Il ne peut en conséquence être créé de commissions ni de tribunaux extraordinaires, à quelque titre et sous quelque dénomination que ce soit.

ART. 50. — Les débats sont publics en matière criminelle, à moins que cette publicité ne soit dangereuse pour l'ordre et les mœurs; dans ce cas le tribunal le déclare par un jugement.

ART. 51. — L'institution des jurés est conservée. Tout garde national fait partie du jury,

ART. 62. — La peine de la confiscation des biens est abolie et ne pourra jamais être rétablie.

ART. 53. — Le roi a le droit de faire grâce et celui de commuer les peines.

ART. 54. — Le Code civil et les lois actuellement existantes qui ne sont pas contraires à la présente Charte demeurent en vigueur, et il ne peut y être dérogé qu'en vertu d'autres lois. L'article 913 du Code civil est complété ainsi qu'il suit : *A moins de dispositions contraires, la quotité disponible appartient toujours à l'aîné des enfants mâles.*

DROITS GARANTIS PAR L'ÉTAT.

ART. 55. — Les militaires en activité de service, les officiers, sous-officiers et soldats en retraite, les veuves, les officiers, les sous officiers et soldats pensionnés, conservent leurs grades, honneurs et pensions.

ART. 56.—La dette publique est garantie. Toute espèce d'engagement contracté par l'État envers ses créanciers est inviolable.

ART. 57.—La noblesse conserve ses titres. Le roi fait des nobles à volonté, indépendamment des Pairs de France, titulaires de majorats; mais il ne leur accorde que des rangs et des honneurs, sans aucune exemption des charges et des devoirs de la société. Nul ne peut porter un titre de noblesse s'il n'a été reconnu par l'État, après qu'il aura acquitté personnellement les frais de chancellerie. Les majorats sont rétablis; les droits de mutation qu'ils doivent payer à l'État, à chaque succession, sont doubles de ceux des autres biens.

ART. 58.—Les ordres du Saint-Esprit et de Saint-Louis sont rétablis; celui de la Légion-d'Honneur est maintenu. L'ordre de Saint-Louis sera la récompense des services militaires, et l'ordre de la Légion-d'Honneur sera la récompense des services civils. Le roi déterminera les règlements intérieurs et la décoration de chacun d'eux.

ART. 59.—Les colonies françaises seront toujours régies par les mêmes lois que la France. Elles seront divisées par des lois particulières en un certain nombre de départements français, selon leur importance, leur population et leur éloignement de la métropole.

Art. 60.—Le roi et ses successeurs, ou le régent du royaume, jureront, à leur avénement, en présence des deux Chambres législatives réunies, d'observer fidèlement la présente Charte féodale-constitutionnelle de l'État, de mourir, s'il le faut, sur le trône plutôt que de l'abandonner, et de ne jamais abdiquer.

Art. 61.—Toutes les fois que les deux Chambres législatives devront être réunies, cette réunion aura lieu dans un bâtiment public différent de ceux affectés aux séances de l'une ou de l'autre Chambre. Elles seront présidées par le président du conseil des ministres, ou, à son défaut, par le président de la Chambre des représentants des Pairs de France, et, à défaut de celui-ci, par le président de la Chambre des Députés. La Chambre des représentants des Pairs de France siégera à la droite du président, et la Chambre des Députés siégera à sa gauche.

Art. 62.—La France conserve le drapeau tricolore, comme signe de l'union des trois grands pouvoirs féodaux de l'État, représentant la démocratie, l'aristocratie et la monarchie. La couleur bleue sera placée entre le rouge et le blanc, cette dernière couleur touchant la hampe du drapeau.

ART. 63.—La présente Charte et les droits qu'elle consacre demeurent confiés au patriotisme et au courage de tous les citoyens français.

ART. 64.—La constitution précédente est annulée. Toutes les lois et ordonnances, en ce qu'elles ont de contraire à la présente Charte, sont et demeurent abrogées.

FIN

TABLE DES MATIÈRES

FIN DE LA TABLE.

Paris.—Imprimerie Bonaventure et Ducessois, 55, quai des Grands-Augustins.

Reliure serrée

www.ingramcontent.com/pod-product-compliance
Lightning Source LLC
Chambersburg PA
CBHW071618270326
41928CB00010B/1677